漢語體貌美醜常用詞研究

魏萍 著

西南師範大學出版社
国家一级出版社 全国百佳图书出版单位

圖書在版編目(CIP)數據

漢語體貌美醜常用詞研究 / 魏萍著. — 重慶 ：西南師範大學出版社，2018.5

ISBN 978-7-5621-9360-9

Ⅰ. ①漢… Ⅱ. ①魏… Ⅲ. ①漢語—詞彙—研究
Ⅳ. ①H13

中國版本圖書館 CIP 數據核字(2018)第 098563 號

漢語體貌美醜常用詞研究

HANYU TIMAO MEICHOU CHANGYONGCI YANJIU

魏 萍 著

責任編輯：張昊越

裝幀設計：閏江文化

排　　版：重慶大雅數碼印刷有限公司 · 張祥

出版發行：西南師范大學出版社

網址：http://www.xscbs.com

地址：重慶市北碚區天生路 1 號

郵編：400715

市場營銷部電話：023-68868624

經　　銷：新華書店

印　　刷：重慶薈文印務有限公司

幅面尺寸：170 mm×240 mm

印　　張：14.75

字　　數：280 千字

版　　次：2018 年 5 月　第 1 版

印　　次：2018 年 5 月　第 1 次

書　　號：ISBN 978-7-5621-9360-9

定　　價：48.00 元

前言

《説文·敘》中認爲，古人造字是“近取諸身，遠取諸物”。這種造字工作中所體現的“近取諸身”的情況實際上反映了人類的普遍認知規律，即人的身體髮膚、頭目手足、口耳鼻舌等，是認知的出發點。近20年來國外語言學界興起的認知語言學非常重視身體在人類認知活動中的地位，許多中國學者也將其運用於對傳統詞彙的研究中。譚代龍、周文德(2007)基於認知語言學的理論，在詞彙研究中提出了“以人爲本”的研究思路。本書即在此思路之上，以漢語中的體貌美醜常用詞爲研究對象。體貌美醜詞是漢語詞彙體系中的一個範疇，主要是對人體性狀的描繪。對這類詞進行研究，符合“近取諸身”的認知規律，也符合“以人爲本”的研究思路。在寫作中，筆者從歷代字典辭書和部分類書中進行調查和篩選，最終選出26個體貌美醜常用詞進行研究。在充分占有語料的前提下，對漢語體貌美醜常用詞在上古、中古和近代的歷史分佈進行了調查，梳理了各個歷史時期體貌美醜常用詞的使用情況。在此基礎上，本書對體貌美醜常用詞的詞性做了調查，並對漢語體貌美醜常用詞的組合情況進行了研究，並從使用頻率、詞義發展和複合詞發展變化幾個角度分析了體貌美醜常用詞的發展演變過程，以清理出其發展演變軌跡。最後，本書將漢語與英語體貌美醜常用詞進行對比研究，以明晰兩種語言詞彙的共通性和不同之處。在對體貌美醜常用詞的分析中，本書著重考察了常用詞的共時使用情況問題、詞義的發展變化問題、常用詞的組合能力問題，以及英、漢詞彙的比較問題等幾個問題。以共同語中的體貌美醜詞研究爲主，兼及方言中的體貌美醜詞研究，並從不同語言的比較中找出語言發展的一些規律。學界對許多常用詞的面貌及發展演變過程都有過清晰的描述和解釋，但仍存在一些不足之處。本書從共時對比和歷時比較的角度對常用詞中的體貌美醜類詞進行研究，不僅可以描繪出單個詞語歷史發展的軌跡，也可以展示出歷史平面詞彙整體的使用情況，從而生動地描繪出詞彙發展的立體框架，可以更全面系統地研究詞彙，爲漢語中其他詞彙範疇的研究提供借鑒，有助於漢語詞彙學的發展。其次，認知語言學是 20 世紀新興的一門學科，本書借鑒認知語言學和語義學的相關理論對漢語體貌美醜詞的歷時演變及其規律進行研究，力求用新的研究理論和研究方法來進行詞彙研究，爲中國傳統的詞彙研究開辟新路。同時，本書將英、漢兩種語言中的體貌美醜常用詞進行了一定的比較和分析，闡述了這兩種語言中體貌美醜常用詞的特徵與規律，以期爲語言的學習提供幫助，進一步能爲其他語義範疇的研究提供一定的模式。由於水平有限，本書難免有片面、失誤之處，懇請讀者不吝賜教，多多指正。

目録 Contents

第一章
緒論

第一節　漢語常用詞研究現狀

一、漢語詞彙研究現狀

漢語詞彙研究是漢語語言研究中最薄弱的環節。與漢語語法史、語音史相比，漢語詞彙史的研究顯得相對落後，這已經成爲學界的共識，吕叔湘(1961)、郭在貽(1989)、張永言(1995)等都有闡述。據徐時儀(2000：4)統計，《中國語言學大辭典》所收録的從20世紀初到1979年爲止的有影響的語言學著作中，語法學57部，修辭學11部，文字學126部，方言學

29部，音韻學32部，語音學5部，訓詁學8部，詞彙學只有5部。據蘇新春(1995：65)統計，將20世紀前50年和後30年分爲兩個時期，古漢語語法的論文由47篇增至504篇，古文字的由271篇增到521篇，古代詞彙的由848篇減爲472篇。"詞彙研究難，詞彙研究薄弱"成爲語言研究者的共識。

這種現象的産生，與中國傳統語言學重疑難詞的考釋有一定的聯繫。在傳統語言學時期，詞彙的研究主要集中於訓詁學領域。訓詁學是一門中國傳統學問。在談到訓詁學的産生時，王力先生説："漢代崇尚經學，'訓詁'由此興起。《説文》説：'詁，訓故言也。'故言就是舊言，也就是前人傳下來的關於經義的解釋。"①

"訓詁"，最初單稱爲"詁"，或者稱爲"訓"，"詁"字亦做"故"。《漢書・藝文志》著録齊、魯、韓三家詩説，每一類都有"故"若干卷。"訓詁"合稱始於漢代的《毛詩詁訓傳》。關於"訓詁"一詞，"訓"，《説文・言部》："訓，説教也。"段玉裁注："説教者，説釋而教之。必順其理。""詁"，《説文・言部》："詁，訓故言也。"段玉裁注："故言者，舊言也。十口所識前言也。訓者，説教也。訓故言者，説釋故言以教人，是之謂詁。"唐代孔穎達綜合前人説法，給"訓詁"下了個定義："訓詁者，通古今之異詞，辨物之形貌，則解釋之義盡歸於此。""訓詁學"之稱始於近代。訓詁學比較通行的説法，是把訓詁學跟音韻學、文字學並立起來，認爲"訓詁學也就是語義學"。《辭海》中訓詁學的定義爲：中國傳統的研究詞義的學科，偏重在古代的詞義，特别是以研究漢魏以前古書中的詞義爲主，也綜合分析古書中的語法、修辭等語文現象。而訓詁學作爲經學的附庸，其主要任務是注釋經典中那些"字面生澀而義晦"和"字面普通而義别"的疑難詞語，那些常見、常用的詞語，一般不作爲訓詁學研究的對象。傳統訓詁學的主要任務是考釋經典文獻中"字面生澀而義晦"的詞語，這些工作爲古籍的整理和詞典的編纂做出了很大的貢獻，但是它卻很少涉及人們日常生活中使用頻率很高的詞語。

同時，詞彙研究的這種落後局面與詞彙研究的難度大是分不開的。在語言的詞彙、語音、語法三要素中，詞彙是最紛繁複雜的部分，它包含著數量龐大的看似一盤散沙的語詞材料，其構成和演變的規律是最不容易

① 王力：《中國語言學史》，山西人民出版社，1981年，第11頁。

找出的。蔣紹愚先生在談到漢語詞彙系統及其發展變化的時候就曾經説過:"漢語的詞彙系統及其發展變化,是一個很複雜的問題。目前,我們還没有可能對漢語的詞彙系統及其發展變化作出明確的闡述,因爲到目前爲止,我們對漢語歷史詞彙的瞭解還很不深入;今後,當我們的研究工作有了較大的進展以後,要來闡述漢語的詞彙系統及其變化也不是一件容易的事,因爲詞彙系統遠比語音系統、語法系統複雜。"①

二、漢語常用詞研究現狀

如前所述,漢語詞彙是一個非常複雜的系統,基於此,蔣紹愚先生在分析漢語歷史詞彙研究的具體方法時指出:"要把漢語歷史詞彙研究推向前進,就必須在兩個方面同時做工作。首先要對從先秦直到明清的各個歷史時期的詞語一個一個地搞清楚,對漢語各個時期的詞彙的面貌有一個比較清晰的瞭解;但也不能等這方面的工作做完了才來對漢語歷史詞彙作系統的、理論的研究,而是應該和第一方面的工作同時進行。"②

漢語已經有了幾千年的發展演變史,漢語的詞浩如煙海,要搞清楚每一個詞語的來龍去脈,幾乎是不可能的,至少短時間之内不可能完成如此浩大的工程。漢語詞彙是一個極其複雜的系統,對漢語詞彙的研究工作應該從哪裏著手?其實,我們可以從常用詞著手。

常用詞指自古以來人們在日常生活中經常用到的、跟人類活動關係密切的詞。常用詞在語言交際中使用廣泛,出現頻率高,是詞彙的重要組成部分,在語言中占有十分重要的地位。"常用詞在詞彙系統中是一個核心部分,它起著保證語言的連續性和爲創造新詞提供基礎的重要作用……就整個語言系統而言,常用詞的變化也就意味著語言的某種本質上的改變,具有同音韻系統、語法結構的改變同等重要的意義。"③

常用詞具有如下特點。第一,使用頻率高。在經科學選擇的封閉性文獻中進行統計,會發現常用詞具有較高的使用頻率,符合"常用"這一名稱。第二,組合能力強。組合能力包括以語素的身份構詞的能力和以詞

① 蔣紹愚:《古漢語詞彙綱要》,北京大學出版社,1989 年,第 271 頁。
② 蔣紹愚:《古漢語詞彙綱要》,北京大學出版社,1989 年,前言。
③ 徐時儀:《古白話詞彙研究論稿》,上海教育出版社,2000 年,第 329 頁。

的身份組成片語的能力，在這兩點上常用詞的組合能力都高於一般非常用詞。第三，詞義普通。這點是和傳統訓詁學所研究的經典文獻中“字面生澀而義晦”的疑難詞相對的，詞義的淺顯明晰，決定了常用詞有廣闊的使用範圍和較高的使用頻率。第四，詞義概括性強。常用詞在語義範疇中詞義概括性強，區別特徵明顯，相對的其意義也比較穩固。

基於常用詞的以上特點可知，對常用詞進行研究，更能呈現整個詞彙系統的面貌。蔣紹愚先生曾經指出：“常用詞是詞彙的主體，如果不弄清常用詞在近代漢語時期的發展變化，那麼，要描寫一個時期的詞彙系統和近代漢語詞彙發展史，都是無從談起的。”①蔣先生的這一觀點不僅僅適用於近代，對於整個詞彙史的研究來説也是如此。只有深入研究各個時期的常用詞，才能夠充分瞭解每個時期詞彙系統的特點和整體狀況，從而使系統的、理論上的詞彙史研究成爲可能。

在20世紀二三十年代，黎錦熙等學者對常用詞的研究有了初步的認識。當時，以黎錦熙先生爲首的一批學者在編纂《中國大辭典》的時候就已經明確地提出了“國語常用詞”的概念，此後，出現了不少對漢語的常用詞進行研究的作品，如黎錦熙的《宋元語詞廣證》《中國近代語研究提議》《近思録釋詞》《“爸爸”考》，何容的《説現行語中之“爸爸”與“父親”》，劉復的《“打”雅》《釋“吃”》，鄭侯的《“打”字别用類别》，等等，完成了對漢語常用詞演變研究的早期探索。

新中國成立後至20世紀末，漢語常用詞的研究取得了長足的發展。50年代鄭奠在《漢語詞彙史隨筆》中從史的角度對漢語常用詞進行了探討。王力先生在《漢語史稿》中對一些常用詞進行了實際考察②，也在《古代漢語》中展現了若干組常用詞更替變遷的情況③。20世紀80年代，任學良在《〈古代漢語・常用詞〉訂正》中對王力先生提出的常用詞進行了斷代和補正④。改革開放以後，蔣紹愚先生也多次呼籲應重視常用詞方面的研究。王鳳陽先生也曾進行了常用詞研究的實踐，其《古辭辨》對上千組近義詞和單字進行了辨析，其中也涉及對詞的歷史性的梳理。這些嘗

① 蔣紹愚：《近代漢語研究概要》，北京大學出版社，2005年，第298頁。
② 王力：《漢語史稿》，中華書局，2000年，第555—586頁。
③ 王力：《古代漢語》（修訂本），中華書局，1981年，第99—745頁。
④ 任學良：《〈古代漢語・常用詞〉訂正》，浙江大學出版社，1987年，第15—192頁。

試所取得的成果成爲後來學者研究漢語教學和詞義的重要參考資料，但這一時期對於常用詞的研究卻很少。20 世紀 90 年代以前，“詞彙研究多熱衷於詞語考釋，而對常用詞的歷時演變，構詞法的演變，各階段詞彙系統的面貌以及近代漢語詞彙發展史等課題都缺乏研究”①。張永言、汪維輝(1995)認爲就整個詞彙系統而言，常用詞的變化是一種深層次的變化，“不對常用詞作史的研究，就無從窺見一個時期的詞彙面貌，也無以闡明不同時期之間詞彙的發展變化，無以爲詞彙史分期提供科學的依據”。詞彙史的研究應該把常用詞放在中心位置，因爲“常用詞大都屬於基本詞彙，是整個詞彙系統的核心部分，它的變化對語言史研究的價值無異於音韻系統和語法結構的改變”。因此，他們在《關於漢語詞彙史研究的一點思考》一文中説：“我們寫作本文的主旨，也不過是想通過分析一些實例來提倡一下詞彙史領域中長期被忽視的常用詞演變的研究。”②蔣紹愚先生也強調“研究漢語詞彙應重視詞彙系統及其發展變化的研究，應當重視常用詞演變的研究”③。

近年來，在蔣紹愚、張永言、汪維輝等學者的大力宣導下，常用詞研究已逐漸爲學界所重視，也取得一批重要的研究成果。

李宗江(1999)《漢語常用詞演變研究》一書從理論層面探討了常用詞演變的原因，其中包括語音、語義、語法、語境、詞彙系統、外語、認知的作用、社會因素等 8 個因素；同時探討了常用詞演變研究的方法、意義以及存在的一些問題。

汪維輝(2000)《東漢—隋常用詞演變研究》一書在論述了常用詞演變研究的意義之後，詳細考察了東漢到隋這一時期的 41 組常用詞的演變過程，對常用詞演變的類型及相關問題也做了説明。

學位論文如丁喜霞(2004)④首先論述了常用雙音詞成詞和演變研究的方法與價值、並列雙音詞的成詞機制和成詞途徑、同義並列雙音詞的成詞和演變例釋、類義並列與反義並列雙音詞的成詞和演變例釋，最後對常用並列雙音詞成詞和演變的規律進行了總結，認為其具有漸變性、並存

---

①江藍生、曹廣順、吴福祥：《近代漢語研究的回顧與前瞻》，外語教學與研究出版社，1996 年。
②張永言、汪維輝：《關於漢語詞彙史研究的一點思考》，中國語文，1995 年第 6 期。
③蔣紹愚：《關於漢語詞彙系統及其發展變化的幾點想法》，中國語文，1989 年第 1 期。
④丁喜霞：《中古常用並列雙音詞的成詞和演變研究》，浙江大學博士學位論文，2005 年。

性、擇一性、不平衡性、系統性等規律。

譚代龍(2005)[①]以唐代高僧義淨的譯經爲主要語料,對身體運動概念詞彙場進行研究,論文用認知語言學理論來解釋常用詞的歷史更替,這個角度較新。全文主要分爲兩大部分:身體非位移運動概念場詞彙研究和身體位移運動概念場詞彙研究。前者細分爲臥睡、跌倒、蹲坐、起立4個小概念場,後者細分爲前進、卻退、内入、外出、到達、去往、返回、來、行走、追繞、逃亡、隱藏、等待等14個小概念場。最後對各概念場及其詞彙的共時和歷時情況等進行了總結。

吴崢嶸(2006)[②]從語言内部因素與語言外部因素相結合的角度,從義類詞彙系統格局的分析描寫,語言因素對義類詞彙系統格局的制約,認知、語用因素對義類詞彙系統格局的調節,義類詞彙系統格局反映出的先民的存在方式等四個方面來對《左傳》中索取、給予、接受義類詞彙系統進行研究。

于飛(2008)[③]以兩漢語料爲基礎,對兩漢時期有代表性的常用詞的演變做了詳細的描寫與分析。在名詞、動詞、形容詞中各選擇了幾組有代表性的詞進行研究,從常用詞發展變化的角度,對常用詞的演變類型、兩漢語言的分期等問題進行了從實踐到理論的闡釋和探討,並對古漢語常用詞研究的發展提出了自己的看法。

牟莉(2011)[④]以現代漢語中的"肥"和"胖"爲研究對象,調查了現代漢語和古代漢語中口語性較強的、典型的語言學作品,以共時和歷時相結合爲基本的研究方法,對"肥"和"胖"的指稱情況進行分類、描寫和對比分析,探求了它們的歷史演變過程,並分析了其在演變中的特點和規律。

黄成(2011)[⑤]選取了三組常用詞——"疾"和"病";"田""狩""獵";"追"和"逐",將傳世文獻和出土文獻相結合,描述了這三組詞在上古時期的發展演變軌跡,考察了它們在上古時期的發展演變情況,對它們演變的特點和原因做了解釋。

---

① 譚代龍:《義淨譯經身體運動概念場詞彙研究》,北京大學博士學位論文,2005年。
② 吴崢嶸:《〈左傳〉索取、給予、接受義類詞彙系統研究》,華中師範大學博士學位論文,2006年。
③ 于飛:《兩漢常用詞研究》,吉林大學博士學位論文,2008年。
④ 牟莉:《現代漢語"肥"和"胖"的指稱面貌及其歷史研究》,四川外語學院碩士學位論文,2011年。
⑤ 黄成:《上古漢語三組常用詞演變研究》,西南大學碩士學位論文,2011年。

吴爲民(2011)[①]選取漢語性别詞作爲研究對象,運用傳世文獻和出土文獻如甲骨文、簡帛、碑刻、敦煌文獻等多種不同類型的文獻材料作爲語料,結合現代漢語方言中性别詞的分布狀況,對原型性别詞、特徵性别詞的歷時演變過程進行描述和解釋,對性别詞的發展規律進行總結,並將漢語性别詞和英語性别詞、法語性别詞進行對比研究。

其他論文如李宗江(1997a)《"也"的來源及其對"亦"的歷時替换》、李宗江(1997b)《"進"對"入"的歷時替换》、汪維輝(1998a)《常用詞歷時更替札記》、汪維輝(1998b)《幾組常用詞歷史演變的考察》、吕東蘭(1998)《從〈史記〉、〈金瓶梅〉等看漢語"觀看"語義場的歷史演變》、陳秀蘭(2001)《敦煌變文與漢語常用詞演變研究》、汪維輝(2003)《漢語"説類詞"的歷時演變與共時分布》、陳秀蘭(2004)《從常用詞看魏晉南北朝文與漢文佛典語言的差異》、汪維輝(2004)《撰寫〈漢語100基本詞簡史〉的若干問題》、史光輝(2004a)《常用詞"焚"、"燔"、"燒"歷時替换考》、汪維輝(2005)《〈老乞大〉諸版本所反映的基本詞歷時更替》、王彤偉(2005a)《常用詞"疾"、"病"的歷時替代》、王彤偉(2005b)《常用詞焚、燒的歷時替代》、王青及薛遴(2005)《論"吃"對"食"的歷時替换》、于飛(2008)《淺論兩漢時期常用詞"皮"、"膚"的歷時替换》、金穎(2008)《常用詞"過"、"誤"、"錯"的歷時演變與更替》、汪維輝(2009)《"遐"—"邇"與"遠"—"近"》、施真珍(2009)《〈後漢書〉"羽"語義場及"羽、毛"的歷時演變》、王毅力(2009)《常用詞"竊"、"盜"、"偷"的歷時演變》、王國珍(2010)《"喫""食""飲"歷時替换的不平衡性及其認知》、汪維輝(2010)《漢語"站立"義詞的現狀與歷史》等也對漢語常用詞進行了一定的研究。

總的來看,學界對常用詞的研究範圍在逐步拓展,從單個詞研究到語義場研究,從研究單音詞演變到複音詞的更替,從實詞到虚詞,從同義義場常用詞的演變到反義、對義、類義等義場常用詞的演變,從斷代到通史,等等。研究逐漸深入,從注重描寫事實到描寫與解釋並重,從單純的歷時演變研究到歷時與共時研究相結合,並注重常用詞研究的理論探討,等等。

目前,學界對體貌美醜詞的研究成果還不是很多,比較有代表性的著作,如王鳳陽在《古辭辨》"運動詞"和"特徵詞"兩節中對幾組與體貌美醜

①吴爲民:《漢語性别詞研究》,西南大學博士學位論文,2011年。

相關詞的語義差異和更替變遷情況做了探討[①]；汪維輝在《東漢—隋常用詞演變研究》"形容詞"一章中對"瘠（膌）、臞（癯）/瘦（膄）"這組詞在東漢到隋這段時期的發展演變做出了探討[②]；黄金貴在《古代文化詞義集類辨考》"人體"一節中對"肥、胖、豐、腴、腯、膿"和"瘦（膄）、臞（癯）、瘠（膌）"兩組詞的語義差異和更替變遷情況做了探討[③]。論文如栗學英（2006）《漢語史中"肥"、"胖"的歷時替換》、汪維輝（1998）《常用詞歷時更替札記》、汪維輝（2007）《漢語常用詞演變研究的若干問題》等。以上成果對體貌美醜詞的研究大多停留在對幾個或幾組詞的零星探討。本書從歷時的角度對常用詞中的體貌美醜類詞進行研究，可以從歷時的角度審視漢語某個範疇詞彙發展的狀況，爲漢語中常用形容詞的研究提供借鑒，從而有助於漢語詞彙學的發展。

第二節　本書研究内容

本書以漢語中的體貌美醜常用詞爲研究對象。在漢語中，最小的音義結合體大多是單音節的，因此，在研究中，我們主要從單音詞著手。在具體操作上，我們主要依據歷代字典辭書搜集體貌美醜詞，以防止漏收。包括：《甲骨文字典》《金文字典》《説文解字》《爾雅》《方言》《釋名》《玉篇》《廣韻》《集韻》《廣雅》《康熙字典》《漢語大字典》《漢語大詞典》《現代漢語方言大詞典》等。另外，也調查部分類書中的相關内容。

---

①見王鳳陽：《古辭辨》"運動詞・身動"中"臞，癯，瘦，羸"條；"肥，腯，胖"條。"特徵詞・狀人"中"美，好，麗"條；"姸，姣，嬌，豔，妖，冶，媚，娥，姝，姱，娟"條；"惡，醜，陋，寢，媸"條。吉林文史出版社，1993年，第789—790頁，856—860頁。

②汪維輝：《東漢—隋常用詞演變研究》，南京大學出版社，2000年，第330頁。

③黄金貴：《古代文化詞義集類辨考》"人體"中"肥，胖，豐，腴，腯，膿"條；"瘦（膄），臞（癯），瘠（膌）"條。上海教育出版社，1995年，第485—491頁。

在詞的選擇上我們主要考慮如下因素：

第一，在歷代的文學作品中有一定的用例，而不僅僅存在於字典辭書中。

在調查中，我們發現有許多詞在傳世文獻和出土文獻中都找不到用例，只收録於字典辭書中，如"亞"。《説文・亞部》："亞，醜也。象人局背之形。"王筠釋例："醜是事而不可指，借局背之形以指之。非惟駝背，抑且雞匈，可云醜矣。"但在語料中卻没發現"亞"做"醜"解的用例。又如"姉"。《玉篇・女部》："姉，好皃。"《集韻・有韻》："姉，女儀也。"但在語料中卻没發現"姉"做"女子儀態美好"解的用例。諸如此類的詞還有很多，我們認爲，出現這些詞的原因可能與典籍的逸亡和舊詞退出歷史舞臺有一定的關係。而我們所選擇的體貌美醜常用詞必須是在語料中有一定數量的用例的，只有在充分占有材料的基礎上，才談得上研究其使用情況，才能進行客觀的分析。"材料掌握得不充分，結論就有可能有疏漏，材料掌握得越全，結論就越可靠。"①

第二，在使用中有一定的歷史傳承性，即在相對較長的一段歷史時期使用，而不僅僅存在於一兩部作品中。

《詩經》作爲上古的一部重要文獻，其内容涉及社會生活的方方面面，因此詞彙量也較大，其中出現了不少體貌美醜詞。以《詩經・陳風・月出》爲例："月出皎兮，佼人僚兮。舒窈糾兮，勞心悄兮！月出皓兮，佼人懰兮。舒懮受兮，勞心慅兮！月出照兮，佼人燎兮。舒夭紹兮，勞心慘兮！"其中出現了"僚、窈糾、懰、懮受、燎、夭紹"等體貌美醜詞。因雙音詞不屬於本書的考察範圍，我們對"僚、懰、燎"三詞進行了考察。

僚　《月出》中"僚"修飾"佼人"，是一個表示體貌美醜的形容詞。毛傳："僚，好貌。"孔穎達疏："謂其形貌好，言色美，身復美也。"《説文・人部》："僚，好皃。"段玉裁注："此僚之本義也。自借爲同寮字而本義廢矣。"在對其後的文獻進行調查時我們發現，正如段玉裁所言，"僚"多用作"同僚"意，而《詩經》中的"美"意幾乎没有傳承下去，因此，本書在進行研究時，没有將"僚"收入在内。

① 蔣紹愚：《近代漢語研究概要》，北京大學出版社，2005年，第299頁。

懰　《月出》中“懰”修飾“佼人”，也是一個表示體貌美醜的形容詞。陸德明釋文：“懰，好貌。”《説文》未收該字，《廣韻・有韻》：“懰，好也。”在對其後的文獻進行調查時我們發現，“懰”幾乎没有用例，因此，本書在進行研究時，没有將“懰”收入在内。

燎　《月出》中“燎”的使用也是如此。除了此處，“燎”幾乎没有用作“美麗”的用例，因此，我們在研究中也將其排除在外。

在對研究對象的選擇上，只有通行時間較長、用例較多的詞，才有可能研究其發展演變規律，才具有研究價值。

第三，所選詞的詞義在歷代使用過程中具有一定的穩定性，但詞義也有一定的發展。

以“好”和“美”爲例。“好”，《方言》卷二：“自關而西，秦晉之間凡美色，或謂之好，或謂之窕。”可知，“好”最初可能是方言，但從古籍來看，“好”的適用範圍很廣，南北通用，它已經變成了通語。“好”指人時一般用於女子，用於女子時又側重容貌膚色的美，指長相漂亮。如：

雖好色，必惡心，不可謂好。（《國語・晉語一》）韋昭注：“好，美也。”其中“好色”即美色。

“美”，《説文・羊部》：“美，甘也。从羊从大。”《甲骨文字典》釋“美”字：“象人首上加羽毛或羊首等飾物之形，古人以此爲美。”李孝定《甲骨文字集釋》作“疑象人飾羊首之形”，這種觀點取象形説認爲“美”是一戴有羊角頭飾的人。因此，“美”雖然也可以表示容貌美麗，但它也兼指服飾之類，有儀表堂堂之義。如：

夫仇由貪大鐘之賂而亡其國，虞君利垂棘之璧而擒其身，獻公豔驪姬之美而亂四世，桓公甘易牙之和而不以時葬，胡王淫女樂之娱而亡上地。（《淮南子・精神訓》）高誘注：“好色曰美。”

“好”在早期與“美”共用，均有“美麗、美好”義，但在發展過程中，“美”的使用逐漸占了上風，而“好”的“美麗”這一義項不斷淡化。在對歷時文獻的考察中能看出這對詞的競爭和發展，因此，對其進行研究具有一定的價值。

又如“肥”和“胖”。“肥”，在指稱“豐滿，肥胖”義時是較早使用的一個詞，且人畜通用。如，“庖有肥肉，廄有肥馬”（《孟子・梁惠王上》）。“胖”這個詞的産生並不晚。如：“富潤屋，德潤身，心廣體胖，故君子必誠其意。"(《禮記·大學》)鄭玄注:"胖,猶大也。"《四書章句集注》:"胖,安舒也。"由此可知,"胖"雖然出現的時期並不晚,但人們運用的頻率不高,而且它的意義並不是今天人們所説的"肥胖"義。"胖"的肥胖義是中古以後才出現的。[①] 起初"胖""肥"使用範圍不分,人畜共指,如:

逐宵上草料數十番,喂飼得膘息胖肥。(《耍孩兒·借馬》)

後來"胖"與"肥"所指發生分離,"胖"主要指人,而"肥"主要指畜。如:

跳出一個胖大和尚來,喝道:"洒家在林子裏聽你多時!"(《水滸傳》第九回)

那庫吏是酒色淘虛的人,更兼身體肥胖,未動手先是氣喘,那裏架隔得住。(《水滸傳》第九十四回)

直到現代漢語中,"肥"與"胖"仍是使用最廣泛的表示"肥胖"義的詞。

經過調查和篩選,本書從歷代字典辭書中選出了 26 個常用的體貌美醜詞,具體如下:

佳、俏、倩、冶、曼、嫵、妍、妖、姝、姣/佼、婉、媛、媚、嬈、嬌、醜、惡、美、好、麗、肥、胖、臞/癯、瘠、瘦、羸。

同時需要説明的是,在古代漢語中,複合詞和詞組有時並無明確的界限,王力曾在《詞和仂語的界限問題》一文中説:"必須承認,詞和仂語之間没有絶對的界限。"[②]其中的"仂語"即我們説的詞組。同時,詞組和詞具有承襲關係,一些雙音詞在産生之初是詞組的形式,到後來才凝固成詞。因此,在一個複合組合中的表"美醜"的字[③],可能是詞,也可能是語素,爲了研究的方便,我們把複合組合中的字均看作詞。

---

①王鳳陽:《古辭辨》,吉林文史出版社,1993 年,第 173 頁。

②王力《龍蟲並雕齋文集》,中華書局,1980 年,第 561 頁。

③文字上的"字"指"占據一個方形空間的小單位";語音上的"字"爲"一個音節"。

第三節　體貌美醜常用詞的研究意義和研究方法

一、體貌美醜常用詞的研究意義

《説文·敘》中認爲，古人造字是“近取諸身，遠取諸物”。這種造字工作中所出現的“近取諸身”的情況實際上反映了人類的普遍認知規律，即人的身體髮膚、頭目手足、口耳鼻舌等，是認知的出發點。近20年來國外語言學界興起的認知語言學，非常重視身體在人類認知活動中的地位，認爲“認知的基礎——經驗——首先就是身體的：它是認知的出發點（認知的主體是具有身體的人），也是認知的一個對象（人類最先獲得的是對自己身體的經驗），還是認知的工具（人類認識外在現實是通過身體與世界的互動）”①。許多中國學者也將其運用於傳統詞彙的研究中。譚代龍、周文德（2007）基於認知語言學的理論，在詞彙研究中提出了“以人爲本”的研究思路，即“首先要對圍繞人體部位及其各種重要經驗而形成的概念基礎之上的詞彙做出研究，然後由此引發開去，研究這些詞彙指稱功能的擴展情況。這就是本文所謂的‘以人爲本’的研究思路。我們可以本著這種思路，借鑒現代語言學理論，繼承已有研究成果，一個專題一個專題地、一個時代一個時代地，描寫出相關詞彙的面貌和系統屬性；然後逐漸擴大研究範圍，在深入細緻地認識漢語各個歷史階段詞彙系統的基礎上，加強歷時比較研究，進而認識漢語歷史詞彙發展演變的規律”②。體貌美醜詞

①張敏：《認知語言學與漢語名詞短語》，中國社會科學出版社，1998年，第41頁。
②譚代龍、周文德：《試論“以人爲本”的漢語歷史詞彙研究》，西南大學學報（社會科學版），2007年第3期。

是漢語詞彙體系中的一個範疇，主要是對人體性狀的描繪。這類詞彙與人的關係最爲密切，也最爲人們熟知，對這類詞進行研究，符合"近取諸身"的認知規律，也符合"以人爲本"的研究思路。

同時，體貌美醜詞以形容詞爲主。汪維輝先生在《東漢—隋常用詞演變研究》中認爲："跟名詞和動詞相比，形容詞的複雜性在於它的詞彙意義大多帶有感情色彩，因爲形容詞所反映的是語言使用者對客觀事物的一種主觀評價，所以它的詞義往往具有某種不確定性。"而且"從數量上看，形容詞在歷史上發生過新舊更替的可能要略少於名詞"①。但是對形容詞中的常用詞進行系統的研究也是詞彙史研究的一部分，我們不能因爲它自身的屬性而忽略了它對於詞彙史研究的意義。

對漢語中體貌美醜詞的指稱面貌和它們的變化過程進行描寫分析，有以下價值：

首先，應該承認，學界在研究常用詞演變方面已經取得了重大成果，對許多常用詞的面貌及其發展演變過程都有了清晰的描述和解釋，但也還存在一些不足之處，如涉及的常用詞數量並不太多、研究的詞彙也以動詞和名詞爲主、對形容詞的研究成果還不是十分豐富等。本書從歷時的角度對常用詞中的體貌美醜類詞進行研究，可以審視漢語詞彙發展的問題，可爲漢語中常用形容詞的研究提供借鑒，有助於漢語詞彙學的發展。

其次，認知語言學是20世紀新興的一門學科，是認知科學的一個分支，是認知心理學與語言學相結合的邊緣學科。一方面，它運用認知科學的理論和成果研究語言的産生、發展及其規律；另一方面，又通過觀察語言現象的規則和普遍性，來説明人類認知能力及其發展的規律性和共同性。在本研究中，我們借鑒認知語言學的相關理論，如範疇、原型、隱喻、轉喻，以及語義學的相關理論，如語義場、義素分析等，來研究漢語體貌美醜詞的歷時演變及其規律，力求用新的研究理論和研究方法來進行詞彙研究，爲中國傳統的詞彙研究開闢新路。

第三，在研究中，對詞彙不僅進行斷代清理，而且進行歷時比較。同時將共時描寫與歷時演變研究相結合，這樣不僅可以描繪出單個詞語歷史發展的軌跡，也可以展示出歷史平面詞彙使用的整體情況，從而生動地描繪出

① 汪維輝：《東漢—隋常用詞演變研究》，南京大學出版社，2000年，第324頁。

詞彙發展的立體框架，爲漢語其他範疇詞彙的研究提供方法上的借鑒。

第四，隨著時代的發展，中國與其他國家的交往越來越頻繁，聯繫越來越緊密，而在對外交流和合作中，語言不通是影響進一步交流和合作的障礙。英語和漢語是世界上運用廣泛的兩種語言，本書將英、漢兩種語言中的體貌美醜常用詞進行了一定的比較和分析，闡述了這兩種語言中體貌美醜常用詞的特徵與規律，以期爲語言的學習提供幫助，進一步爲其他語義範疇的研究提供一定的模式，以促進英、漢語言國家的交流和合作。

二、體貌美醜常用詞的研究方法

在研究方法上，我們主要注重以下幾個方面：

將歷時考察與共時分析相結合，即在每個歷史時期選取幾部典型文獻作爲例證來進行統計分析，在此過程中，將溯源與析流相結合、描述與解釋相結合、共時描寫與歷時分析相結合、定量研究與定性研究相結合、宏觀研究與微觀研究相結合，梳理出各個時代體貌美醜詞的使用面貌。

在對體貌美醜常用詞的分析中著重考察幾個問題，包括常用詞的共時使用面貌問題、詞義的發展變化問題、常用詞的組合能力問題，以及英、漢詞彙的比較問題等。

以共同語中的體貌美醜詞研究爲主，兼及方言中的體貌美醜詞研究，並從不同語言的比較中探索語言發展的一些規律。

在具體研究中，我們主要采取以下研究方法：

第一，綜合判斷，選擇常用詞。首先，通過聚合關係判斷常用詞。在古漢語語料中，爲了避免重複，一個意義往往會用不同的詞來表示，從中我們可以歸納出許多同義詞，從而形成一個同義語義場。在一個同義語義場中的詞也存在一些差別，包括：組合能力的差別、使用頻率的差別、義素構成上的差別等。我們可以通過這些差異判斷其是否爲常用詞。例如，任何時期的詞彙中，總有部分詞語具有強大的組合能力，可以和很多詞語搭配構成詞或片語，和其他詞相比，這些組合能力強的詞其運用更爲廣泛和活躍，因而更加常用。另外，通過考察一組同義詞中的各個詞的義素組成情況，可以找出其中義域寬廣、概括性強的典型成員。認知語言學將這種典型性成員稱爲"原型"。一般來說，原型詞比其他詞更加常用。

通過以上兩個途徑,我們可以判斷在同一聚合關係中的常用詞。

其次,可通過定量統計確定常用詞。王雲路先生指出:"(常用詞研究工作中)用量化的方式,根據其出現頻率制訂合適的收録標準,也許是可以考慮的一種尺度。"①在常用詞研究中,定量統計是一種必不可少的方法。一般而言,在一個同義詞聚合中,常用詞往往有著較高的使用頻率。如果一個詞的使用頻率極高,那麼可以將其視爲該時期的常用詞。但在定量統計的過程中,也有一定的問題。比如由於語料數量的選擇、語體風格的不同、地域的不同,甚至作者主觀偏好的不同,都會影響詞彙的統計結果。因此,在語料的選擇上,我們通過儘量選擇每個時期有代表性的語料、注重口語和書面語的平衡、對部分詞語擴大其統計的語料等方式,儘量保證統計結果的客觀性。所以,定量統計結果在常用詞的研究中仍然是一個重要的有價值的參考標準。

第二,運用語義場理論和義素分析法來進行研究。語義場理論在古漢語研究中早已得到了廣泛的關注和應用,語義場研究便於發現表示同一概念的詞之間的關係,也便於發現和比較它們在演變過程中相互之間的狀況。對體貌美醜常用詞的研究,正是基於語義場理論的基本思想,從詞彙的系統性角度出發,描繪出每一個核心詞的義場關係圖,從語義場的層面關照核心詞在歷史上的使用情況。義素分析法則是把詞語的義位分解爲若干義素的組合,它主要用於説明同一語義場内各成員之間在詞義上的細微差别和歷史發展中的差異。

第三,共時描寫和歷時比較相結合。詞彙研究不應是孤立的、簡單的、就事論事的研究,共時描寫的主要任務是描寫同一核心概念之間語義、語用、語法、使用頻率、組合和聚合關係、使用範圍等多方面的情況;歷時比較的任務是探討這些詞在不同歷史時期的同異及發展變化。"靜態的研究對漢語史來説,是必經的階段,但是單靠靜態的研究並不能達到建立漢語史的目的。"②還必須對詞彙做縱向的歷史比較和動態分析,本書正是對這一方法的具體實踐。

---

① 王雲路:《中古常用詞研究漫談》,原載《中古近代漢語研究·第一輯》,上海教育出版社,2000 年,第 280 頁。
② 王力:《漢語史稿》,中華書局,2000 年,第 14 頁。

第四，窮盡性調查和統計的方法。我們對所選取的體貌美醜常用詞在所研究的語料中進行了窮盡性調查和整理，對其分布及使用頻率進行統計，並做出相關的統計圖表。這種量化的方法能更直觀地認識常用詞在各個歷史時期的使用面貌，也使研究更加準確。

第五，電腦輔助研究。我們對所研究的每一個常用詞都構建了相應的資料庫，極大地便利了詞頻的統計和關於新舊詞語組合能力等的考察。同時，在考察詞語歷時演變的時候，還充分利用各種可供檢索的語料庫資源，爲研究提供了大量可供使用的語料。

第四節　研究語料的選擇

本研究爲體貌美醜常用詞研究，要從歷時的角度研究詞彙發展演變的情況，研究常用詞在各個歷史時期的使用面貌，這必然會涉及漢語史分期的問題。關於該問題，高本漢、吕叔湘、王力、胡明揚、太田辰夫等的觀點各不相同，且理由不一。但"上古漢語—中古漢語—近代漢語—現代漢語"這樣一種劃分越來越得到學者們的注意與承認。

關於中古漢語的上限，劉堅在《中古漢語讀本》序中指出："現在，越來越多的學者已經注意到，漢代以後的漢語比之先秦時期的漢語有許多不同。有的學者指出，從東漢開始，到魏晉南北朝，古代漢語起了質的變化，出現了許多新的詞語和新的句法格式，成爲古代漢語向近代漢語過渡的時期。有的學者明確主張把這一個階段從古代漢語中劃分出來，認爲這一個階段應屬漢語史上的中古漢語時期……這一時期最明顯的特點是接近口語的成份開始出現，並且呈現由少到多的發展趨勢。"①

① 方一新、王雲路：《中古漢語讀本》，上海教育出版社，2006年，序。

關於近代漢語的上限，學界也有不同的看法。吕叔湘先生在《近代漢語指代詞》序中根據“方言”和“白話”兩種書面語，以晚唐五代爲界，把漢語的歷史分爲古代漢語和近代漢語兩個大的階段。而蔣紹愚先生在綜合分析語言中的語法、詞彙要素之後指出：“吕叔湘先生主要根據敦煌文獻和禪宗語録中的白話成分，把近代漢語的上限定爲晚唐五代。這個看法是有根據的。……但進一步考察，就可以看到：這些語法、詞彙方面的新的要素，有不少在變文之前就已出現，……所以，從語法、詞彙方面看，近代漢語的上限或許可以提前到唐代初年。”①

本研究綜合各家的意見，把漢語史分成上古漢語、中古漢語、近代漢語幾個時期，具體如下：

先秦、秦漢——上古漢語；

魏晉南北朝、隋——中古漢語；

唐五代以後——近代漢語②。

任何語言研究都離不開充足、合適的語料。要揭示體貌美醜常用詞在不同時期的分布情況，必須調查一定數量的語料，語料的選擇至關重要，既要選擇時代明確的足夠語料，又要考慮所選擇的語料是否能夠反映當時的真實語言面貌。

由於上古時期歷史跨度長，我們以戰國末爲界，將上古分爲上古一期和上古二期。按照時代區分，每個時期所選擇的語料儘量囊括經、史、子、集作品，同時兼顧口語作品。所涉及的語言資料主要有以下一些：

上古一期語料：商代甲骨卜辭、周代銅器銘文、《周易》（卦辭和爻辭）、《尚書》《詩經》《儀禮》《周禮》《論語》《墨子》《左傳》《老子》《莊子》《孟子》《國語》《荀子》《韓非子》《戰國策》《吕氏春秋》以及屈原、宋玉的作品。其中甲骨文、金文的文獻，主要包括《甲骨文合集》《小屯南地甲骨》《殷周金文集成》三部。

上古二期語料：睡虎地秦墓竹簡、銀雀山漢簡、《楚辭》中的漢人作品、《淮南子》《史記》《列女傳》、馬王堆漢墓帛書、居延漢簡、武威漢簡、《漢書》、漢樂府詩、《文選》中的漢人作品。

① 蔣紹愚：《近代漢語研究概要》，北京大學出版社，2005 年，第 4－5 頁。

② 關於近代漢語的下限，我們根據學界比較通行的做法，定在清初。

中古語料:《三國志》《生經》《後漢書》《抱朴子》《神仙傳》《搜神記》《世説新語》《洛陽伽藍記》《魏書》《顏氏家訓》《高僧傳》、中古佛經[①]、魏晉南北朝和隋代石刻。

近代語料:王梵志詩、寒山詩、拾得詩、《隋書》《祖堂集》、敦煌文書、敦煌變文、《資治通鑑》《朱子語類》《元刊古今雜劇三十種》《元朝秘史》《西廂記》《全元散曲》《老乞大》《朴通事》《元朝秘史》《三遂平妖傳》《水滸傳》、三言二拍。

① 中古佛經語料包括:《修行本起經》,二卷,東漢竺大力共康孟詳譯;《六度集經》,八卷,三國康僧會編譯;《生經》,五卷,西晉竺法護譯;《雜譬喻經》,一卷,比丘道略集,失譯;《十誦律》,六十一卷,後秦鳩摩羅什等譯;《彌沙塞部和醯五分律》,三十四卷,劉宋佛陀什共竺道生等譯;《賢愚經》,十三卷,北魏慧覺等譯;《雜寶藏經》,十卷,北魏吉迦夜共曇曜譯;《百喻經》,四卷,南朝蕭齊求那毗地譯;《舊雜譬喻經》,二卷,三國康僧會譯。中古佛經語料的選取參考了方一新、王雲路《中古漢語讀本》。爲了節省篇幅,書中引用這些佛經時不再注明時代和譯者。

第二章
漢語體貌美醜常用詞歷史分布考察

本章分上古、中古、近代三個時期,全面調查體貌美醜常用詞的使用情況,以描述其共時使用情況和歷時演變軌跡。

第一節　上古一期體貌美醜常用詞考察

一、上古一期體貌美醜常用詞概況

體貌美醜詞作爲漢語詞彙系統的一個部分,追溯其源流,考察其早期使用情況,對於準確理解詞義、考察其發展脈絡,有著舉足輕重的作用。甲骨文和金文作爲已發現的存世最早的漢字系統,能反映漢字早期的使用情況。因此我們的調查以甲骨文、金文爲起點。爲了較全面地瞭解語言發展情況，我們儘量選取每個時代具有代表性的文獻；同時由於上古文獻篇幅較短，若文獻選擇過少，就不能較好地反映當時的語言情況。由於上古時間跨度較大，因此，我們以戰國末爲界，將上古時期分爲上古一期和上古二期，分别進行研究。

我們對 26 個體貌美醜常用詞在上古一期文獻中的出現情況進行考察，其使用情況如下：

	甲骨文	金文	周易	尚書	詩經	儀禮	周禮	論語	墨子	左傳	老子	莊子	孟子	國語	荀子	韓非子	戰國策	屈宋	合計
佳	0	0	0	0	0	0	0	0	0	0	0	0	0	0	0	1	3	6	10
俏	0	0	0	0	0	0	0	0	0	0	0	0	0	0	0	0	0	0	0
倩	0	0	0	0	1	0	0	0	0	0	0	0	0	0	0	0	0	0	1
冶	0	0	1	0	0	0	0	0	0	0	0	0	0	0	2	0	0	2	5
曼	0	0	0	0	0	0	0	0	0	0	0	0	0	0	0	1	0	3	4
嫵	0	0	0	0	0	0	0	0	0	0	0	0	0	0	0	0	0	0	0
妍	0	0	0	0	0	0	0	0	0	0	0	0	0	0	0	0	0	0	0
妖	0	0	0	0	0	0	0	0	0	0	0	0	0	0	0	0	0	0	0
姝	0	0	0	0	3	0	0	0	0	0	0	0	0	0	0	0	1	1	5
姣/佼	0	0	0	0	3	0	0	0	2	0	0	0	2	0	2	0	0	1	10
婉	0	0	0	0	8	0	0	0	0	0	0	0	0	0	0	0	0	0	8
媛	0	0	0	0	1	0	0	0	0	0	0	0	0	0	0	0	0	0	1
媚	0	0	0	0	1	0	0	0	0	0	0	0	0	0	0	0	0	0	1
嬈	0	0	0	0	0	0	0	0	0	0	0	0	0	0	0	0	0	0	0
嬌	0	0	0	0	0	0	0	0	0	0	0	0	0	0	0	0	0	0	0
醜	0	0	0	0	1	0	0	0	1	0	0	1	0	0	0	0	0	1	4
惡	0	0	0	0	0	0	0	0	0	1	1	1	2	1	4	4	2	0	16
美	0	0	1	0	36	0	0	1	13	9	1	15	0	2	7	13	37	9	144
好	0	3	0	0	0	0	0	0	11	0	0	4	0	2	0	0	2	1	23
麗	0	0	0	0	0	0	0	0	0	0	0	1	0	0	1	0	6	6	14

續表

	甲骨文	金文	周易	尚書	詩經	儀禮	周禮	論語	墨子	左傳	老子	莊子	孟子	國語	荀子	韓非子	戰國策	屈宋	合計
肥	0	0	0	0	2	0	0	1	4	5	0	0	0	1	0	2	0	3	18
胖	0	0	0	0	0	0	0	0	0	0	0	0	0	0	0	0	0	0	0
臞/癯	0	0	0	0	0	0	0	0	0	0	0	0	0	0	0	8	3	0	11
瘠	0	0	1	1	0	0	1	0	2	1	0	0	0	0	1	1	0	0	8
瘦	0	0	0	0	0	0	0	0	0	0	0	0	0	0	0	2	0	0	2
羸	0	0	0	0	0	0	0	0	1	1	0	0	1	2	1	2	2	0	10

從上表可以看出,在上古一期,體貌美醜常用詞中有用例的爲 19 個,將其分爲"美醜"類和"胖瘦"類,按用例多少分别排列。其中"美醜"類:"美"(144 例)、"好"(23 例)、"惡"(16 例)、"麗"(14 例)、"姣/佼"(10 例)、"佳"(10 例)、"婉"(8 例)、"冶"(5 例)、"姝"(5 例)、"曼"(4 例)、"醜"(4 例)、"倩"(1 例)、"媛"(1 例)、"媚"(1 例);"胖瘦"類:"肥"(18 例)、"臞/癯"(11 例)、"羸"(10 例)、"瘠"(8 例)、"瘦"(2 例)。下面分别論述。

二、"美醜"類體貌詞釋例

1.美(144 例)

在這一時期所調查的文獻中,"美"表示"美醜"義的最早用例出現在《周易》中,指動物。

(1)其於馬也,爲美脊,爲亟心,爲下首,爲薄蹄,爲曳。(《周易·説卦》)

"美"修飾人,最早的用例出現在《詩經》中。《詩經》中"美"共出現 36 例,在該書中,"美"可做形容詞,也可做名詞,可指女子,也可指男子,是一個使用較普遍的體貌美醜詞。

綜合其他文獻中的用例,"美"在這一時期的使用已經非常成熟,主要使用情況如下。

可單獨用作形容詞修飾人，如：

(2)盧令令，其人美且仁。盧重環，其人美且鬈。盧重鋂，其人美且偲。(《詩經·齊風·盧令》)按：此處的"美"形容獵人。

(3)不如叔也，洵美且仁。……不如叔也，洵美且好。……不如叔也，洵美且武。(《詩經·鄭風·叔於田》)按：此處的"美"形容獵人，用誇張的手法，塑造出"叔"的美好形象。

(4)陽子之宋，宿於逆旅。逆旅有妾二人，其一人美，其一人惡。(《莊子·山木》)

(5)孔氏之豎渾良夫長而美。孔文子卒，通於内。(《左傳·哀公十五年》)

(6)生佐，惡而婉，太子痤美而很。(《左傳·襄公二十六年》)

(7)宋華父督見孔父之妻于路，目逆而送之。曰："美而豔。"(《左傳·桓公元年》)

(8)公子鮑美而豔。襄夫人欲通之，而不可。(《左傳·文公十六年》)

"美"也可修飾名詞，這一名詞可以是人的通稱，包括"女""婦人""人""男"等。如：

(9)自牧歸荑，洵美且異。匪女之爲美，美人之貽。(《詩經·邶風·靜女》)

(10)越人飾美女八人納之太宰嚭。(《國語·越語上》)

(11)天下多美婦人，何必是？(《左傳·成公二年》)

(12)然而見親秦，計之，非金無以也，故賣美人。美人之賈貴，諸侯不能買，故秦買之三千金。(《戰國策·韓策》)

(13)美男破老，美女破舌，淫圖破國，淫巧破時，淫樂破正，淫言破義，武之毁也。(《逸周書·武稱解》)

"美人"也可指男子，如：

(14)山有榛，隰有苓。云誰之思？西方美人。彼美人兮，西方之人兮。(《詩經·邶風·簡兮》)按：此處"美人"指美男子，舞師。

(15)四海之内，美人亦甚多矣，聞臣之得幸於王也，必褰裳而趨王。(《戰國策·魏策》)

“美”修飾的名詞也可以是容貌的一種總稱,包括“色”“容”“體”等。如:

(16)孤身不安重席,口不嘗厚味,目不視美色,耳不聽雅音,既已三年矣。(《吴越春秋·夫差内傳》)

(17)妒佳冶之芬芳兮,嫫母姣而自好。雖有西施之美容兮,讒妒入以自代。(《楚辭·九章·惜往日》)

(18)此郊之姝,華色含光,體美容冶,不待飾裝。(《登徒子好色賦》)

“美”也可以修飾具體部位,如“髮”“曠”“目”等,用以突出該部位的美,如:

(19)手如柔荑,膚如凝脂。領如蝤蠐,齒如瓠犀。螓首蛾眉,巧笑倩兮,美目盼兮。(《詩經·衛風·碩人》)

(20)美目揚兮,巧趨蹌兮。射則臧兮! 猗嗟名兮! 美目清兮! 儀既成兮。(《詩經·齊風·猗嗟》)

(21)公自城上見己氏之妻髮美。使髡之。(《左傳·哀公十七年》)

(22)彼知矉美而不知矉之所以美。(《莊子·天運》)

“美”做形容詞,可直接加具體的人名,指“某人美”,如:

(23)東門之池,可以漚麻。彼美淑姬,可與晤歌。東門之池,可以漚紵。彼美淑姬,可與晤語。東門之池,可以漚菅。彼美淑姬,可與晤言。(《詩經·陳風·東門之池》)按:詩中“彼美淑姬”指美麗的姬家好姑娘。

(24)云誰之思? 美孟姜矣。……云誰之思? 美孟弋矣。……云誰之思? 美孟庸矣。(《詩經·鄘風·桑中》)

“美”可做名詞,表示“美麗的相貌”,如:

(25)静女其孌,貽我彤管。彤管有煒,説懌女美。(《詩經·邶風·静女》)

(26)不有祝鮀之佞,而有宋朝之美,難乎免於今之世矣。(《論語·雍也》)按:祝鮀,春秋衛人,衛國大夫,能言善辯,受寵于衛靈公;或指其善以巧言媚人,後爲佞人的典型。宋朝,宋國公子朝,據載爲絶色美男。

(27)目辨白黑美惡,耳辨聲音清濁。(《荀子·榮辱》)

(28)西施之沈,其美也;吴起之裂,其事也。(《墨子》卷一)

(29)以人之情爲欲,此五綦者而不欲多,譬之,是猶以人之情爲欲富貴而不欲貨也,好美而惡西施也。(《荀子·正論》)

“美”做名詞，也可指“美麗的人”，如：

(30)野有蔓草，零露漙兮。有美一人，清揚婉兮。邂逅相遇，適我願兮。野有蔓草，零露瀼瀼。有美一人，婉如清揚。邂逅相遇，與子皆臧。(《詩經・鄭風・野有蔓草》)

(31)彼澤之陂，有蒲與荷。有美一人，傷如之何！寤寐無爲，涕泗滂沱。彼澤之陂，有蒲與蕑。有美一人，碩大且卷。寤寐無爲，中心悁悁。彼澤之陂，有蒲菡萏。有美一人，碩大且儼。寤寐無爲，輾轉伏枕。(《詩經・陳風・澤陂》)按：此詩描繪出一位“碩大且卷”“碩大且儼”的美男子形象。

在這一時期，已經出現含“美”的聯合式複合組合，主要有“好美”“美好”“美麗”“姣美”等，現分述如下：

好美(1例)

在所調查的這一時期的文獻中，“好美”共出現1例：

(32)臣聞趙，天下善爲音，佳麗人之所出也。今者，臣來至境，入都邑，觀人民謠俗，容貌顔色，殊無佳麗好美者。(《戰國策・中山策》)

美好(11例)

在所調查的這一時期的文獻中，“美好”共出現11例，其中《墨子》中共出現9例，均以“面目美好”這一組合出現。如：

(33)當王公大人之於此也，雖有骨肉之親，無故富貴、面目美好者，實知其不能也，不使之也，是何故？(《墨子》卷二)

另2例見於《莊子》：

(34)丘聞之，凡天下有三德：生而長大，美好無雙，少長貴賤，見而皆説之，此上德也。(《莊子・盗跖》)

(35)今長大美好，人見而説之者，此吾父母之遺德也。(《莊子・盗跖》)

美麗(2例)

在所調查的這一時期的文獻中，“美麗”共出現2例：

(36)今世俗之亂君，鄉曲之儇子，莫不美麗姚冶，奇衣婦飾，血氣態度擬於女子。(《荀子・非相》)

(37)城北徐公，齊國之美麗者也。(《戰國策・齊策》)

姣美(1例)

在所調查的這一時期的文獻中,"姣美"共出現 1 例:

(38)古者桀、紂長巨姣美,天下之傑也。(《荀子·非相》)

2.好(23 例)

"好",《方言》卷二:"自關而西,秦晉之間凡美色,或謂之好,或謂之窕。"《説文·女部》:"好,美也。"可知"好"與"美"一樣,均指容貌美麗。

在這一時期,除"美"外,"好"是最常用的表示"美麗"的詞。它多用來表示人的容貌、體態的美麗。可修飾名詞,如"好女""好色":

(39)雖好色,必惡心,不可謂好。(《國語·晉語一》)韋昭注:"好,美也。"

(40)因以文繡千匹,好女百人,遺義渠君。(《戰國策·秦策》)

"好"也可與另一形容詞構成表體貌美醜的複合組合,如"好美""美好""佼好""好比"等。現分述如下:

"好美"1 例,"美好"11 例,用例見本節"美"字。

佼好(2 例)

在所調查的這一時期的文獻中,"佼好"共 2 例,均出現於《墨子》中:

(41)無故富貴、面目佼好則使之。夫無故富貴、面目佼好則使之,豈必智且有慧哉?(《墨子》卷二)

好比(1 例)

在所調查的這一時期的文獻中,"好比"共 1 例:

(42)盛鬋不同制,實滿宫些。容態好比,順彌代些。(《楚辭·招魂》)按:"好比"指美麗温柔。

3.惡(16 例)

在所調查的文獻中,做"相貌醜陋"解的詞中,"惡"是最常用的詞。在其使用中,單用 4 例:

(43)生佐,惡而婉。太子痤美而很。(《左傳·襄公二十六年》)按:該句中"惡"與"美"相對,"惡"義爲相貌醜陋;"很"與"婉"(柔順)相對,"很"義爲執拗、剛愎自用。

(44)術正而心順之,則形相雖惡而心術善,無害爲君子也。形相雖善而心術惡,無害爲小人也。(《荀子·非相》)

(45)君之所以事王者,色也。葺之所以事王者,知也。色老而衰,知老而多。以日多之知,而逐衰惡之色,君必困矣。(《戰國策·趙策》)按:

建信君大概活躍於公元前 270 年至公元前 246 年間，深受當時的趙惠文王及其子趙丹的信任。從"君之所以事王者，色也"之句可知其實爲趙王之男寵。自謂"衰惡之色"，義爲"相貌日醜"。

(46)楊子過於宋東之逆旅，有妾二人，其惡者貴，美者賤。楊子問其故，逆旅之父答曰："美者自美，吾不知其美也；惡者自惡，吾不知其惡也。"(《韓非子·說林上》)按：從該例可看出"惡"在這一時期的用法非常成熟，可修飾名詞"者"，做"惡者"；在"自惡"中單用作形容詞；在"吾不知其惡"中做名詞。

"惡"做形容詞時，主要是修飾具有整體含義的名詞，如"人""者""色"等。在所調查的文獻中，出現"惡人"2 例，"惡者"2 例，"惡色"1 例，其例如下：

(47)孟子曰："西子蒙不潔，則人皆掩鼻而過之。雖有惡人，齊戒沐浴，則可以祀上帝。"(《孟子·離婁下》)按：句中"西子"即西施，"惡人"與"西子"相對，指"相貌醜陋之人"。

(48)魯哀公問於仲尼曰："衛有惡人焉，曰哀駘它。丈夫與之處者，思而不能去也。婦人見之，請於父母曰：'與爲人妻，寧爲夫子妾'者，十數而未止也。"(《莊子·德充符》)按：哀駘它，衛國人，春秋時期魯國大夫。據傳其相貌十分醜陋，而且跛腳駝背。

(49)楊子過於宋東之逆旅，有妾二人，其惡者貴，美者賤。(《韓非子·說林上》)

(50)孟子曰："伯夷，目不視惡色，耳不聽惡聲。非其君不事，非其民不使。"(《孟子·萬章下》)

在這一時期所調查的文獻中，出現了 1 例聯合式複合組合"凶惡"，表示"相貌醜陋"：

(51)今以臣凶惡，而得爲王拂枕席。今臣爵至人君，走人於庭，辟人於途。(《戰國策·魏策》)按：龍陽君大約生活在公元前 243 年，史載他如美女一樣婉轉媚人，是魏安釐王的男寵，後宮美女在他面前都黯然失色。此處"凶惡"指"相貌醜陋"，爲龍陽君自謙之辭。

除做形容詞外，"惡"也可做名詞，常與"美"相對，如：

(52)天下皆知美之爲美，斯惡已；皆知善之爲善，斯不善已。(《老子·道經》)

或直接與"美"構成"美惡"一詞。在所調查的文獻中，出現了 3 例：

(53)目辨白黑美惡,耳辨聲音清濁。(《荀子·榮辱》)

(54)長短大小,美惡形相,豈論也哉!(《荀子·非相》)

(55)直將差長短,辨美惡,而相欺傲邪?(《荀子·非相》)

4.麗(14 例)

"麗",《廣雅·釋詁一》:"麗,好也。""麗"的"美麗"義出現較晚,其本義爲成雙並行。《説文·鹿部》:"麗,旅行也。鹿之性,見食急則必旅行。从鹿,丽聲。"王筠句讀:"旅,俗作侶。"李孝定《甲骨文字集釋》:"'丽聲'之丽,諸家以爲即此字之古文是也。麗既以古文爲聲,則从鹿必屬後起。竊謂麗之本義訓兩訓耦,麗字从鹿,當爲鹿之旅行之專字。"

在所調查的這一時期的文獻中,"麗"單用作形容詞共 5 例,主要用例如下:

(56)窮有八極,達有三必,形有六府。美、髯、長、大、壯、麗、勇、敢,八者俱過人也,因以是窮。(《莊子·列御寇》)

(57)被文服纖,麗而不奇些。(《楚辭·招魂》)王逸注:"麗,美好也。"

(58)天下之佳人莫若楚國,楚國之麗者莫若臣里,臣里之美者莫若臣東家之子。(《登徒子好色賦》)

(59)鄒忌修八尺有餘,身體昳麗。(《戰國策·齊策》)高誘注:"昳,讀曰逸。"《字彙·辵部》:"逸,超也。"可知"逸"爲超絶、特出之義。"昳麗"即特別美麗。

同時,"麗"出現複合組合的用例,構成"美麗""佳麗""閑麗"等詞,其主要用例如下:

美麗(2 例)

例見"美"條下。

佳麗(5 例)

(60)好姱佳麗兮,牉獨處此異域。既煢獨而不群兮,又無良媒在其側。(《楚辭·九章·抽思》)王逸注:"容貌説美,有俊德也。"

閑麗(2 例)

(61)玉爲人體貌閑麗,口多微辭,又性好色。願王勿與出入後宫。(《登徒子好色賦》)按:"閑麗"即文雅英俊。

(62)體貌閑麗,所受於天也;口多微辭,所學於師也;至於好色,臣無有也。(《登徒子好色賦》)

5.姣/佼(10 例)

“姣/佼”是出現較早的一個體貌美醜詞,在這一時期所調查的文獻中,“姣/佼”首見於《詩經》,在《詩經・陳風・月出》以“佼人”的形式出現3次,指“美人”:

(63)月出皎兮,佼人僚兮。舒窈糾兮,勞心悄兮!月出皓兮,佼人懰兮。舒懮受兮,勞心慅兮!月出照兮,佼人燎兮。舒夭紹兮,勞心慘兮!(《詩經・陳風・月出》)

在其他文獻中,“姣/佼”可做形容詞單用,共2例:

(64)治之道,美不老,君子由之佼以好。(《荀子・成相》)

(65)妒佳冶之芬芳兮,嫫母姣而自好。雖有西施之美容兮,讒妒入以自代。(《楚辭・九章・惜往日》)

這一時期,“姣”出現複合組合的用例是與“好”“美”等詞組合,構成“姣好”“姣美”等詞,其主要用例見前述“好”“美”詞下。

另“姣/佼”也可做名詞,指“姣好的容貌”。如:

(66)至於子都,天下莫不知其姣也。不知子都之姣者,無目者也。(《孟子・告子上》)按:公孫子都,春秋時期鄭國人,原名公孫閼,本姓爲姬,與周王同宗,字子都,是鄭國的宗族子弟(鄭國貴族)。他是鄭國公族大夫,春秋第一美男,武藝高超,相貌英俊。《詩經・鄭風・山有扶蘇》有云:“山有扶蘇,隰有荷華。不見子都,乃見狂且。”在此詩中,“子都”被用作美男子的代名詞。

6.佳(10 例)

“佳”,《説文・人部》:“佳,善也。”《廣雅・釋詁二》:“佳,好也。”《類篇・人部》:“佳,美也。”在所調查的文獻中,“佳”與“麗”“冶”等結合,構成“佳麗”“佳冶”等複合組合。

佳麗(5 例)

(67)臣聞趙,天下善爲音,佳麗人之所出也。今者,臣來至境,入都邑,觀人民謠俗,容貌顔色,殊無佳麗好美者。(《戰國策・中山策》)

(68)臣竊見其佳麗,口不能無道爾。即欲請之,是非臣所敢議,願王無泄也。(《戰國策・中山策》)

(69)好姱佳麗兮,牉獨處此異域。既惸獨而不群兮,又無良媒在其側。(《楚辭・九章・抽思》)

佳冶(1 例)

(70)妒佳冶之芬芳兮,嫫母姣而自好。(《楚辭·九章·惜往日》)王逸注:"容貌説美,有俊德也。"

"佳"與名詞的組合僅見"佳人"一種,在本期文獻中出現 4 例,全見於屈原、宋玉的作品中,具體如下:

(71)惟佳人之永都兮,更統世而自貺。眇遠志之所及兮,憐浮雲之相羊。(《楚辭·九章·悲回風》)按:此處"佳人"是屈原自謂。

(72)聞佳人兮召予,將騰駕兮偕逝。(《楚辭·九歌·湘夫人》)按:此處"佳人"指湘君。

(73)天下之佳人莫若楚國,楚國之麗者莫若臣里,臣里之美者莫若臣東家之子。(《登徒子好色賦》)

7.婉(8 例)

在這一時期所調查的文獻中,"婉"只在《詩經》中出現 8 例,其中有 5 例以單音形容詞的形式出現,現分述如下。

(74)有美一人,清揚婉兮。……有美一人,婉如清揚。(《詩經·鄭風·野有蔓草》)毛傳:"婉然,美也。"

(75)婉兮孌兮,總角丱兮。未幾見兮,突而弁兮。(《詩經·齊風·甫田》)

(76)猗嗟孌兮。清揚婉兮,舞則選兮。射則貫兮,四矢反兮,以禦亂兮。(《詩經·齊風·猗嗟》)

(77)薈兮蔚兮,南山朝隮。婉兮孌兮,季女斯飢。(《詩經·曹風·候人》)

另 3 例均以"燕婉"這一聯合式複合組合的方式出現在《邶風·新臺》中:

(78)燕婉之求,籧篨不鮮。……燕婉之求,籧篨不殄。……燕婉之求,得此戚施。(《詩經·邶風·新臺》)毛傳:"燕,安;婉,順也。"

8.冶(5 例)

"冶",豔麗、嫵媚。"冶"是使用較早的一個體貌美醜詞,做形容詞可單獨修飾名詞,如:

(79)慢藏誨盜,冶容誨淫。(《周易·繫辭上》)孔穎達疏:"女子妖冶其容。"

(80)此郊之姝,華色含光,體美容冶,不待飾裝。(《登徒子好色賦》)

也可構成聯合式複合組合"姚冶""佳冶"等,其主要用例如下:

姚冶(2 例)

(81)今世俗之亂君,鄉曲之儇子,莫不美麗姚冶,奇衣婦飾,血氣態度擬於女子。(《荀子·非相》)

佳冶(1 例)

(82)妒佳冶之芬芳兮,嫫母姣而自好。雖有西施之美容兮,讒妒入以自代。(《楚辭·九章·惜往日》)洪興祖補注:"冶,妖冶,女態。"

9.姝(5 例)

"姝",容貌美好。《説文·女部》:"姝,好也。"朱駿聲通訓定聲:"《華嚴經音義上》引《説文》:色美也。"《廣韻·虞韻》:"姝,美好。"

在本期所調查的文獻中,"姝"最早的用例出現在《詩經》中,共 3 例,均做形容詞修飾名詞:

(83)静女其姝,俟我於城隅。愛而不見,搔首踟躕。(《詩經·邶風·静女》)毛傳:"姝,美好。"

(84)東方之日兮,彼姝者子,在我室兮。在我室兮,履我即兮。東方之月兮,彼姝者子,在我闥兮。在我闥兮,履我發兮。(《詩經·齊風·東方之日》)

也可做名詞,指"美女":

(85)閭姝子奢,莫知媒兮。嫫母求之,又甚喜之兮。(《戰國策·楚策》)吴師道補正:"《荀子》作'閭娵',韋昭云:梁王魏嬰之美女。"

(86)此郊之姝,華色含光,體美容冶,不待飾裝。(《登徒子好色賦》)

10.曼(4 例)

"曼",義爲"柔美、細潤"。在本期所調查的文獻中,"曼"最早的用例出現在《韓非子》中,共 1 例,做形容詞修飾名詞:

(87)夫香美脆味,厚酒肥肉,甘口而病形;曼理皓齒,説情而捐精。(《韓非子·揚權》)按:"曼理皓齒"即皮膚細膩,牙齒潔白。

在其他文獻中也可見"曼"修飾名詞的用例。在所調查的文獻中,這類名詞主要有"睩""鬋""膚"等。其主要用例如下:

(88)姱容修態,絙洞房些。蛾眉曼睩,目騰光些。(《楚辭·招魂》)按:睩,謹視貌。《説文·目部》:"睩,目睞謹也。"段玉裁注:"言注視而又謹畏也。"

(89)被文服纖,麗而不奇些。長髮曼鬋,豔陸離些。(《楚辭·招魂》)按:鬋,婦女鬢垂貌,也指下垂的鬢髮。《説文·髟部》:"鬋,女鬢垂皃。"《廣韻·獮韻》:"鬋,髮垂。"《集韻·綫韻》:"鬋,垂鬢謂之鬋。"

(90)平脅曼膚,何以肥之?有扈牧豎,云何而逢?(《楚辭·天問》)按:"曼膚"指皮膚細膩。

11.醜(4例)

"醜",《説文·鬼部》:"醜,可惡也。"可知,"醜"最初是令人憎惡的意思,在上古一期,"醜"做"相貌醜陋"解的用例並不多,在所調查的文獻中僅出現4例:

(91)遵大路兮,摻執子之袪兮!無我惡兮,不寁故也!遵大路兮,摻執子之手兮!無我䰩兮,不寁好也!(《詩經·鄭風·遵大路》)朱熹注:"䰩與醜同。"

(92)紛緼宜修,姱而不醜兮。(《楚辭·九章·橘頌》)

(93)衣服不美,身體從容醜羸,不足觀也。(《墨子》卷八)

(94)故西施病心而矉其里,其里之醜人見而美之,歸亦捧心而矉其里。(《莊子·天運》)

從上例可見,在"醜"的使用中,出現了"醜羸"這一複合組合和"醜人"這一複合組合,表明在這一時期,"醜"的使用已經比較成熟。

12.倩(1例)

"倩",本是古時對男子的美稱。《説文解字注》:"倩,人美字也。"徐鍇繫傳:"倩,蓋美言也。"後可指笑靨美好。《廣韻·霰韻》:"倩,巧笑皃。"《字彙·人部》:"倩,美笑貌。"

"倩"在《詩經》中出現1例,做形容詞,修飾名詞"笑":

(95)手如柔荑,膚如凝脂,領如蝤蠐,齒如瓠犀,螓首蛾眉。巧笑倩兮,美目盼兮。(《詩經·衛風·碩人》)按:該詩爲贊美衛莊公夫人莊姜。"倩",朱熹注:"口輔之美也。"

13.媛(1例)

"媛",美女。《説文·女部》:"媛,美女也。"《廣雅·釋詁一》:"媛,美也。"

在本期調查的文獻中,"媛"僅在《詩經》中出現1例,做名詞:

(96)瑳兮瑳兮,其之展也。蒙彼縐絺,是紲袢也。子之清揚,揚且之顔也。展如之人兮,邦之媛也?(《詩經·鄘風·君子偕老》)毛傳:"美女爲媛。"

14.媚(1 例)

“媚”,本義爲喜愛。《説文・女部》:“媚,説也。”段玉裁注:“説,今悦字也。《大雅》毛傳曰:媚,愛也。”《集韻・至韻》:“媚,悦也。”同時,“媚”也有美好、嬌豔義。《廣雅・釋詁一》:“媚,好也。”《小爾雅・廣詁》:“媚,美也。”《玉篇・女部》:“媚,嫵媚也。”

在本期調查的文獻中,“媚”僅在《詩經》中出現 1 例,做形容詞,修飾名詞:

(97)思媚其婦,有依其士。有略其耜,俶載南畝。(《詩經・周頌・載芟》)按:其中,“媚”釋爲“美順”。

三、“胖瘦”類體貌詞釋例

在這一時期“胖瘦”類的詞,主要是“肥”“臞/癯”“羸”“瘠”“瘦”。“肥”是上古表示“肥胖”義時最常用的詞,與之相對的詞,上古主要是“瘠”和“癯”(先秦寫作“臞”)。在所調查的文獻中,“肥”的出現頻率最高,爲 18 例;“臞/癯”次之,爲 11 例;其次爲“羸”,10 例;其後爲“瘠”,8 例;最少爲“瘦”,2 例。現分述如下。

1.肥(18 例)

“肥”,《説文・肉部》:“肥,多肉也。”“肥”與“腯”在上古都有“肥胖”義。《説文・肉部》:“腯,牛羊曰肥,豕曰腯。从肉,盾聲。”段注:“人曰肥,獸曰腯,此人物之大辨也。又析言之,則牛羊稱肥,豕獨稱腯。”其實,在上古,“肥”就已經用於指稱動物,而且指稱動物的用例多於指稱人的用例,在所調查的文獻中,“肥”指稱動物有 13 例,指稱人的僅有 5 例。

在指稱動物一類的用例裏,指稱馬的較多,這是因爲馬是那個時期的主要交通工具,對人們的生產生活具有重要作用。另外它還可指稱豬、牛、羊和其他動物。在所調查的本期文獻中,“肥”的最早用例出現在《詩經》中,修飾“牡”:

(98)伐木許許,釃酒有藇。既有肥羜,以速諸父。寧適不來,微我弗顧。於粲洒埽,陳饋八簋。既有肥牡,以速諸舅。寧適不來,微我有咎。(《詩經・小雅・伐木》)

這一時期,“肥”可單用,也可修飾動物類名詞,如“肥牡”“肥馬”等詞,在與形容詞連用上,只見“肥腯”一詞,爲聯合式複合組合。在其他文獻中的主要用例如下:

(99)吾牲牷肥腯,粢盛豐備。(《左傳·桓公六年》)杜預注:“牲,牛羊豕也;牷,純色完全也。”又“腯,亦肥也”。

(100)赤之適齊也,乘肥馬,衣輕裘。吾聞之也:君子周急不繼富。(《論語·雍也》)

(101)變古易俗兮世衰,今之相者兮舉肥。騏驥伏匿而不見兮,鳳皇高飛而不下。(《楚辭·九辯》)

(102)使騶盡粟以食,雖無肥,不可得也。名爲多與之,其實少,雖無臞,亦不可得也。主不審其情實,坐而患之,馬猶不肥也。(《韓非子·外儲説》)

指人的用例相對較少,僅5例。如:

(103)夫君國者,將民之與處;民實瘠矣,君安得肥?(《國語·楚語上》)

(104)公宴於五梧。武伯爲祝,惡郭重,曰“何肥也?”季孫曰:“請飲彘也!以魯國之密邇仇讎,臣是以不獲從君,克免於大行,又謂重也肥。”公曰:“是食言多矣,能無肥乎?”(《左傳·哀公二十五年》)按:此句中“肥”指人,“食言而肥”喻違背諾言,只圖對自己有利。

(105)平脅曼膚,何以肥之?有扈牧豎,云何而逢?(《楚辭·天問》)

2.臞/癯(11例)

“臞”,《説文·肉部》:“臞,少肉也。”《爾雅·釋言》:“臞,瘠也。”與“肥”相似,“臞”可指人也可指動物。

在所調查的本期文獻中,“臞”的最早用例出現在《韓非子》中,共8例,其中指人4例,主要用例如下:

(106)宓子賤治單父,有若見之曰:“子何臞也?”宓子曰:“君不知賤不肖,使治單父,官事急,心憂之,故臞也。”有若曰:“……無術而禦之,身雖瘁臞,猶未有益。”(《韓非子·外儲説》)

(107)兩者戰於胸中,未知勝負,故臞。今先王之義勝,故肥。(《韓非子·喻老》)

指動物 4 例，主要用例如下：

(108)於是乃相與聚嘬其身而食之。毳臞，人乃弗殺。(《韓非子·説林下》)

(109)子綽左右畫，去蟻驅蠅，安得無桓公之憂索官，與宣王之患臞馬也。(《韓非子·外儲説》)

另外 3 例出現在《戰國策》中：

(110)陳翠欲見太后，王曰："太后方怒子，子其待之。"陳翠曰："無害也。"遂入見太后曰："何臞也？"太后曰："賴得先王鴈鶩之餘食，不宜臞。臞者，憂公子之且爲質於齊也。"(《戰國策·燕策》)

3.羸(10 例)

"羸"，《説文·羊部》："羸，瘦也。"徐鉉注："羊主給膳，以瘦爲病。故从羊。力爲切。"可知，"羸"在表示"瘦"這個義位上與"臞""瘠""瘦"並不完全相同，它帶有"因病而瘦"的含義。朱駿聲通訓定聲："本訓當爲瘦羊，轉而言人耳。"的確，所調查的這一時期的文獻中並没有發現"羸"指動物的用例，其指人的用例有 10 例，最早的用例出現在《墨子》中：

(111)衣服不美，身體從容醜羸，不足觀也。(《墨子》卷八)

在其他用例中，"羸"可直接修飾名詞，構成"羸＋名詞"的結構，如：

(112)文仲以鬯圭與玉磬如齊告糴，曰："天災流行，戾於弊邑，饑饉薦降，民羸幾卒……"(《國語·魯語上》)

(113)凡君也者，處平静、任德化以聽其要，若此則形性彌羸，而耳目愈精。(《吕氏春秋·審分覽·勿躬》)

(114)意者，地廣而不耕，民羸而不休，又嚴之以刑罰，則雖從而不止矣。(《戰國策·趙策》)

也可構成聯合式複合組合，如"羸老""羸病""羸餒""病羸"，修飾名詞，如：

(115)余羸老也，可重任乎？七日不克，必爾乎取之。(《左傳·襄公十年》)

(116)因舒軍而圍之，決晉陽之水以灌之，圍晉陽三年。城中巢居而處，懸釜而炊，財食將盡，士大夫羸病。(《韓非子·十過》)

(117)民之羸餒，日已甚矣。(《國語·楚語下》)韋昭注："羸，瘠也。"

(118)圍晉陽三年，城中巢居而處，懸釜而炊，財食將盡，士卒病羸。(《戰國策·趙策》)

(119)王公則病不足於上，庶人則凍餒羸瘠於下。(《荀子·正論》)

甚至還發現有“羸”修飾事物的用例，如：

(120)方葉之茂美，終日采之而不知，秋霜既下，衆林皆羸。(《吕氏春秋·孝行覽·首時》)按：此處“羸”是詞義的引申，從指人的“病瘦”到指植物的“殘損”。

“羸”也可做名詞，如：

(121)凶年饑歲，子之民，老羸轉於溝壑，壯者散而之四方者，幾千人矣。(《孟子·公孫醜下》)

4.瘠(8 例)

在表示“瘦”義的詞中，“瘠”的使用最早。“瘠”在上古也寫作“膌”，《説文·肉部》：“膌，瘦也。”“瘠”指身體脂肪少。在對文獻的調查中，我們發現“瘠”(膌)同樣可指稱人和動物。

“瘠”的最早用例出現在《周易》中，指動物，如：

(122)乾爲天，爲圜，爲君，爲父，爲玉，爲金，爲寒，爲冰，爲大赤，爲良馬，爲老馬，爲瘠馬，爲駁馬，爲木果。(《周易·説卦》)

(123)時簡稽帥馬牛之肥膌，其老而死者皆舉之。(《管子·問》)

指稱人，如：

(124)四曰墳衍。其動物宜介物。其植物宜莢物。其民晳而瘠。(《周禮·地官司徒》)

(125)葉公子高，微小短瘠，行若將不勝其衣然。(《荀子·非相》)

(126)宋崇門之巷人服喪，而毁甚瘠，上以爲慈愛於親，舉以爲官師。(《韓非子·内儲説》)

5.瘦(2 例)

“瘦”，《説文·疒部》：“瘦，臞也。”段注：“今字作瘦。”異體爲“膄”，《廣雅·釋言》：“膄，瘠也。”在所調查的文獻中，“瘦”的用法遠不如“臞”“瘠”廣泛，它僅在《韓非子》中出現 2 例，均指馬，如：

(127)中山有賤公子，馬甚瘦，車甚弊。左右有私不善者，乃爲之請王曰：“公子甚貧，馬甚瘦，王何不益之馬食?”(《韓非子·内儲説》)

根據使用情況可以推斷,“瘦”的產生應晚於“臞”“瘠”。

在上古一期,體貌美醜常用詞中有用例的爲 19 個,“美醜”類的常用詞用例超過 10 例的有 6 個:“美”(144 例)、“好”(23 例)、“惡”(16 例)、“麗”(14 例)、“姣/佼”(10 例)、“佳”(10 例);“胖瘦”類的常用詞用例超過 10 例的有 3 個:“肥”(18 例)、“臞/瘻”(11 例)、“羸”(10 例)。

這一時期,體貌美醜常用詞在語料中的使用方式主要是兩種,一種是以單音詞形式直接修飾名詞。

“美醜”類常用詞使用情況如下:

常用詞	佳	姣/佼	美	好	惡
人通稱	人	人	女,人,者,男,婦人	女	人,者
容貌總稱			色,容,體	色	色
身體部位			髪,曠,目		

“胖瘦”類常用詞使用情況如下:

常用詞	肥	臞/瘻	瘠	羸
人	(單用)	(單用)		民,形性
動物	馬,豬,牛,羊,其他	彘,馬	馬,牛	
其他				林

另一種是與另一形容詞構成聯合式複合組合。在這一時期產生的“美醜”類的複合組合主要有:

常用詞	複合組合
佳	佳麗,佳冶
冶	姚冶,佳冶
姣/佼	姣好,姣美
婉	燕婉
醜	醜羸
惡	凶惡
美	美麗,美好,好美,姣美
好	好美,美好,好比,佼好
麗	佳麗,閑麗,美麗

“胖瘦”類的複合組合主要有：

常用詞	複合組合
肥	肥腯，肥膌
瘠	短瘠，肥膌
羸	羸老，病羸，羸瘠，羸病，羸餒，醜羸

從上表可以看出，體貌美醜常用詞構成複合組合的方式主要是偏正式和聯合式。在構成的複合結構中，偏正式的組合方式較之聯合式爲多。這與早期漢語複合組合中以偏正式爲主、聯合式次之的事實是相吻合的。

在“美醜”類的常用詞中，“美”和“好”是最常用的兩個，它們的反義詞都是“惡”。如：

(128)陽子之宋，宿於逆旅。逆旅有妾二人，其一人美，其一人惡。(《莊子·山木》)

(129)雖好色，必惡心，不可謂好。(《國語·晉語一》)按：該句中“好”與“惡”相對。

(130)生佐，惡而婉。太子痤美而很。(《左傳·襄公二十六年》)按：該句中“美”與“惡”相對。

“好”，《方言》卷二：“自關而西，秦晉之間凡美色，或謂之好，或謂之窕。”可知，“好”最初可能是方言，但這一時期，“好”的適用範圍很廣，南北通用，它已經變成了通語。“好”指人時一般用於女子。用於女子時又側重容貌膚色的美，指長相漂亮。而“美”用於人時，既可指女子，也可以指男子。同時，“美”的指稱範圍更廣，除了指人、指容貌之外，還可指稱身體部位，而這一點是“好”所不具備的。

“胖瘦”類的常用詞中，“臞”“瘠”的意義和用法都比較相似，其反義詞都爲“肥”。如：

(131)兩者戰於胸中，未知勝負，故臞。今先王之義勝，故肥。(《韓非子·喻老》)

(132)時簡稽帥馬牛之肥膌，其老而死者皆舉之。(《管子·問》)

其中，“臞”“瘠”均與“肥”相對。

值得注意的是，有些表示體貌美醜的單音詞，可與另一個表體貌的形容詞用“而”“且”“以”等相連，如：

(133)盧令令,其人美且仁。盧重環,其人美且鬈。盧重鋂,其人美且偲。(《詩經・齊風・盧令》)

(134)不如叔也,洵美且仁。……不如叔也,洵美且好。……不如叔也,洵美且武。(《詩經・鄭風・叔於田》)

(135)生佐,惡而婉。太子痤美而很。(《左傳・襄公二十六年》)

(136)孔氏之豎渾良夫長而美。孔文子卒,通於内。(《左傳・哀公十五年》)

(137)宋華父督見孔父之妻于路,目逆而送之。曰:"美而豔。"(《左傳・桓公元年》)

(138)治之道,美不老,君子由之佼以好。(《荀子・成相》)

(139)列精子高聽行乎齊湣王,善衣東布衣,白縞冠,顙推之履,特會朝雨袪步堂下,謂其侍者曰:"我何若?"侍者曰:"公姣且麗。"(《吕氏春秋・恃君覽・達鬱》)

其中的"美且仁""美且鬈""美且偲""美且武""美且好""長而美""惡而婉""美而很""美而豔""佼以好""姣且麗"即是此類。這其實反映了漢語從單音詞向複音詞發展的過程。許多複合詞在産生之初都是以詞組的形式出現,因語言的經濟性原則和漢語詞彙韻律的影響,這些詞組在使用過程中有的脱落中間的連詞而凝固成一個雙音複合詞。但並不是所有的這種結構都可以凝固。學界認爲,複合詞的構成方式中以聯合式居多,聯合式主要又是以類義、近義、反義或相對義的詞構造新詞,即它們應該是同一語義範疇的詞。而上述文獻中,"美"屬於體貌描述語義範疇,而"仁""武""好""很""婉"屬於性格描述語義範疇,所以在詞彙發展中未能與"美"凝固成複合詞。雖然"長"屬於體貌描述語義範疇,但其語義側重於形體,而"美"側重於相貌,所以就這一點來看,它們屬於不同的語義範疇。而"豔"與"美"同屬表示相貌美醜的語義範疇,因此"美而豔"這個短語後來凝固成"美豔"這一複合詞,同樣,"姣"與"麗"也同屬相貌美醜的語義範疇,後來也凝固成爲"姣麗"一詞,"美好""佼好"的成詞也是如此。

第二節　上古二期體貌美醜常用詞考察

一、上古二期體貌美醜常用詞概況

和上古一期相比，上古二期體貌美醜詞的用例有所增加，這可能與兩個因素有關係。一是這一時期文獻的篇幅較之上古一期有了很大的增加，出現了諸如《史記》《漢書》等大型史書，其中《史記》包括十二本紀、十表、八書、三十世家、七十列傳，共 130 篇，526500 餘字，《漢書》總字數約爲 80 萬字，篇幅增加，用例自然同比增加。同時，所調查的文獻中有大量篇幅是對歷史人物的描寫，這使得體貌美醜詞的出現頻率大大增加。我們對 26 個體貌美醜常用詞在這一時期的文獻中的出現情況進行考察，其使用情況如下：

	睡虎地秦墓竹簡	銀雀山漢簡	楚辭（漢）	淮南子	史記	列女傳	馬王堆漢墓帛書	武威漢簡	漢書	統計
佳	0	0	1	2	3	0	0	0	3	9
俏	0	0	0	0	0	0	0	0	0	0
倩	0	0	0	0	0	0	0	0	0	0
冶	0	0	0	0	1	1	0	0	1	3
曼	0	0	1	1	0	0	3	0	0	5
嫵	0	0	0	0	1	0	0	0	1	2
妍	0	0	0	0	0	0	0	0	0	0

續表

	睡虎地秦墓竹簡	銀雀山漢簡	楚辭(漢)	淮南子	史記	列女傳	馬王堆漢墓帛書	武威漢簡	漢書	統計
妖	0	0	0	0	0	0	0	0	2	2
姝	0	0	0	0	0	0	0	0	0	0
姣/佼	0	0	1	0	1	0	0	0	1	3
婉	0	0	0	0	0	0	0	0	1	1
媛	0	0	0	0	0	0	0	0	0	0
媚	0	0	0	0	1	0	3	0	3	7
嬈	0	0	0	0	0	0	0	0	0	0
嬌	0	0	0	0	0	0	0	0	0	0
醜	0	0	1	11	1	3	0	0	2	18
惡	0	0	1	1	5	1	5	0	2	15
美	0	0	1	26	45	16	8	0	59	155
好	0	0	1	1	20	4	2	0	6	34
麗	0	0	3	1	1	1	0	0	8	14
肥	5	1	0	8	9	1	2	0	10	36
胖	0	0	0	0	0	0	0	0	0	0
臞/癯	0	0	0	5	1	0	0	0	1	7
瘠	0	1	0	0	1	0	1	0	1	4
瘦	0	0	0	1	0	0	0	0	3	4
羸	1	0	0	3	4	0	0	0	5	13

從上表可以看出,在上古二期,體貌美醜常用詞中有用例的爲 18 個,本書將其分爲“美醜”類和“胖瘦”類,按用例多少分别排列。其中“美醜”類:“美”(155 例)、“好”(34 例)、“醜”(18 例)、“惡”(15 例)、“麗”(14 例)、“佳”(9 例)、“媚”(7 例)、“曼”(5 例)、“冶”(3 例)、“姣/佼”(3 例)、“妖”(2 例)、“嫵”(2 例)、“婉”(1 例);“胖瘦”類:“肥”(36 例)、“羸”(13 例)、“臞/癯”(7 例)、“瘠”(4 例)、“瘦”(4 例)。下面分别論述。

二、“美醜”類體貌詞釋例

1.美(155 例)

毫無疑問,從用例上看,“美”是這個時期最常用的體貌美醜詞,與上古一期相比,“美”的使用没有太大的變化,可單用,如:

(140)外黄富人女甚美,嫁庸奴,亡其夫,去抵父客。(《史記·張耳陳餘列傳》)

(141)無忌馳歸報平王曰:“秦女絶美,王可自取,而更爲太子取婦。”《史記·伍子胥列傳》)

(142)故箟子文錦也,雖醜登廟;子産練染也,美而不尊。……男子樹蘭,美而不芳,繼子得食,肥而不澤,情不相與往來也。(《淮南子·繆稱訓》)

“美”可修飾名詞,修飾的名詞可以是人的通稱,包括“女”“姬”“人”“士”等。如:

(143)范增説項羽曰:“沛公居山東時,貪於財貨,好美姬。今入關財物無所取,婦女無所幸,此其志不在小。”(《史記·項羽本紀》)

(144)美人挐首墨面而不容,曼聲吞炭内閉而不歌。(《淮南子·覽冥訓》)

(145)初太子丹賓養勇士,不愛後宫美女,民化以爲俗,至今猶然。賓客相過,以婦侍宿,嫁取之夕,男女無别,反以爲榮。(《漢書·地理志》)

(146)蒼坐法當斬,解衣伏質,身長大,肥白如瓠,時王陵見而怪其美士,乃言沛公,赦勿斬。(《史記·張丞相列傳》)

也可以是容貌的總稱,包括“色”“形”等。如:

(147)伯常耕田,縱平使遊學。平爲人長美色。(《史記·陳丞相世家》)

(148)是以聲之眇者不可同於衆人之耳,形之美者不可棍於世俗之目,辭之衍者不可齊於庸人之聽。(《漢書·揚雄傳》)

還可以是具體部位,如“眉”“髮”等:

(149)青色直眉,美目媔只。靨輔奇牙,宜笑嗎只。(《楚辭·大招》)

(150)昔有仍氏生女,髮黑而甚美,光可監人,名曰玄妻。樂正夔娶之,生伯封。(《列女傳》卷三)

在這一時期,含"美"這個義素的複合組合主要有"好美""美好""美麗"等。

好美(2 例)

(151)夏姬好美,滅國破陳,走二大夫,殺子之身,殆誤楚莊,敗亂巫臣,子反悔懼,申公族分。(《列女傳》卷七)

(152)負曰:"人固有好美如陳平而長貧賤者乎?"卒與女。(《史記・陳丞相世家》)

美好(4 例)

(153)長而美好,納之平公,生子曰佐。(《漢書・五行志》)

(154)長而美好,褒人姁有獄,獻之以贖,幽王受而嬖之,遂釋褒姁,故號曰褒姒。(《列女傳》卷七)

(155)孔氏之豎渾良夫美好,孔文子卒,良夫通於悝母。(《史記・衛康叔世家》)按:渾良夫,衛國大夫孔文子的僕人,長得英俊漂亮。

(156)人或忠信而不如誕謾,或醜惡而宜大官,或美好佳麗而爲衆人患。(《史記・龜策列傳》)

美麗(1 例)

(157)二歲餘,賢傳漏在殿下,爲人美麗自喜。(《漢書・董賢傳》)

"美"可做名詞,如:

(158)夫仇由貪大鐘之賂而亡其國,虞君利垂棘之璧而擒其身,獻公豔驪姬之美而亂四世,桓公甘易牙之和而不以時葬,胡王淫女樂之娱而亡上地。(《淮南子・精神訓》)

(159)故女無美惡,入宫見妒;士無賢不肖,入朝見嫉。(《漢書・鄒陽傳》)

2.好(34 例)

與上古一期相似,在這一時期,除"美"外,"好"是最常用的表示"美麗"的詞。"好"的用法與"美"比較相似,可單用,如:

(160)靨輔在頰則好,在顙則醜。(《淮南子・説林訓》)按:靨輔,頰邊酒窩;顙,額頭。

可修飾名詞,如"好女""好色":

(161)九侯有好女,入之紂。九侯女不憙淫,紂怒,殺之,而醢九侯。(《史記・殷本紀》)

(162)人有六情：目欲視好色，耳欲聽宫商，鼻欲嗅芬香，口欲嗜甘旨，其身體四肢欲安而不作，衣欲被文繡而輕暖。(《韓詩外傳》卷五)

也可與另一形容詞構成表體貌美醜的聯合式複合組合，如“好閑”“美好”“佼好”等：

(163)朱唇皓齒，嫭以姱只。比德好閑，習以都只。(《楚辭·大招》)

(164)孔氏之豎渾良夫美好，孔文子卒，良夫通於悝母。(《史記·衛康叔世家》)

(165)《左氏傳》魯襄公時，宋有生女子赤而毛，棄之隄下，宋平公母共姬之御者見而收之，因名曰棄。長而美好，納之平公，生子曰佐。(《漢書·五行志》)

(166)始偃與母以賣珠爲事，偃年十三，隨母出入主家。左右言其姣好。(《漢書·東方朔傳》)

需要注意的是，“好”多指女子，但在這一時期“好”的用例中，出現了修飾男子的用例。如《史記·衛康叔世家》中稱渾良夫“美好”，《漢書·東方朔傳》稱董偃“姣好”，當是二者的美貌中帶有女性特徵。

3.醜(18 例)

在上古一期，表示“相貌醜陋”最常用的詞是“惡”，在這一時間發生了變化，在我們所調查的文獻中，“醜”的用例達到 18 例，而“惡”僅有 15 例。因所調查的文獻數量有限，因此，可以保守地説，在這一時期，“醜”和“惡”是表示“醜陋”義最常用的兩個詞。而在用法上，“醜”可單用，如：

(167)鍾離春者，齊無鹽邑之女，宣王之正后也。其爲人極醜無雙。(《列女傳》卷六)

可修飾名詞，如：

(168)初，逐女孤無父母，狀甚醜，三逐於鄉，五逐於里，過時無所容。(《列女傳》卷六)

也可與“惡”“美”“好”構成聯合式複合組合“醜惡”“醜美”“好醜”，如：

(169)西門豹曰：“呼河伯婦來，視其好醜。”即將女出帷中，來至前。(《史記·滑稽列傳》)

(170)改前聖之法度兮，喜囁嚅而妄作。親讒諛而疏賢聖兮，訟謂閭娵爲醜惡。(《楚辭·七諫·怨世》)王逸注：“閭娵，好女也。”

(171)察能分白黑、視醜美，而知能别同異、明是非者，何也？(《淮南子·原道訓》)

(172)水傷百穀,衣食不足,則奸軌並作,故其極惡也。一曰,民多被刑,或形貌醜惡,亦是也。(《漢書·五行志》)

4.惡(15例)

在這一時期,"惡"仍然是使用頻率較高的一個詞。可單用作形容詞,如:

(173)澹台滅明,武城人,字子羽。少孔子三十九歲。狀貌甚惡。(《史記·仲尼弟子列傳》)

(174)水傷百穀,衣食不足,則奸軌並作,故其極惡也。一曰,民多被刑,或形貌醜惡,亦是也。(《漢書·五行志》)

(175)夫上不及堯、舜,下不及商均,美不及西施,惡不若嫫母,此教訓之所諭也,而芳澤之所施。(《淮南子·修務訓》)

也可構成聯合式複合組合,如"醜惡""美惡":

(176)改前聖之法度兮,喜囁嚅而妄作。親讒諛而疏賢聖兮,訟謂閭娵爲醜惡。(《楚辭·七諫·怨世》)

(177)太史公曰:女無美惡,居宫見妒;士無賢不肖,入朝見疑。(《史記·扁鵲倉公列傳》)

5.麗(14例)

這一時期,"麗"的用例也較多。與"美""好"一樣,"麗"可單用作形容詞。如:

(178)策奏,天子擢弘對爲第一。召入見,狀貌甚麗,拜爲博士。(《史記·平津侯主父列傳》)

在這一時期,"麗"表現出極強的構詞能力,它構成的複合組合有"姣麗""佳麗""麗佳""美麗""妙麗""奇麗"等,如:

(179)曾頰倚耳,曲眉規只。滂心綽態,姣麗施只。(《楚辭·大招》)

(180)人或忠信而不如誕謾,或醜惡而宜大官,或美好佳麗而爲衆人患。非神聖人,莫能盡言。(《史記·龜策列傳》)

(181)閨中容競淖約兮,相態以麗佳,知衆嫭之嫉妒兮,何必颺纍之蛾眉?(《漢書·揚雄傳》)

(182)董賢……二歲餘,賢傳漏在殿下,爲人美麗自喜,哀帝望見,説其儀貌,識而問之,曰:"是舍人董賢邪?"因引上與語,拜爲黄門郎,繇是始幸。(《漢書·董賢傳》)

(183)平陽主因言延年有女弟，上乃召見之，實妙麗善舞。(《漢書·外戚傳》)

(184)衣足以覆形，從典墳，虛循撓，便身體，適行步，不務於奇麗之容，隅眥之削。(《淮南子·齊俗訓》)

"美"與"麗"的不同之處在於，"美"主要做修飾語，修飾名詞；"麗"常和另一形容詞構成複合組合。

6.佳(9例)

在這一時期，"佳"也是一個很常用的體貌美醜詞。在所調查的文獻中，"佳"共出現9例，現分述如下。

"佳"可單獨做形容詞。如：

(185)姱修滂浩，麗以佳只。曾頰倚耳，曲眉規只。滂心綽態，姣麗施只。(《楚辭·大招》)

修飾名詞"骨""公子""人"等，如：

(186)曼頰皓齒，形誇骨佳，不待脂粉芳澤而性可說者，西施、陽文也。(《淮南子·修務訓》)

(187)佳人不同體，美人不同面，而皆說於目；梨橘棗栗不同味，而皆調於口。(《淮南子·說林訓》)

(188)太史公曰：平原君，翩翩濁世之佳公子也，然未睹大體。(《史記·平原君虞卿列傳》)

也可構成聯合式複合組合"佳冶""佳麗""麗佳""佳俠"，如：

(189)阿縞之衣，錦繡之飾不進於前，而隨俗雅化，佳冶窈窕趙女不立於側也。(《史記·李斯列傳》)

(190)人或忠信而不如誕謾，或醜惡而宜大官，或美好佳麗而爲衆人患。非神聖人，莫能盡言。(《史記·龜策列傳》)

(191)閨中容競淖約兮，相態以麗佳，知衆嫭之嫉妒兮，何必颺纍之蛾眉？(《漢書·揚雄傳》)顔師古曰："淖約，善容止也。相態以麗佳，言競爲佳麗之態以相傾也。淖，音綽。"

(192)亂曰：佳俠函光，隕朱榮兮，嫉妒闒茸，將安程兮！(《漢書·外戚傳》)孟康曰："佳俠，猶佳麗。"

7.媚(7例)

在所調查的這一時期的文獻中，"媚"共出現7例，現分述如下。

“媚”可單做形容詞，如：

(193)取兩雌隹尾，燔冶，自飲之，媚矣。(馬王堆漢墓帛書《雜禁方》)

可構成聯合式複合組合“嫵/娬媚”，如：

(194)若夫青琴宓妃之徒，絶殊離俗，姣冶嫺都，靚莊刻飭，便嬛綽約，柔橈嬛嬛，娬媚姌嫋。(《史記・司馬相如列傳》)

可做動詞，指“用美好的相貌或姿態迷惑人”。該用法有3例：

(195)夫妻相悪，塗(塗)户□方五尺。欲微(媚)貴人，塗(塗)門左右方五尺。(馬王堆漢墓帛書《雜禁方》)

(196)女子彈弦跕躧，游媚富貴，徧諸侯之後宮。(《漢書・地理志》)

(197)此兩人非有材能，但以婉媚貴幸，與上臥起，公卿皆因關説。(《漢書・佞幸傳》)顏師古曰：“婉，順也。媚，悦也。”

8.曼(5例)

在所調查的這一時期的文獻中，“曼”共出現5例，現分述如下。

“曼”做形容詞可修飾名詞“娥眉”“頰”等，如：

(198)嫮目宜笑，娥眉曼只。容則秀雅，稚朱顏只。(《楚辭・大招》)

(199)曼頰皓齒，形誇骨佳，不待脂粉芳澤而性可説者，西施、陽文也。(《淮南子・修務訓》)

可構成聯合式複合組合“曼澤”“靡曼”。在所調查的這一時期的文獻中，“曼”的聯合式複合組合僅出現在馬王堆漢墓帛書中，如：

(200)民何得而奏(腠)理靡曼，鮮白有光？(馬王堆漢墓帛書《十問》)

(201)君必食陰以爲當(常)，助以柏實盛良，飲走獸泉英，可以卻老復壯，曼澤有光。(馬王堆漢墓帛書《十問》)

(202)王期合(答)曰：“必朝日月而翕(吸)其精光，食松柏，飲走獸泉英，可以卻老復莊(壯)，曼澤有光。”(馬王堆漢墓帛書《十問》)

9.冶(3例)

在所調查的這一時期的文獻中，“冶”共出現3例，現分述如下。

“冶”做形容詞可單獨修飾名詞，如：

(203)頌曰：孟姬好禮，執節甚公，避嫌遠別，終不冶容，載不並乘，非禮不從，君子嘉焉，自古寡同。(《列女傳》卷四)

也可構成"佳冶""姣冶"等聯合式複合組合，如：

(204)阿縞之衣，錦繡之飾不進於前，而隨俗雅化，佳冶窈窕趙女不立於側也。(《史記·李斯列傳》)

(205)若夫青琴宓妃之徒，絶殊離俗，姣冶嫺都，靚莊刻飭，便嬛綽約，柔橈嬛嬛，嫵媚姌嫋。(《史記·司馬相如列傳》)

10.姣/佼(3例)

在所調查的這一時期的文獻中，"姣"共出現3例，主要是以"姣麗""長姣""姣好"等聯合式複合組合的方式出現：

(206)滂心綽態，姣麗施只。小腰秀頸，若鮮卑只。(《楚辭·大招》)

(207)夫衡人者，皆欲割諸侯之地以予秦。秦成，則高臺榭，美宫室，聽竽瑟之音，前有樓闕軒轅，後有長姣美人，國被秦患而不與其憂。(《史記·蘇秦列傳》)《索隱》曰："姣，音絞。《説文》云：'姣，美也。'"

(208)始偃與母以賣珠爲事，偃年十三，隨母出入主家。左右言其姣好。(《漢書·東方朔傳》)顔師古曰："姣，美麗也。音狡。"

11.妖(2例)

在所調查的這一時期的文獻中，"妖"共出現2例，均以聯合式複合組合的方式出現，其中"妖冶"1例，"妖麗"1例，現分述如下：

(209)若夫青琴虙妃之徒，絕殊離俗，妖冶閑都，靚莊刻飾，便嬛繛約，柔橈嫚嫚，嫵媚孅弱。(《漢書·司馬相如傳》)

(210)臣愚以爲王少，而父同産長，年齒不倫；梁國之富，足以厚聘美女，招致妖麗；父同産亦有恥辱之心。(《漢書·代孝王參傳》)

12.嫵(2例)

在所調查的這一時期的文獻中，"嫵"共出現2例，以"嫵媚"的複合組合形式出現於《史記》和《漢書》中。

13.婉(1例)

在所調查的這一時期的文獻中，"婉"共出現1例，構成聯合式複合組合"婉孌"：

(211)孝哀彬彬，克攬威神，雕落洪支，底剭鼎臣。婉孌董公，惟亮天功，《大過》之困，實橈實凶。(《漢書·敘傳》)顔師古曰："婉孌，美貌。"

三、“胖瘦”類體貌詞釋例

1.肥(36例)

在這一時期,“肥”是使用較多的一個體貌美醜詞,與上古一期相同,“肥”可指動物,如豬、牛、羊、馬,其中以馬爲最多。主要用例如下:

(212)多空(孔)者,亨(烹)肥羭,取其汁(湆)美黍米三斗,炊之。(馬王堆漢墓帛書《五十二病方》)

(213)除中益氣:□□茲(牸)肉肥□□□膏者,皆陰乾,冶,以三指最(撮)一。(馬王堆漢墓帛書《養生方》)

(214)秋,馬肥,大會蹛林,課校人畜計。(《漢書·匈奴傳》)

(215)今日良日,肥豚清酒美白粱,到主君所。(睡虎地秦墓竹簡《日書甲種·馬禖》)

(216)匈奴匿其壯士肥牛馬,但見老弱及羸畜。(《史記·叔孫通列傳》)

也可指人,但指人的用例僅12例,明顯少於指動物的用例。

“肥”修飾人時可單用,如:

(217)夫得其得者,不以奢爲樂,不以廉爲悲,與陰俱閉,與陽俱開。故子夏心戰而臞,得道而肥。(《淮南子·原道訓》)

(218)故子夏見曾子,一臞一肥,曾子問其故,曰:“出見富貴之樂而欲之,入見先王之道又説之,兩者心戰,故臞。先王之道勝,故肥。”(《淮南子·精神訓》)

(219)以生子,肥。可以寇(冠),可請謁,可田邋(獵)。(睡虎地秦墓竹簡《日書甲種·星》)

(220)平爲人長大美色,人或謂平:“貧何食而肥若是?”(《漢書·陳平傳》)

“肥”也可修飾名詞,如:

(221)是故堅土人剛,弱土人肥;壚土人大,沙土人細;息土人美,秏土人醜。(《淮南子·墬形訓》)

(222)(鍾離春)臼頭深目,長指大節,卬鼻結喉,肥項少髮,折腰出胸,皮膚若漆。(《列女傳》卷六)

這一時期,“肥”構成了“肥澤”“肥白”兩個聯合式複合組合,如:

(223)執獄牢者無病,罪當死者肥澤,刑者多壽,心無累也。(《淮南子·説山訓》)

(224)及沛公略地過陽武,蒼以客從攻南陽。蒼坐法當斬,解衣伏質,身長大,肥白如瓠,時王陵見而怪其美士,乃言沛公,赦勿斬。(《史記·張丞相列傳》)按:“瓠”即葫蘆。

2.羸(13 例)

“羸”的用例在這一時期最多,既可指人,也可指動物,指動物的主要用例如下:

(225)匈奴匿其壯士肥牛馬,徒見其老弱及羸畜。使者十輩來,皆言匈奴易擊。(《漢書·叔孫通傳》)

(226)今虜朝夕爲寇,土地寒苦,漢馬不能冬,屯兵在武威、張掖、酒泉萬騎以上,皆多羸瘦。(《漢書·趙充國傳》)

“羸”指人時可修飾具體部位,如“髮”:

(227)人毋(無)故一室人皆疫,或死或病,丈夫女子隋(墮)須(鬚)羸髮黄目。(睡虎地秦墓竹簡《日書甲種·詰》)

也可修飾通稱,如“人”“形”等:

(228)故病有六不治:……形羸不能服藥,五不治也;信巫不信醫,六不治也。(《史記·扁鵲倉公列傳》)

(229)人羸車弊,泥塗至膝,相攜於道,奮首於路,身枕格而死。(《淮南子·覽冥訓》)

同時,“羸”可與另一形容詞,如“弱”“瘦”“瘠”等結合,構成聯合式複合組合。其中“羸弱”“羸瘠”主要指人,“羸瘦”則人畜共指,如:

(230)最比其羸弱者,三日而後勒兵。病者皆求行,爭奮出爲之赴戰。(《史記·司馬穰苴列傳》)

(231)大人病不足於上,而小民羸瘠於下,則富者愈貪利而不肯爲義,貧者日犯禁而不可得止,是世之所以難治也。(《春秋繁露》卷第八)

(232)兩國相擊,此宜誇矜見所長。今臣往,徒見羸瘠老弱,此必欲見短,伏奇兵以爭利。(《史記·劉敬叔孫通列傳》)《索隱》曰:“羸,力爲反,瘠音稷,瘠,瘦也。”

(233)屯兵在武威、張掖、酒泉萬騎以上,皆多羸瘦。(《漢書·趙充國傳》)

3.臞/癯(7例)

“臞”在所調查的文獻中共出現7次,做形容詞,可單用,如:

(234)相如以爲列仙之傳居山澤間,形容甚臞,此非帝王之仙意也,乃遂奏《大人賦》。(《史記·司馬相如列傳》)徐廣曰:“臞,瘦也。”《索隱》曰:“韋昭曰:‘臞,瘠也。’”

(235)夫得其得者,不以奢爲樂,不以廉爲悲,與陰俱閉,與陽俱開。故子夏心戰而臞,得道而肥。(《淮南子·原道訓》)

也可構成聯合式複合組合“肥臞”“瘦臞”,如:

(236)蓋聞傳書曰:神農憔悴,堯瘦臞,舜黴黑,禹胼胝。(《淮南子·修務訓》)

(237)玩天地於掌握之中,夫豈爲貧富肥臞哉!(《淮南子·精神訓》)

4.瘠(4例)

“瘠”在這一時期的用例減少,與上古一期的不同之處主要有三點:一是其所見用例均指人,未見用於動物之例;二是“瘠”出現了“羸瘠”“捐瘠”“積毀消瘠”等複合組合,這反映了“瘠”的發展變化;三是由於“瘦”的擠占,“瘠”逐漸淡出口語而進入了書面語范圍。其主要用例如下:

(238)上使劉敬復往使匈奴,還報曰:“兩國相擊,此宜誇矜見所長。今臣往,徒見羸瘠老弱,此必欲見短,伏奇兵以爭利。”(《史記·劉敬叔孫通列傳》)《索隱》曰:“羸,力爲反,瘠音稷,瘠,瘦也。”

(239)故堯、禹有九年之水,湯有七年之旱,而國亡捐瘠者,以畜積多而備先具也。(《漢書·食貨志》)孟康曰:“肉腐爲瘠。捐,骨不埋者。或曰,捐,謂民有飢相棄捐者;或謂貧乞者爲捐。”顏師古曰:“瘠,瘦病也。言無相棄捐而瘦病者耳。不當音漬也。貧乞之釋,尤疏僻焉。”

(240)景公之□……□公曰:“異哉□□……令所堵(睹)於□……毋言其名。出氣事者兼月,脊(瘠)者□歲。”(銀雀山漢簡《晏子·三》)

(241)唇反人盈,則肉先死;齫瘠齒長,則骨先死;面黑,目環(瞏)視衺(衺),則氣先死。(馬王堆漢墓帛書《陰陽脈死候》)

5.瘦(4例)

“瘦”在這一時期的用例有所增加,除了指動物之外,新增了指人的用

例。將調查的文獻擴大一些,發現"瘦"指動物,可指馬、羊,如:

(242)今虜朝夕爲寇,土地寒苦,漢馬不能冬,屯兵在武威、張掖、酒泉萬騎以上,皆多羸瘦。(《漢書·趙充國傳》)

(243)每臘,詔書賜博士羊,人一頭,羊有大小肥瘦。(《東觀漢記》卷十八)

"瘦"指人在醫書中的用例相對較多,如:

(244)脈,肥人責浮,瘦人責沉。肥人當沉,今反浮;瘦人當浮,今反沉,故責之。(《傷寒論·平脈法第二》)

(245)夫瘦人繞臍痛,必有風冷,穀氣不行,而反下之,其氣必衝;不衝者,心下則痞也。(《金匱要略》)

(246)腎水者,其腹大,臍腫腰痛,不得溺,陰下濕如牛鼻上汗,其足逆冷,面反瘦。(《金匱要略》)

也可構成聯合式複合組合修飾人,如"瘦黑""瘦懼""羸瘦":

(247)安世素小心畏忌,已内憂矣。其女孫敬爲霍氏外屬婦,當相坐,安世瘦懼,形於顔色。(《漢書·張湯傳》)

(248)后上朝東宫,太后泣曰:"帝間顔色瘦黑,班侍中本大將軍所舉,宜寵異之,益求其比,以輔聖德……"(《漢書·敘傳》)

(249)屯兵在武威、張掖、酒泉萬騎以上,皆多羸瘦。(《漢書·趙充國傳》)

在上古二期,體貌美醜常用詞中有用例的爲18個,出現次數超過10次的有7個,其中"美醜"類:"美"(155例)、"好"(34例)、"醜"(18例)、"惡"(15例)、"麗"(14例);"胖瘦"類:"肥"(36例)、"羸"(13例)。由此可見,在上古二期,"美麗"類常用的詞有3個——"美""好""麗";表示"醜惡"的詞除"惡"外新增一"醜"字;"胖瘦"類的詞多用"肥"和"羸"。

與上古一期相比,"美"和"好"的使用没有太大的變化,但在"好"的用例中,出現了修飾男子的用例。如《史記·衛康叔世家》中稱渾良夫"美好",《漢書·東方朔傳》稱董偃"姣好",當是二者的美貌中帶有女性特徵。

"麗"的構詞能力大大增加,"麗"構成的聯合式複合組合,有"姣麗""曼麗""姝麗""麗佳""美麗""偉麗""妙麗""奇麗"等。在所調查的文獻中,没有"麗"與名詞直接構詞的用例。而"麗"做名詞也僅有1例,且是單用,這與"美""好"的用法略有不同。

在上古一期，表示“相貌醜陋”最常用的詞是“惡”，這一情況在這一時間發生了變化，在我們所調查的文獻中，“醜”的用例達到18例，而“惡”僅有15例。因所調查的文獻數量有限，因此，可以保守地説，在這一時期，“醜”和“惡”是表示“醜陋”義最常用的兩個詞。另外，在上古一期，“美”和“好”的反義詞都是“惡”，這種情況在上古二期發生了一定的變化。在《淮南子》和《楚辭》中出現了“好醜”相對和“美醜”相對的情況，如：

(250)察能分白黑、視醜美，而知能别同異、明是非者，何也？（《淮南子·原道訓》）

(251)西門豹曰：“呼河伯婦來，視其好醜。”（《史記·滑稽列傳》）

(252)美女入室，醜女之仇。（《史記·外戚世家》）

在其後的語料中，這種情況更爲多見，如：

(253)急復益納宜子婦人，毋擇好醜，毋避嘗字，毋論年齒。（《漢書·谷永傳》）

(254)夫人之所愛憎，在容貌之好醜；頭髮白黑，在年歲之稚老。（《論衡》卷第二十四）

“肥”是這一時期使用較多的一個體貌美醜詞，與上古一期相同，既可指人，也可指動物，其含義和用法没有太大的變化。

“臞”在所調查的文獻中均做形容詞，反義詞是“肥”。

“瘠”在這一時期用例減少，與上古一期不同之處主要有三點：一是其所見用例均指人，未見用於動物之例；二是“瘠”不再單用，而是以“羸瘠”“捐瘠”“積毁消瘠”等複合組合的形式出現，這反映了“瘠”的一些發展變化；三是由於“瘦”的擠占，“瘠”逐漸淡出口語而進入了書面語範圍。

“瘦”在這一時期的用例有所增加，除了指動物之外，新增了指人的用例。但在這個時期，醫書等口語性較強的書中也廣泛使用“瘦”，由是可以看出“瘦”還未在書面語中得到廣泛使用。

與上古一期相比，體貌美醜常用詞與名詞的搭配關係並無太大的變化，在這一時期，“美醜”類的複合組合主要有：

常用詞	複合組合
佳	佳麗，佳冶，麗佳，佳俠
冶	妖冶，佳冶

續表

常用詞	複合組合
姣/佼	姣好,姣麗,長姣
媚	嫵媚
曼	曼澤,靡曼
妖	妖麗
嫵	嫵媚
婉	婉孌
醜	醜惡,好醜,醜美
惡	醜惡,美惡
美	美麗,美好,好美,醜美,美惡
好	姣好,美好,好醜,好閑
麗	麗佳,美麗,妙麗,奇麗,姣麗,佳麗,麗佳,妖麗

“胖瘦”類的複合組合主要有：

常用詞	複合組合
肥	肥白,肥澤,肥臞,肥膌
臞/癯	肥臞,瘦臞
瘠	短瘠,肥膌,羸瘠,捐瘠
羸	羸弱,羸瘦,羸瘠,羸瘦
瘦	瘦黑,瘦懼,羸瘦,瘦臞

從上表可以看出,聯合式是體貌美醜常用詞構成複合組合的一種主要方式。

第三節　中古漢語體貌美醜常用詞考察

一、中古體貌美醜常用詞概況

在中古時期，我們選擇了 11 種文獻進行調查。在這一時期，體貌美醜常用詞在所調查文獻中的使用情況如下：

	三國志	生經	後漢書	抱朴子	神仙傳	搜神記	世説新語	洛陽伽藍記	魏書	顔氏家訓	高僧傳	合計
佳	0	0	0	0	0	1	0	0	1	0	1	3
俏	0	0	0	0	0	0	0	0	0	0	0	0
倩	0	0	0	0	0	0	0	0	0	0	0	0
冶	0	0	3	1	0	0	0	0	0	0	0	4
曼	0	0	1	0	0	0	0	0	0	0	0	1
嫵	0	0	0	0	0	0	0	0	0	0	0	0
妍	0	0	1	1	0	0	1	0	1	1	0	5
妖	0	0	2	0	1	0	1	0	0	0	0	4
姝	0	5	1	0	0	0	0	0	0	1	1	8
姣/佼	0	0	2	0	0	0	0	0	0	0	0	2
婉	0	0	3	0	0	1	0	0	3	0	0	7

續表

	三國志	生經	後漢書	抱朴子	神仙傳	搜神記	世説新語	洛陽伽藍記	魏書	顔氏家訓	高僧傳	合計
媛	0	0	3	0	0	0	1	0	2	0	0	6
媚	1	0	1	1	0	0	0	0	1	0	1	5
嬈	0	0	0	0	0	0	0	0	0	0	0	0
嬌	0	0	0	0	0	0	0	0	0	0	0	0
醜	3	3	6	7	0	1	4	1	1	0	4	30
惡	0	0	0	0	0	0	1	0	1	0	0	2
美	18	1	22	5	5	9	7	3	43	1	4	118
好	2	21	0	3	2	4	0	2	0	0	0	34
麗	2	0	7	1	0	2	2	1	7	1	0	23
肥	1	2	3	2	1	1	4	1	4	1	3	23
胖	0	0	0	0	0	0	0	0	0	0	0	0
臞/癯	0	0	0	0	0	0	0	0	0	0	0	0
瘠	0	0	2	1	0	0	0	0	12	0	0	15
瘦	0	3	2	2	0	0	2	0	4	1	5	19
羸	3	3	24	3	0	1	5	0	6	1	1	47

從上表可以看出,在中古時期,體貌美醜常用詞中有用例的爲 19 個,本書將其分爲"美醜"類和"胖瘦"類,按用例多少分别排列。其中"美醜"類:"美"(118 例)、"好"(34 例)、"醜"(30 例)、"麗"(23 例)、"姝"(8 例)、"婉"(7 例)、"媛"(6 例)、"媚"(5 例)、"冶"(4 例)、"妖"(4 例)、"佳"(3 例)、"惡"(2 例)、"妍"(5 例)、"姣/佼"(2 例)、"曼"(1 例);"胖瘦"類:"羸"(47 例)、"肥"(23 例)、"瘦"(19 例)、"瘠"(15 例)。下面分别論述。

二、“美醜”類體貌詞釋例

1.美(118例)

從用例上看,“美”是這個時期最常用的體貌美醜詞,與上古相比,“美”的使用没有太大的變化,既可指女子,也可指男子。

可單用,如:

(255)不可以無鹽宿瘤之醜,而謂在昔無南威西施之美。(《抱朴子·内篇·論仙》)

可修飾表具體部位的名詞“須”“鬢眉”“手腕”等,如:

(256)管寧,字幼安,北海朱虛人也。……長八尺,美鬚眉。(《三國志·魏書·管寧傳》)

(257)趙壹字元叔,漢陽西縣人也。體貌魁梧,身長九尺,美須豪眉,望之甚偉。(《後漢書·趙壹列傳》)

(258)帝奇之,仍試令嬖臣美手腕者與女子雜處帷中,使玉各診一手,問所疾苦。(《後漢書·郭玉列傳》)

也可是表整體描述的“色”“人”“女”“容色”“姿貌”等,如:

(259)紹愛少子尚,貌美,欲以爲后而未顯。(《三國志·魏書·袁紹傳》)

(260)胡氏有美色,琰疑其與後主有私,呼卒五百撾胡,至於以履搏面,而後棄遣。(《三國志·蜀書·劉琰傳》)

(261)婦女美人,車馬侍使,恣所欲得。(《生經·佛説五仙人經》第十一)

(262)見美女居帳中,如李夫人之狀,還幄坐而步,又不得就視。(《搜神記》卷二)

(263)訶羅竭者,本樊陽人。少出家,誦經二百萬言,性虛玄守戒節,善舉厝美容色。(《高僧傳》卷第十)

(264)清河王懌,字宣仁。幼而敏惠,美姿貌,高祖愛之。(《魏書·清河王懌列傳》)

也可與另一形容詞一起構成聯合式複合組合,如“美好”“美麗”“美少”“美偉”等:

(265)繇長子基,字敬輿。年十四,居繇喪,盡禮。故吏饋餉,皆無所受。姿容美好,孫權愛敬之。(《三國志·吴書·劉繇傳》)

(266)常有好婦來,美麗非凡。(《搜神記》卷十六)

(267)晚乃奉道,常服黃精,日三合,年數百歲而顏色美少。(《神仙傳》卷九)

(268)其尚書僕射賈玄石,形貌美偉。(《魏書·臨渭氏苻健列傳》)

2.好(34 例)

與上古相似,在這一時期,除"美"外,"好"是最常用的表示"美麗"的詞。"好"的用法與"美"比較相似,可單用,如:

(269)然視之常時年五十許人,面色甚好,肌膚悅澤,尤有光華,眉目口齒,似十五童子。(《神仙傳》卷六)

可修飾表具體部位的名詞,如"髮":

(270)珠崖之廢,起於長吏睹其好髮,髠取爲髲。(《三國志·吴書·薛綜傳》)按:髲,假髮。"髠取爲髲",即取女子的頭髮去裝假髮。

也可修飾表整體描述的名詞,如"女""婦""色""顏""相"等:

(271)有一梵志,財富無數;有一好女,端正殊妙。(《生經·佛說前世諍女經》第七)

(272)于時遠方有一梵志,年既幼少,顏貌殊好,聰明智慧。(《生經·佛說前世諍女經》第七)

(273)諸脈欲斷,失于好顏,臥起須人,人常飲飼。(《生經·佛說迦旃延無常經》第十七)

(274)比丘睹其好色,聽聞音聲,淫意爲亂,迷惑憒錯,不能自覺。(《生經·佛說分衛比丘經》第二)

(275)狐始來時,於屋曲角雞栖間,作好婦形,自稱"阿紫",招我。(《搜神記》卷十八)

(276)暉遂造人中夾貯(紵)像一軀,相好端嚴,希世所有,置皓前廳,須臾彌寶坐。(《洛陽伽藍記·城西》)

也可與另一形容詞構成表體貌美醜的聯合式複合組合,如"妙好""姝好""好醜""美好"等:

(277)繇長子基,字敬輿。年十四,居繇喪,盡禮。故吏饋餉,皆無所受。姿容美好,孫權愛敬之。(《三國志·吴書·劉繇傳》)

(278)其婦端正殊好,見夫舍家作沙門,便復行嫁。(《生經·佛說那賴經》第一)

(279)見淫蕩女顏色妙好,淫意爲動,志在放逸。(《生經·佛説分衛比丘經》第二)

(280)不問本末,何所從來,父母姓字,善惡好醜,識與不識。(《生經·佛説和難經》第三)

但值得注意的是,在所調查的這一時期的文獻中,“好”的 34 個用例,《生經》就有 21 例。眾所周知,佛經文獻的口語性很強,可見在這一時期,“好”逐漸淡出了書面語,而在口語中仍然使用較多。

3.醜(30 例)

毫無疑問,在這一時期,“醜”已經成了表示“醜陋”義最常用的詞,在用法上,“醜”可單用,如:

(281)不可以無鹽宿瘤之醜,而謂在昔無南威西施之美。(《抱朴子·内篇·論仙》)

(282)左太沖絶醜,亦復效岳遊遨,於是群嫗齊共亂唾之,委頓而返。(《世説新語·容止》第十四)

可修飾名詞“女”“婦”“形”“狀”等,如:

(283)夷狄眩名,非識實者也。臣狀醜,不可以示遠,宜選有威容者。(《後漢書·承宫列傳》)

(284)若極粉黛,窮盛服,未必無醜婦;廢華采,去文繡,未必無美人也。(《三國志·吴書·華覈傳》)

(285)陛下爲民父母,撫之如傷,豈可棄人養鳥,留意於醜形惡聲哉?(《魏書·崔光列傳》)

(286)阮家既嫁醜女與卿,故當有意,卿宜察之。(《世説新語·賢媛》第十九)

也可與“陋”“粗”“好”“肥”“美”“悴”等構成聯合式複合組合“醜陋”“陋醜”“粗醜”“好醜”“肥醜”“美醜”“醜美”“醜悴”,如:

(287)管輅,字公明,平原人也。容貌粗醜,無威儀而嗜灑,飲食言戲,不擇非類,故人多愛之而不敬也。(《三國志·魏書·方技傳》)

(288)不問本末,何所從來,父母姓字,善惡好醜,識與不識。(《生經·佛説和難經》第三)

(289)面色醜陋,不似類人。兩眼復青,父母愁憂。(《生經·佛説前世諍女經》第七)

(290)埶家慕其高節,多欲女之,鴻並絶不娶。同縣孟氏有女,狀肥醜而黑,力舉石臼,擇對不嫁,至年三十。(《後漢書・梁鴻列傳》)

(291)斯蓋謂大小窳隆醜美之形,至於鼻目衆竅毛髮之狀,未有不然者也。(《後漢書・霍諝列傳》)

(292)豈敢力蒼蠅而慕衝天之舉,策跛鱉而追飛兔之軌,飾嫫母之陋醜,求媒揚之美談,推沙礫之賤質,索千金於和肆哉!(《抱朴子・内篇序》)

(293)劉伶身長六尺,貌甚醜悴,而悠悠忽忽,土木形骸。(《世説新語・容止》第十四)

4.麗(23 例)

這一時期,"麗"的用例也較多。可單用作形容詞,如:

(294)紹時年十六,紹母即獻明皇后妹也,美而麗。(《魏書・清河王紹列傳》)

(295)王明君姿容甚麗,志不苟求,工遂毀爲其狀。(《世説新語・賢媛》第十九)

其構詞能力仍然很強,可與另一形容詞構成表體貌美醜的聯合式複合組合,如"曼麗""端麗""妖麗""美麗""光麗""妍麗""偉麗""姝麗""壯麗""整麗"等詞。其具體用例如下:

(296)夫人心不同,實若其面,子雖光麗,既美且豔,管窺筐舉,守厥所見,未可以言八紘之形埒,信萬事之精練也。(《三國志・蜀書・郤正傳》)

(297)廬江爲孫策所破,皆東渡江,以美麗得幸于權,寵冠後庭。(《三國志・吴書・權步夫人傳》)

(298)曼麗之容不悦於目,鄭衛之聲不過於耳,佞邪之臣不列於朝,巧僞之物不鬻於市,故能理升平而刑幾措。富衍於孝景,功傳於後嗣。(《後漢書・杜篤列傳》)

(299)漢法常因八月算人,遣中大夫與掖庭丞及相工,於洛陽鄉中閲視良家童女,年十三以上、二十已下,姿色端麗,合法相者,載還後宮,擇視可否,乃用登御。(《後漢書・光武郭皇后紀》)

(300)夫生我者父也,娠我者母也,猶不能令我形器必中適,姿容必妖麗,性理必平和,智慧必高遠,多致我氣力,延我年命。(《抱朴子・内篇・塞難》)

(301)誕,字思政;修,字寶業,皆姿質妍麗。(《魏書・馮熙列傳》)按:此處"妍麗"指男子。

(302)叡少傳父業,而姿貌偉麗。恭宗之在東宫,見而奇之。(《魏書·王叡列傳》)按:此處"偉麗"指男子。

(303)鄭儼,字季然,滎陽人。容貌壯麗。(《魏書·王叡列傳》)按:此處"壯麗"指男子。

(304)壽陽公主,字莒犁。公主容色美麗,綜甚敬之,與公主語,常自稱下官。(《洛陽伽藍記》卷二)

(305)名之與實,猶形之與影也。德藝周厚,則名必善焉;容色姝麗,則影必美焉。(《顔氏家訓》卷第四)

(306)王夷甫容貌整麗,妙於談玄,恒捉白玉柄麈尾,與手都無分别。(《世説新語·容止》第十四)

在所調查的文獻中,没有"麗"與名詞直接構詞的用例。把調查的文獻範圍擴大一些,發現"麗+名詞"較早的用例爲東漢蔡邕和三國曹植的賦文,分别用了"麗女"和"麗人"二詞:

(307)麗女盛飾,曄如春華。(《協和婚賦》)

(308)覩一麗人,於巖之畔。(《洛神賦》)

在所調查的文獻中,"麗"做名詞僅見1例:

(309)今陛下淫女豔婦,極天下之麗,甘肥飲美,單天下之味,奈何欲如黄老乎?(《後漢書·襄楷列傳》)

5.姝(8例)

在這一時期所調查的文獻中,"姝"出現8例,其中《生經》有5例。在這5例中,有3例指物:

(310)見樹王上有一野雞,端正姝好。(《生經·佛説野雞經》第六)

(311)此人所卧,樹蔭不動,威神巍巍,端正姝好,猶如日月。(《生經·佛説國王五人經》第二十四)

(312)時水牛王與眾眷屬有所至湊,獨在其前,顔貌姝好,威神巍巍。(《生經·佛説水牛經》第三十)

這3例中"姝好"之物,或爲雞,或爲樹蔭,或爲水牛王,這種用"姝好"狀物的用法在其他文獻中並不多見。

《生經》中其餘2例指人:

(313)設八輩男子,端正顔貌姝,一切加以欲。(《生經·佛説那賴經》第一)

(314)我所求者,欲得珠寶以自嚴身上妙被服,千女中央而獨姝好。(《生經・佛説梵志經》第四十五)

在其他文獻中的用例爲:

(315)七年,后復與諸家子俱選入宫。后長七尺二寸,姿顔姝麗,絶異於衆,左右皆驚。(《後漢書・和熹鄧皇后紀》)

(316)名之與實,猶形之與影也。德藝周厚,則名必善焉;容色姝麗,則影必美焉。(《顔氏家訓》卷第四)

(317)每誦無量壽及觀經,輒見一沙門形甚姝大常在琳前。(《高僧傳・釋法琳》十一)

從以上諸例可知,"姝"可修飾名詞,也可構成"姝好""姝麗""姝大"等聯合式複合組合。

6.婉(7 例)

在所調查的這一時期的文獻中,"婉"出現 7 例,均是以"嬿婉""婉孌""婉媚""婉淑""婉豔"等聯合式複合組合的方式出現,如:

(318)旦垂精於萬機兮,夕回輦於門館。設長夜之歡飲兮,展中情之嬿婉。(《後漢書・邊讓列傳》)按:嬿,安也。婉,美也。

(319)惟陛下絶婉孌之私,割不忍之心,留神萬機,試慎拜爵,減省獻御,損節徵發。(《後漢書・楊震列傳》)

(320)又給十小吏,青衣數十人。婦年可十八九,姿容婉媚,便成。(《搜神記》卷四)

(321)獻文思皇后李氏,中山安喜人,南郡王惠之女也。姿德婉淑,年十八,以選入東宫。(《魏書・獻文思皇后李氏列傳》)

(322)高祖初,乃舉室西歸,達龍城鎮,鎮表后德色婉豔,任充宫掖。(《魏書・孝文昭皇后高氏列傳》)

7.媛(6 例)

在所調查的這一時期的文獻中,"婉"出現 4 例,其中做形容詞 3 例,構成"嬋媛""淑媛"等複合組合,如:

(323)形便娟以嬋媛兮,若流風之靡草。美儀操之姣麗兮,忽遺生而忘老。(《後漢書・邊讓列傳》)

(324)若淑媛謙順之人,則能依義以篤好,崇恩以結援。(《後漢書・曹世叔妻列傳》)按:淑,善也。美女曰媛也。

也可做名詞,如:

(325)古之賢妃烈媛,母儀國家,垂訓四海,宣教九宗,可秉道懷,率遵仁禮。(《魏書·崔光列傳》)

(326)誰能作配,克應其選。實有華宗,挺生淑媛。(《魏書·崔覽妻封氏列傳》)

8.媚(5 例)

在所調查的這一時期的文獻中,“媚”出現 5 例,其中 4 例修飾名詞“姿”“容”,如:

(327)明年,立夫人爲皇后。性險妒容媚,自始至卒,譖害袁夫人等甚衆。(《三國志·吴書·吴主權王夫人傳》)

(328)冶容媚姿,鉛華素質,伐命者也。(《抱朴子·内篇·暢玄》)

(329)后有姿媚,偏見愛幸。未幾,疾病,文明太后乃遣還家爲尼,高祖猶留念焉。(《魏書·孝文幽皇后馮氏列傳》)

(330)長袖奮而生風,清氣激而繞結。爾乃妍媚遞進,巧弄相加,俯仰異容,忽兮神化。(《後漢書·邊讓列傳》)

9.冶(4 例)

在所調查的這一時期的文獻中,“冶”出現 4 例,均修飾名詞“容”,如:

(331)夫華離蔕而萎,條去幹而枯,女冶容而淫,士背道而辜。(《後漢書·蔡邕列傳》)

(332)冶容媚姿,鉛華素質,伐命者也。(《抱朴子·内篇·暢玄》)

(333)揚蛾眉于複關兮,犯孔戒之冶容。(《後漢書·崔駰列傳》)

10.妖(4 例)

在所調查的這一時期的文獻中,“妖”出現 4 例,可修飾名詞,如:

(334)妖童美妾,填乎綺室;倡謳妓樂,列乎深堂。賓客待見而不敢去,車騎交錯而不敢進。(《後漢書·仲長統列傳》)

(335)壽色美而善爲妖態,……以爲媚惑。(《後漢書·梁統列傳》)

也可構成聯合式複合組合“妖淫”,如:

(336)鄭女妖淫,王失其道耳殂。(《神仙傳》卷一)

11.佳(3 例)

在所調查的這一時期的文獻中,“佳”出現 3 例,可單獨做形容詞,如:

(337)高宗登白樓望見,美之,謂左右曰:“此婦人佳乎?”左右咸曰“然”。(《魏書·文成元皇后李氏列傳》)

(338)有一外國銅像形制古異,時衆不甚恭重。安曰:"像形相致佳,但髻形未稱。"(《高僧傳》卷第五)

可構成"佳人"一詞,如:

(339)丁嫗曰:"謂汝是佳人,而無所知。"(《搜神記》卷五)

12.惡(2 例)

在所調查的這一時期的文獻中,"惡"出現 2 例,在《世説新語》和《魏書》中各 1 例,均單用,修飾名詞,表"相貌醜陋",如:

(340)欲圖殷荊州,殷曰:"我形惡,不煩耳。"(《世説新語・巧藝》)

13.妍(5 例)

在所調查的這一時期的文獻中,"妍"出現 5 例,一例修飾名詞"影",兩例構成聯合式複合組合"妍蚩/媸":

(341)今不修身而求令名於世者,猶貌甚惡而責妍影於鏡也。(《顔氏家訓・名實》)

一例構成聯合式複合組合"妍麗",例見"麗"條下;一例構成聯合式複合組合"妍媚",例見"媚"條下。

(342)妍媸有定矣,而憎愛異情,故兩目不相爲視焉。(《抱朴子・内篇・塞難》)

(343)顧長康畫人,或數年不點目精。人問其故?顧曰:"四體妍蚩,本無關於妙處;傳神寫照,正在阿堵中。"(《世説新語・巧藝》)

14.姣/佼(2 例)

在所調查的這一時期的文獻中,"姣"出現 2 例,均爲聯合式複合組合"姣麗":

(344)形便娟以嬋媛兮,若流風之靡草。美儀操之姣麗兮,忽遺生而忘老。(《後漢書・邊讓列傳》)

(345)載太華之玉女兮,召洛浦之宓妃。咸姣麗以蠱媚兮,增嫮眼而蛾眉。(《後漢書・張衡列傳》)

15.曼(1 例)

在這一時期所調查的文獻中,"曼"出現 1 例,爲聯合式複合組合"曼麗":

(346)躬履節儉,側身行仁,食不二味,衣無異采,賑人以農桑,率下以約己,曼麗之容不悦於目,鄭衛之聲不過於耳。(《後漢書・杜篤列傳》)

三、"胖瘦"類體貌詞釋例

1.羸(47 例)

"羸"仍是這一時期"胖瘦"類體貌詞中最常用的一個詞。在所調查的文獻中,只有 1 例指動物:

(347)所以統一州之民,經營九州之地,其爲艱難,譬策羸馬以取道裏,豈可不加意愛惜其力哉?(《三國志・魏書・杜畿傳》)

其餘均指人。在指人時,可修飾名詞,如"體""身":

(348)舅年尊體羸力少,若爲守者所得,不能自脱。(《生經・佛説舅甥經》第十二)

(349)我身羸極,無復力勢,柔弱疲劣,不能修法。(《生經・佛説舍利弗般泥洹經》第十四)

或是與另一形容詞構成聯合式複合組合,如"羸困""羸瘦""羸弱""羸老""羸悴""尪羸"等。其主要用例如下:

(350)東陽陳叔山小男二歲得疾,下利常先啼,日以羸困。(《三國志・魏書・華佗傳》)

(351)羸瘦骨立,不能飲食。毒神敕之,令行毒藥。(《生經・佛説毒喻經》第三十七)

(352)妾孤窮羸弱,不能自振;欲之傍縣賣繒,從同縣男子王伯賃牛車一乘,直錢萬二千,載妾並繒。(《搜神記》卷十六)

(353)肇承變哀愕,非唯仰慕,亦私憂身禍,朝夕悲泣,至於羸悴。(《魏書・高肇列傳》)

(354)昔有古強者,服草木之方,又頗行容成玄素之法,年八十許,尚聰明不大羸老,時人便謂之爲仙人,或謂之千載翁者。(《抱朴子・内篇・祛惑》)

(355)他弟子皆親僕使之役,采薪耕田,唯餘尪羸,不堪他勞,然無以自效,常親掃除,拂拭床几,磨墨執燭,及與鄭君繕寫故書而已。(《抱朴子・内篇・遐覽》)《校釋》:"'矬陋尪弱',矬,音坐,短也;尪,音汪,羸弱。此句謂短醜羸弱。"

2.肥(23 例)

如前所述,"肥"在最初既可以指稱人,也可以指稱動物。這一時期,在"肥"所見的 17 個用例中,用於人的 6 例,用於動物的 11 例,可見,"肥"在這個時期主要是指稱動物。可單用,如:

(356)後百餘日,奴婢面體光澤,轉勝於初時,驢羊悉肥如飼。(《神仙傳》卷二)

(357)庾公造周伯仁。伯仁曰:"君何所欣説而忽肥?"庾曰:"君復何所憂慘而忽瘦?"(《世説新語·言語》第二)

也可直接修飾名詞,構成"肥豚""肥馬""肥仙人"等詞,如:

(358)然往來常可得駕輕車,乘肥馬;飲食常可得遠味異膳;繒素常可得充用不乏。(《搜神記》卷一)

(359)阮籍當葬母,蒸一肥豚,飲酒二斗,然後臨訣,直言"窮矣"!(《世説新語·任誕》第二十三)

(360)世間金銀皆善,然道士率皆貧。故諺云,無有肥仙人富道士也。(《抱朴子·内篇·黄白》)

在與形容詞連用上,有"肥盛""肥健""肥大""肥壯"等詞。其主要用例如下:

(361)將一大牛,肥盛有力,賣與此城中人。(《生經·佛説負爲牛者經》第三十九)

(362)張太元舉家及弟子數十人,隱居林慮山中,以此法食石十餘年,皆肥健。(《抱朴子·内篇·雜應》)

(363)恂不好書學,體貌肥大,深忌河洛暑熱,意每追樂北方。(《魏書·廢太子恂列傳》)

(364)修素肥壯,腰背博碩,堪忍楚毒,了不轉動。(《魏書·趙修列傳》)

3.瘦(19 例)

在這一時期,"瘦"也是較常用的一個體貌美醜詞。在所調查的文獻中,"瘦"既可指人,也可指動物。指動物,如:

(365)朱蒙每私試,知有善惡,駿者減食令瘦,駑者善養令肥。夫余王以肥者自乘,以瘦者給朱蒙。(《魏書·高句麗列傳》)

(366)家足於財,而性儉吝,衣馬弊瘦,食味粗薄。(《魏書·崔亮列傳》)

(367)建以馬久不得食,瘦弱,遠送恐多死損,遂達敕以便宜從事,隨近散付軍人。(《北齊書·白建列傳》)

在所調查文獻的"瘦"的17個用例中,指人的爲13例,指動物的爲4例。這大概可以看出,這一時期"瘦"指人已經是比較固定的用法。"瘦"指人,如:

(368)飲食具足,病瘦給藥,一切所安,隨其所樂。(《生經·佛説腹使經》第二十八)

(369)羸瘦骨立,不能飲食。毒神敕之,令行毒藥。(《生經·佛説毒喻經》第三十七)

(370)有人到此國邑,見其女身羸瘦不安,以用愕然,何故如是。(《生經·佛説毒喻經》第三十七)

(371)其爲人細長黑瘦。眼多白而睛黄。(《高僧傳》卷第一)

(372)爲人無須而瘦。有妻妾而無兒。時人謂閹。(《高僧傳》卷第一)

(373)久不堪而還家,黑瘦而骨立,不似人。其家問之,從何處來,竟不得仙邪?(《抱朴子·内篇·祛惑》)

(374)但用符水及單服氣者,皆作四十日中疲瘦,過此乃健耳。(《抱朴子·内篇·雜應》)

這一時期,"瘦"主要的聯合式複合組合爲"瘦弱""病瘦""羸瘦""黑瘦"等。

4.瘠(15例)

"瘠"在這一時期的用例主要集中在《魏書》中,達到12例。可單用,也可構成複合組合,如"毁瘠""捐瘠""羸瘠"。其主要用例如下:

(375)倉跋,滎陽京縣人也。喪母,水漿不入口五日,吐血數升,居憂毁瘠,見稱州里。(《魏書·倉跋列傳》)

(376)三年之中,形骸銷瘠,非人扶不起。(《魏書·苟金龍妻劉氏列傳》)

(377)故越王好勇而士多輕死,楚靈好瘠而國有飢人。(《魏書·李彪列傳》)

(378)孝芬兄弟孝義慈厚,弟孝演、孝政先亡,芬等哭泣哀慟,絶内,蔬食,容貌捐瘠,見者傷之。(《魏書·崔挺列傳》)

(379)仲秋動屙,心容頓竭,氣體羸瘠,玉幾在慮。(《魏書·徐謇列傳》)

在中古時期,體貌美醜常用詞中有用例的爲 19 個,其中用例超過 10 例的共有 9 個詞,“美”(118 例)、“好”(34 例)、“醜”(30 例)、“麗”(23 例)、“羸”(47 例)、“肥”(23 例)、“瘦”(19 例)、“瘠”(15 例)。由此可見,在中古時期,常用表示“美麗”義的詞有 3 個:“美”“好”“麗”。在所調查的文獻中,這 3 個詞的用例遠遠超過其他的詞,且“美”和“麗”呈常態分布,而“好”集中於《生經》中,這説明在這一時期,“好”的“美麗”這一義位的適用範圍逐漸由書面語轉移到口語中。與上古一樣,“麗”的構詞能力極強,也主要是構成聯合式複合組合。“麗+名詞”較早的用例爲東漢蔡邕和三國曹植的賦文,分别用了“麗女”和 “麗人”。

這一時期,表示“醜陋”的詞主要用“醜”字,“惡”的用例明顯減少,這正是延續了上古詞彙變化發展的情況。

“胖瘦”類的詞多用“肥”“瘠”“瘦”和“羸”。在這一時期,雖然“羸”的用例仍居第一,但“瘦”的用例明顯增多。

“肥”在最初既可以指稱人,也可以指稱動物。這一時期,在“肥”所見的 17 個用例中,用於人的 6 例,用於動物的 11 例,可見,“肥”在這個時期主要是指稱動物。而與“肥”相對的詞主要是“瘦”,如:

(380)庾公造周伯仁。伯仁曰:“君何所欣説而忽肥?”庾曰:“君復何所憂慘而忽瘦?”(《世説新語·言語》第二)

在所調查的文獻中,“臞/癯”甚至没有用例。我們將所調查的文獻擴大一些,發現在這一時期,“臞/癯”的用例也不甚多,與上古相比,其用例明顯減少。它的主要用例如下:

(381)戰勝臞者肥,止監流歸停。即是義唐化,獲我擊壤聲!(《初去郡》)

(382)聖躬荷負蒼生以爲任,弘濟四海以爲心,不憚胼胝之勞,不辭癯瘦之苦,豈止日仄忘飢,夜分廢寢。(《梁書·賀琛列傳》)

(383)上雖外順皇旨,内殷私痛,獨居不禦酒肉,坐臥泣涕沾衣。若此移年,癯瘠改貌。(沈休文《齊故安陸昭王碑文》)

“羸”仍是這一時期“胖瘦”類體貌詞中最常用的一個詞。在所調查的文獻中,只有 1 例指動物,其餘均指人。

“瘠”在這一時期的用例主要集中在《魏書》中,這也證明“瘠”延續了上古的發展,即“瘠”在口語中鮮見,主要用於書面語。

在這一時期,"瘦"也是較常用的一個體貌美醜詞。在所調查文獻的17個用例中,"瘦"指人的爲13例,指動物的爲4例。可以看出,在這一時期,"瘦"指人已經是比較固定的用法。

與上古時期相比,體貌美醜常用詞與名詞的搭配關係並無太大的變化,在這一時期,"美醜"類的複合組合主要有:

常用詞	複合組合
曼	曼麗
妍	妍蚩,妍麗
妖	妖淫,妖麗
姝	姝好,姝麗,姝大
婉	嫵婉,婉孌,婉媚,婉淑,婉豔
媛	嬋媛,淑媛
媚	妍媚,婉媚
姣/佼	姣麗
醜	粗醜,好醜,醜陋,醜美,肥醜,陋醜,醜悴,美醜
美	美麗,美好,美少,美偉,醜美,美醜
好	美好,妙好,好醜,姝好
麗	光麗,美麗,曼麗,偉麗,端麗,妖麗,整麗,妍麗,姝麗,姣麗,壯麗

"胖瘦"類的複合組合主要有:

常用詞	複合組合
肥	肥盛,肥健,肥大,肥壯,肥醜
瘠	羸瘠,捐瘠,毁瘠
羸	羸弱,羸悴,羸瘦,尪羸,羸老,羸瘠
瘦	瘦弱,病瘦,羸瘦,黑瘦

從上表可以看出,與上古相比,這一時期雙音詞的數量有了一定增加,出現了一些構詞能力極強的詞,如"婉""麗""醜"等。聯合式仍是體貌美醜常用詞構成複合組合的一種主要方式。

第四節　近代漢語體貌美醜常用詞考察

一、近代漢語體貌美醜常用詞概況

近代漢語是漢語發展史的重要時期，我們調查了這一時期 12 部文獻的體貌美醜常用詞的分布情況，如下表所示：

	王梵志詩	隋書	祖堂集	資治通鑑	朱子語類	竇娥冤	元朝秘史	西廂記	老乞大	朴通事	三遂平妖傳	水滸傳	合計
佳	0	0	0	1	1	0	0	0	0	2	1	16	21
俏	0	0	0	0	1	0	0	5	0	0	0	12	18
倩	0	0	0	0	0	0	0	2	0	0	0	0	2
冶	0	0	0	0	0	0	0	0	0	0	0	0	0
曼	0	1	0	0	0	0	0	0	0	0	0	0	1
嫵	0	0	0	1	0	0	0	0	0	0	0	0	1
妍	0	2	1	3	6	0	0	0	0	0	0	0	12
妖	0	0	0	1	0	0	0	1	0	0	1	5	8
姝	0	0	0	2	0	0	0	0	0	0	0	0	2

續表

	王梵志詩	隋書	祖堂集	資治通鑒	朱子語類	竇娥冤	元朝秘史	西廂記	老乞大	朴通事	三遂平妖傳	水滸傳	合計
姣/佼	0	0	0	0	0	0	0	0	0	0	0	0	0
婉	0	0	0	0	0	0	0	0	0	0	0	0	0
媛	0	0	0	0	0	0	0	0	0	0	0	0	0
媚	1	0	0	1	0	0	0	1	0	0	0	0	3
嬈	0	0	0	0	0	0	0	1	0	0	0	7	8
嬌	0	0	0	0	0	1	0	8	0	0	1	11	21
醜	5	0	5	9	6	0	0	0	0	0	2	12	39
惡	1	0	0	1	2	0	0	0	0	0	2	0	6
美	2	44	0	102	4	1	5	3	0	0	6	13	180
好	0	0	0	2	0	0	7	0	0	0	6	0	15
麗	0	3	0	3	0	0	0	0	0	0	1	8	15
肥	10	0	1	49	3	0	6	1	1	3	0	36	110
胖	0	0	0	0	0	0	0	0	0	0	0	25	25
臞/癯	0	0	0	1	1	0	0	0	0	0	0	0	2
瘠	0	5	0	12	1	0	0	0	0	0	0	0	18
瘦	0	1	2	22	0	1	8	8	1	3	1	27	74
羸	0	9	6	81	2	0	0	0	0	0	0	0	98

從上表可以看出,在近代漢語中,體貌美醜常用詞中有用例的爲 22 個,本書將其分爲“美醜”類和“胖瘦”類,按用例多少分别排列。其中“美醜”類:“美”(180 例)、“醜”(39 例)、“佳”(21 例)、“嬌”(21 例)、“俏”(18 例)、“好”(15 例)、“麗”(15 例)、“妍”(12 例)、“妖”(8 例)、“嬈”(8 例)、“惡”(6 例)、“媚”(3 例)、“倩”(2 例)、“姝”(2 例)、“曼”(1 例)、“嫵”(1 例);“胖瘦”類:“肥”(110 例)、“羸”(98 例)、“瘦”(74 例)、“胖”(25 例)、“瘠”(18 例)、“臞/癯”(2 例)。下面分别論述。

二、“美醜”類體貌詞釋例

1.美(180 例)

在這一時期表示“貌美”的常用詞中,“美”是用例最多的一個詞。在所調查的文獻中,“美”主要出現在《隋書》《資治通鑑》《水滸傳》中。這一時期的“美”主要是修飾名詞,構成“美貌”“美女”“美人”“美色”“美容儀”“美須髯”等詞,如:

(384)金玉不成寶,肉身實可惜。白髮隨年生,美貌别今夕。(《王梵志詩·暫得一代人》)

(385)蘭陵公主字阿五,高祖第五女也。美姿儀,性婉順,好讀書,高祖于諸女中特所鍾愛。(《隋書·蘭陵公主列傳》)

(386)南陽公主者,煬帝之長女也。美風儀,有志節,造次必以禮。(《隋書·南陽公主列傳》)

(387)柳時年四十,有二女及兒婦三人,皆有美色。(《隋書·裴倫妻列傳》)

(388)某夜來思量那高祖其初入關後,恁地鎮撫那人民;及到灞上,又不入秦府庫取財貨美女之屬,皆是。(《朱子語類》卷第九十)

(389)每遇祭祀鬼神時,必請鄉之魁梧姿美者爲尸,而一鄉之人相率以拜祭。(《朱子語類》卷第九十)

(390)丁卯,立皇后楊氏,大赦。后,元皇后之從妹也,美而有婦德。(《資治通鑑》卷第八十)

(391)穎形美而神昏,不知書。(《資治通鑑》卷第八十四)

“美”主要指女性,但也有指男性的用例。如:

(392)蓋今蠻洞中猶有此,但擇美丈夫爲之,不問族類。(《朱子語類》卷第九十)

(393)閩鹽鐵使、右僕射李仁遇,敏之子,閩主曦之甥也;年少,美姿容,得幸於曦。(《資治通鑑》卷第二百八十三)

(394)玠,瓘之孫也,美風神,善清談;常以爲人有不及,可以情恕,非意相干,可以理遣,故終身不見喜愠之色。(《資治通鑑》卷第八十八)

(395)晉王廣美姿儀,性敏慧,沉深嚴重;好學,善屬文;敬接朝士,禮極卑屈;由是聲名籍甚,冠于諸王。(《資治通鑑》卷第一百七十九)

2.醜(39例)

在這一時期表示"相貌醜陋"義的詞中,"醜"的用例持續增加,在用法上,"醜"單用的例子較少,如:

(396)衛氏種賢而多子,美而長、白;賈氏種妒而少子,醜而短、黑。(《資治通鑑》卷第七十九)

(397)師曰:"孿孿拳拳,羸羸垂垂,百醜千拙,且與摩過時。"(《祖堂集》卷四)按:嚴格地説,此例中的"醜"在語法上爲名詞,才可爲數詞所修飾。《漢語大詞典》釋"百拙千醜"爲"極言拙劣醜陋",例爲宋·曉瑩《羅湖野録·辯禪師》:"黄龍鼻下無口,當然所見顢頇,至今百拙千醜。"

"醜"可單獨修飾名詞"女""妻""婦""者""貌""臉""皮"等,如:

(398)只見母憐兒,不見兒憐母。長大取得妻,卻嫌父母醜。(《王梵志詩·只見母憐兒》)

(399)腰似就弦弓,引氣急喘嗽。口裏無牙齒,強嫌寡婦醜。(《王梵志詩·心恒更願取》)

(400)陳烈辭官表,上謂似中書之文。陳好行古禮,其妻厭之而求去。人遂誣陳惡其妻醜而出之。(《朱子語類》卷第一百二十九)

(401)禦史中丞盧杞,弈之子也,貌醜,色如藍,有口辯。(《資治通鑑》卷第二百二十六)

(402)醜皮不憂敵,面面卻憎花。(《王梵志詩·讒臣亂人國》)

(403)此如明鑒之懸,妍者自妍,醜者自醜,隨所來而應之。不成醜者至前,須要換作妍者!(《朱子語類》卷第十六)

(404)唐主性節儉,常躡蒲履,盥頮用鐵盎,暑則寢于青葛帷,左右使令惟老醜宫人,服飾粗略。(《資治通鑑》卷第二百八十二)

(405)醜婦當壚,不是當時之卓氏。(《水滸傳》第六回)

(406)猙獰醜臉如鍋底,雙睛疊暴露狼唇。(《水滸傳》第六十七回)

"醜"也可與"好""拙""醜""陋""粗"等構成聯合式複合組合"好醜""醜拙""妍醜""醜陋""粗醜"等,如:

(407)不知愁大小,不知愁好醜。爲當面以雞?爲當面似狗?(《王梵志詩·不知愁大小》)

(408)智頭陀,智頭陀。師云:"也大醜拙。"(《祖堂集》卷五)

(409)千智慧不遷之理,永在恒沙,體似瑠璃,色如啐啄,隨其大小,好醜何安?(《祖堂集》卷十五)

(410)人心如一個鏡,先未有一個影像,有事物來,方始照見妍醜。(《朱子語類》卷第十六)

(411)因對連珠箭贏了番將,王招做女婿。誰想郡主嫌他醜陋,懷恨而亡。(《水滸傳》第六十三回)

(412)楊志看那人時,形貌生得粗醜。(《水滸傳》第十二回)

3.佳(21例)

“佳”在這一時期的用例主要集中在《水滸傳》中,達到16例,且全是以“佳人”這一複合組合形式出現。如:

(413)佳人秉燭歸房,漁父收綸罷釣。(《水滸傳》第八回)

(414)菖蒲切玉,佳人干捧紫霞杯。角黍堆金,美女高擎青玉案。(《水滸傳》第十三回)

“佳”見於其他語料的用例主要有:

(415)“素以爲絢”,言人有好底姿容材質,又有口輔之美,盼倩之佳,所以表其質也。(《朱子語類》卷第二十五)

(416)帝方收取,對之流涕曰:“佳人難再得!”(《資治通鑑》卷第一百六十六)

(417)古人道:“隔簾聽笑語,燈下看佳人。”(《朴通事》)

(418)古人有言:“賣劍賣與烈士,胭粉贈與佳人。”(《朴通事》)

從中可以看出,從中古以降,“佳”在書面語中的用例鮮見,逐漸淡出常用詞範圍,而在《水滸傳》中的大量“佳人”用例也許只和作者的主觀偏好有關。

4.嬌(21例)

“嬌”在所調查的語料中主要出現在《西厢記》和《水滸傳》中。這一時期,“嬌”可單獨修飾名詞,構成“嬌姿”“嬌模樣”“嬌妻”“嬌娥”“嬌女將”等詞,如:

(419)解舞腰肢嬌又軟,千般嫋娜,萬般旖旎,似垂柳晚風前。(《西厢記》第一本)

(420)痛殺我嬌姿弱體閉泉臺,早三年以外,則落的悠悠流恨似長淮。(《竇娥冤》第四折)

(421)我和他乍相逢記不真嬌模樣,我只索手抵著牙兒慢慢的想。(《西厢記》第一本)

(422)老夫人猜那窮酸做了新婿，小姐做了嬌妻，這小賤人做了牽頭。(《西廂記》第四本)

(423)那和尚光溜溜一雙賊眼，只睃趁施主嬌娘。(《水滸傳》第四十五回)

(424)到三更二更才睡，總有嬌妻美妾，同床共枕，那得情趣。(《水滸傳》第四十五回)

(425)黎庶盡歌豐稔曲，嬌娥齊唱太平詞。(《水滸傳》第七十二回)

(426)霧鬢雲鬟嬌女將，鳳頭鞋寶鐙斜踏。(《水滸傳》第四十八回)

“嬌”可與另一形容詞連用，構成“嬌嬈”“嬌羞”“嬌豔”“嬌嫩”等聯合式複合組合，如：

(427)叔嫂萍蹤得偶逢，嬌嬈偏逞秀儀容。(《水滸傳》第二十四回)

(428)風日清和漫出遊，偶從簾下識嬌羞。(《水滸傳》第二十四回)按：該句中“嬌羞”指“嬌羞的容顔”，應是形容詞活用做名詞。

(429)花街柳陌，眾多嬌豔名姬。楚館秦樓，無限風流歌妓。(《水滸傳》第六回)

(430)不曾見這般鳥女子恁地嬌嫩。(《水滸傳》第三十九回)

值得一提的是，在《西廂記》中的“嬌”出現了“嬌滴滴”這一形容詞形式，如：

(431)他是個嬌滴滴美玉無瑕，粉臉生春，雲鬢堆鴉。(《西廂記》第三本)

(432)杏臉桃腮，乘著月色，嬌滴滴越顯得紅白。(《西廂記》第四本)

(433)有甚麼心情花兒、靨兒，打扮得嬌嬌滴滴的媚。(《西廂記》第四本)

(434)冷清清的咨嗟，嬌滴滴玉人兒何處也！(《西廂記》第四本)

5.俏(18 例)

“俏”在所調查的語料中主要集中於《西廂記》和《水滸傳》這兩部作品中。在對元代的雜劇進行調查後發現，“俏”是元劇中使用頻率很高的一個詞，不單指女子，指男子的用例也很多。可單用，做名詞或形容詞，或修飾另一個詞，其名詞可爲稱謂詞和身體部位詞等。現舉例如下：

單用做形容詞，如：

(435)渾家好妍貌，生的十分俏，被人拐去了，須索把狀告。(《黑旋風雙獻功》)

(436)俏的村的，可怎生説？(無名氏《鄭月蓮秋夜雲窗夢》)

單用做名詞,如:

(437)村入骨頭挑不出,俏從胎裏帶將來。(《黑旋風雙獻功》)

(438)老身出於無奈,只得着女兒賣俏求食。(《包待制智賺灰欄記》)

後接名詞,如:

(439)俏哥哥不爭你先和他暮雨朝雲,劣妳妳則有分吃他那閑茶浪酒。(《杜蕊娘智賞金線池》)

(440)你覷似這等俏生員,伴著這女嬋娟。吟幾首嘲詠情詩,寫數幅錦字花箋。(《鄭月蓮秋夜雲窗夢》)

(441)害的人病厭厭瘦了形容,寬綽綽帶慢衣鬆,俏身兒往日難同。(《董秀英花月東牆記》)

(442)只見他喜孜孜俏臉兒笑撚,敢見我紫羅袍體間穿。(《董秀英花月東牆記》)

“俊俏”是元代出現的一個新詞,其口語性質很強,並且用例多,用法也比較靈活,可做名詞,也可做形容詞,其主要搭配如下:

<table>
<tr><td>前</td><td rowspan="4">俊俏</td><td>後</td></tr>
<tr><td>賣弄</td><td>聰明</td></tr>
<tr><td>身兒,模樣兒,龐兒</td><td>書生,儒流,郎,劉郎,郎君,姐夫,西施</td></tr>
<tr><td>聰敏,聰明,風流,白淨</td><td>身材</td></tr>
</table>

由上表可知,“俊俏”做名詞時可做動詞賓語,如“賣弄俊俏”;也可做形容詞,做形容詞時用法更多,可構成並列式合成詞,如“聰敏,聰明,風流,白淨”+“俊俏”,也可構成偏正式短語,如“俊俏”+“書生,儒流,郎,劉郎,郎君,姐夫,西施,身材”;或做主謂短語中的謂詞,如“身兒,模樣兒,龐兒”+“俊俏”;等等。

6.好(15 例)

在這一時期,“好”也是較常用的表示美醜的詞,但與中古一樣,“好”逐漸淡出了書面語,而在口語中仍然使用較多。在這一時期,其用例主要在《元朝秘史》和《三遂平妖傳》這兩本口語性較強的書中,多見於“生得好”這一片語中,如:

(443)前頭有一個女兒生得好，若是不曾嫁人呵，索與弟朵奔篾兒幹做妻。(《元朝秘史》卷一)

(444)這女兒名阿闌豁阿，果然生得好，也不曾嫁人。(《元朝秘史》卷一)

(445)那兒子生得好，眼中有光彩。(《元朝秘史》卷三)

(446)那廝看了永兒如花似玉生得好。(《三遂平妖傳》第六回)

(447)看的人一來看見這婦人生得好，二來見婦人打野火兒的，便有二三十人圍住著。(《三遂平妖傳》第十三回)

(448)我知胡員外的女兒，且是生得好，又聰明伶俐。(《三遂平妖傳》第四回)

7.麗(15 例)

這一時期，"麗"主要是以聯合式複合組合，如"端麗""美麗""鮮麗""妖麗""偉麗""秀麗"等形式出現。主要指女子，其具體用例如下：

(449)妃恣儀端麗，年十餘，以良家子合法相，娉以爲妃。(《隋書·襄城王恪妃列傳》)

(450)又使玉女授其服氣導引之法，遂得辟穀，氣盛體輕，顏色鮮麗。(《隋書·經籍志·道經》)

(451)梁國之富足以厚聘美女，招致妖麗；父同産亦有耻辱之心。(《資治通鑑》卷第三十二)

(452)不施脂粉，自然體態妖嬈；懶染鉛華，生定天姿秀麗。(《水滸傳》第三十二回)

(453)這李巧奴生的十分美麗，安道全以此眷顧他。(《水滸傳》第六十五回)

"麗"也修飾男子。如：

(454)喬容儀偉麗，數上言政事，帝愛其才貌，欲妻以公主。(《資治通鑑》卷第五十六)按：此處"偉麗"修飾男子，即會稽人楊喬。漢桓帝欲將公主嫁給他，但楊喬堅決不肯，桓帝仗勢相逼，楊喬"遂閉口不食，七日而死"。

(455)戴宗抬頭看時，見那人眉目不凡，姿質秀麗。(《水滸傳》第三十九回)按：此處"資質秀麗"形容梁山好漢排名第六十六位的"玉臂匠"金大堅，他是著名金石雕刻家，男性。

(456)朱仝見那人人物軒昂，資質秀麗。(《水滸傳》第五十一回)按：此處“資質秀麗”形容梁山好漢排名第十位的柴進。柴進，滄州横海郡人，精通武藝，人稱柴大官人，江湖上也唤作“小旋風”。

8.妍(12例)

“妍”在這一時期多用在口語性較強的文學作品中，可單用，如：

(457)此如明鑒之懸，妍者自妍，醜者自醜，隨所來而應之。不成醜者至前，須要换作妍者！(《朱子語類》卷第十六)

“妍”也是構詞能力極強的一個語素，可構成“媸妍”(有時也寫作“蚩妍”)、“妍媸”(有時也寫作“妍蚩”)“妍醜”“妖妍”“妍麗”“纖妍”等聯合式複合組合，如：

(458)佛法棟樑，王臣瞻敬。洞鑒媸妍，祖堂金鏡。(《祖堂集》卷二)

(459)要自省，妍媸貴賤，壽夭窮通，這幾事皆前定，使不著吾強我性。(《哨遍・村居》)

(460)皆榮非德舉，位罕才升，不知何者爲妍蚩，何者爲美惡。(《資治通鑑》卷第二百五)

(461)人心如一個鏡，先未有一個影像，有事物來，方始照見妍醜。(《朱子語類》卷第十六)

(462)自後有貴賤、貧富、長幼、妍醜，匹配之不齊者，各生悔怨。(《南村輟耕録》卷九)

(463)凡讀書，先讀語孟，然後觀史，則如明鑒在此，而妍醜不可逃。(《朱子語類》卷第十一)

(464)你道是吕布人中多俊雅，貂蟬世上最妖妍。(《錦雲堂暗定連環計》)

(465)浩纖妍潔白如美婦人，常自謂才比張良，而稽古過之。(《資治通鑑》卷第一百一十九)

(466)未幾，紅巾入寇，夫婦被執，見哥妍麗，將殺其夫。(《南村輟耕録》卷二十七)

9.妖(8例)

在所調查的這一時期的文獻中，“妖”共出現8例，均是以聯合式複合組合“妖麗”“妖嬈”的形式出現，其中“妖麗”1例：

(467)梁國之富足以厚聘美女，招致妖麗；父同産亦有耻辱之心。(《資治通鑑》卷第三十二)

“妖嬈”6 例：

(468)身穿縞素，腰系孝裙。不施脂粉，自然體態妖嬈；懶染鉛華，生定天姿秀麗。(《三遂平妖傳》第十三回)

(469)妖嬈，滿面兒撲堆著俏。(《西廂記》第一本)

(470)玉貌妖嬈花解語，芳容窈窕玉生香。(《水滸傳》第二十四回)

(471)玉手纖纖，雙持寶刃，恁英雄煊赫。眼溜秋波，萬種妖嬈堪摘。(《水滸傳》第六十三回)按：該句描述的爲扈三娘。

(472)身穿縞素，腰系孝裙。不施脂粉，自然體態妖嬈。(《水滸傳》第三十二回)

(473)段三娘雖粗眉大眼，不比嬌秀、牛氏妖嬈窈窕。(《水滸傳》第一百四回)

有 1 例爲“妖嬈”的擴展形式“妖妖嬈嬈”：

(474)那簇人歇下轎，養娘扶女子出了轎……妖妖嬈嬈走進去。(《水滸傳》第一百一回)

10.嬈(8 例)

在所調查的這一時期的文獻中，“嬈”共出現 8 例，爲聯合式複合組合“嬌嬈”和“妖嬈”。其中 1 例爲“嬌嬈”：

(475)叔嫂萍蹤得偶逢，嬌嬈偏逞秀儀容。私心便欲成歡會，暗把邪言釣武松。(《水滸傳》第二十四回)

其餘爲“妖嬈”，例見“妖”條下。

11.惡(6 例)

在所調查的這一時期的文獻中，“惡”共出現 6 例，可單用，與“美”相對，如：

(476)王二美年少，梵志亦不惡。借問今時人，阿誰肯伏弱？(《王梵志詩·王二美年少》)

可修飾名詞“色”，如：

(477)視不爲惡色所蔽爲明，聽不爲奸人所欺爲聰。(《朱子語類》卷第七十九)

(478)人傑謂：“聖賢不視惡色，不聽惡聲，此則非同行者。”(《朱子語類》卷第一百一)

可構成聯合式複合組合“醜惡”,如:

(479)縣官以配士爲名而實内之掖庭,其醜惡乃出與士。(《資治通鑒·卷第七十三》)

(480)其人生得身材長大,面貌醜惡。(《三遂平妖傳》第十八回)

12.媚(3 例)

在所調查的這一時期的文獻中,“媚”共出現 3 例,做形容詞 2 例。

可修飾名詞,如:

(481)背地道他非,對面伊不是。埋著黄蒿中,猶成薄媚鬼。(《王梵志詩·可笑世間人》)

構成聯合式複合組合“嫵媚”,如:

(482)人言魏徵舉止疏慢,我視之更覺嫵媚,正爲此耳!(《資治通鑑》卷第一百九十四)

可做名詞,如:

(483)可喜娘的臉兒百媚生,兀的不引了人魂靈!(《西厢記》第一本)

13.倩(2 例)

在所調查的這一時期的文獻中,“倩”共出現 2 例,均做形容詞修飾名詞:

(484)那書倩紅娘將去,未見回話。(《西厢記》第三本)

(485)看你個離魂倩女,怎發付擲果潘安。(《西厢記》第三本)

14.姝(2 例)

在所調查的這一時期的文獻中,“姝”共出現 2 例,1 例做名詞,指“美女”:

(486)每以備邊爲名,斂吏民錢帛以充私藏。富室有珍貨或名姝、駿馬,皆虜取之。(《資治通鑑》卷第二百八十四)

另 1 例爲形容詞,修飾名詞:

(487)韋妃者,徐耕之孫也,有姝色。(《資治通鑑》卷第二百七十一)

15.曼(1 例)

在所調查的這一時期的文獻中,“曼”僅出現 1 例,構成聯合式複合組合“柔曼”:

(488)後之繼體,靡克聿修,甘心柔曼之容,罔念幽閑之操。(《隋書·文獻獨孤皇后列傳》)

16.嫵(1例)

在這一時期所調查的文獻中,“嫵”僅出現1例,構成聯合式複合組合“嫵媚”:

(489)人言魏徵舉止疏慢,我視之更覺嫵媚,正爲此耳!(《資治通鑑》卷第一百九十四)

三、“胖瘦”類體貌詞釋例

1.肥(110例)

在所調查的這一時期的文獻中,“肥”出現110例,毫無疑問,“肥”在這一時期仍是“胖瘦”類體貌詞中最常用的一個詞。

如前所述,“肥”在最初既可以指稱人,也可以指稱動物。這一時期,“肥”單用或單獨修飾名詞更爲多見,但也出現了“充肥”“肥充”“肥胖”等聯合式複合組合,其中“肥胖”最爲常見。在所見的110個用例中,指人的用例超過50例,與以前各個時期相比,“肥”指稱人的比例上升明顯。以下分別論述。

“肥”指人,如:

(490)道人頭兀雷,例頭肥特肚。本是俗家人,出身勝地立。(《王梵志詩·道人頭兀雷》)

(491)不采生緣瘦,唯願當身肥。今身損卻寶,來生更若爲?(《王梵志詩·寺内數個尼》)

(492)天時始熱,卓素充肥,脂流於地,守尸吏爲大炷,置卓臍中然之,光明達曙,如是積日。(《資治通鑑》卷第六十)

(493)這個鳥大漢卻也會戲弄老娘。這等肥胖,好做黄牛肉賣。那兩個瘦蠻子,只好做水牛肉賣。(《水滸傳》第二十七回)

(494)那漢失驚道:“這囚徒莫不是黑矮肥胖的人?”(《水滸傳》第三十六回)

(495)戴宗、楊林看裴宣時,果然好表人物,生得面白肥胖,四平八穩,心中暗喜。(《水滸傳》第四十四回)

“肥”指動物時,可以指羊、馬、魚等。如:

(496)從頭捉將去,還同肥好羊。羊即辛苦死,人去無破傷。(《王梵志詩·身如圈裏羊》)

(497)廣種如屯田,宅舍青煙起。槽上飼肥馬,仍更買奴婢。(《王梵志詩·富饒田舍兒》)

(498)今百姓失職,猶或亡叛,犬馬肥充,則有噬齧,況于夷、狄,能不爲變!(《資治通鑑》卷第八十三)

(499)又選了十斤實膘的肥肉,也細細的切做臊子,把荷葉來包了。(《水滸傳》第三回)

(500)老兒和這小廝上街來,買了些鮮魚、嫩雞、釀鵝、肥鮓、時新果子之類歸來。(《水滸傳》第四回)按:"肥鮓"指大而厚實的鹹魚。

2.羸(98 例)

"羸"在所調查的本期文獻中的用例達到 98 例,其中 81 例出現在《資治通鑑》中。在所調查的文獻中,"羸"可修飾名詞,如:

(501)我若以羸劣之身而取道者,外道言自餓則是涅槃,故當受食。(《祖堂集》卷一)

(502)形羸骨瘦久修行,一納麻衣稱道情。(《祖堂集》卷三)

(503)彼則羸兵敝卒,來必就擒,此則重門設險,有勞藩捍。(《隋書·高祖帝紀》)

(504)哀其羸瘠,詔令進肉,世基食輒悲哽,不能下。(《隋書·虞世基列傳》)

也可與另一形容詞構成"羸劣""羸病""羸弱""飢羸""疲羸""羸瘠""羸憊""羸瘁/悴"等複合組合。如:

(505)糧盡,士卒羸病不能拒戰,遂爲所陷。(《隋書·張季珣列傳》)

(506)今天下兵約四五十萬,又皆羸弱無用之人,所費不可計。(《朱子語類》卷第一百一十)

(507)候騎白有漢兵數百在澗北,皆羸弱,請掩之。(《資治通鑑》卷第二百八十八)

(508)睢陽,江、淮之保障,若棄之去,賊必乘勝長驅,是無江、淮也。且我眾飢羸,走必不達。(《資治通鑑》卷第二百二十)

(509)臣伏睹所存戍兵,疲羸者多,勇健者少,衣服貧敝,唯思西歸,無心展效。(《資治通鑑》卷第二百一)

(510)突厥頡利可汗鬱鬱不得意,數與家人相對悲泣,容貌羸憊。(《資治通鑑》卷第一百九十四)

(511)魏主稱名爲書告哀于高肇,且召之還。肇承變憂懼,朝夕哭泣,至於羸悴。(《資治通鑑》卷第一百四十八)

(512)囚,將殺之,逃歸;抵晉陽,形容羸瘁。(《資治通鑑》卷第二百六)

3.瘦(74例)

在所調查的這一時期的文獻中,"瘦"的用例達到74例,證明"瘦"是這一時期很常用的一個體貌美醜詞。在所調查的文獻中,"瘦"既可指人,也可指動物。指動物,如:

(513)士卒終日跨馬被甲結陳,不勝疲頓,馬多瘦死。(《資治通鑑》卷第二百)

(514)至黄獐谷,虜又遣老弱迎降,故遺老牛瘦馬於道側。(《資治通鑑》卷第二百五)

(515)往常唐三藏師傅,西天取經去時節,十萬八千里途程,正是瘦禽也飛不道,壯馬也實勞蹄。(《朴通事》)

"瘦"指人可單用,修飾名詞,如:

(516)他道恒飽食,我瘦餓欲死。惟須舉一種,勿復青當史。(《王梵志詩·他道恒飽食》)

(517)帝惡衡不損瘦,以爲不念咎。(《隋書·張衡列傳》)

(518)上歎曰:"吾貌雖瘦,天下必肥……"(《資治通鑑》卷第二百一十三)

(519)投至得見你多情小奶奶,憔悴形骸,瘦似麻秸。(《西厢記》第四本)

也可與其他形容詞組合成"疏瘦""細瘦""瘦黑""瘦弱""肥瘦"等聯合式複合組合,如:

(520)鎔時年十七,體疏瘦,爲君和所挾,頸痛頭偏者累日。(《資治通鑑》卷第二百五十九)

(521)少孤貧,細瘦顙目,一足偏短,求爲仙芝傔,不納。(《資治通鑑》卷第二百一十六)

(522)時比歲饑饉,兵民率皆瘦黑,至是麥始熟,市有醉人,當時以爲嘉瑞。(《資治通鑑》卷第二百三十二)

(523)你這等瘦弱身子,當不過拷打,怕你不招認藥死我老子的罪犯!(《竇娥冤》第二折)

(524)試把你裙帶兒拴,紐門兒扣,比著你舊時肥瘦,出落得精神,别樣的風流。(《西厢記》第四本)

4.胖(25 例)

在所調查的這一時期的文獻中,“胖”的 25 個用例全出於《水滸傳》中,且全都指人,可單獨修飾名詞,如:

(525)智深隨即跟到裏面看時,見緑槐樹下,放著一條桌子,鋪著些盤饌,三個盞子,三雙箸子,當中坐著一個胖和尚。(《水滸傳》第六回)

(526)(顧大嫂)眉粗眼大,胖面肥腰。插一頭異様釵環,露兩臂時興釧鐲。(《水滸傳》第四十九回)

也可構成“肥胖”“蠢胖”“胖大”等聯合式複合組合,如:

(527)跳出一個胖大和尚來,喝道:“洒家在林子裏聽你多時!”(《水滸傳》第九回)

(528)那庫吏是酒色淘虚的人,更兼身體肥胖,未動手先是氣喘,那裏架隔得住。(《水滸傳》第九十四回)

(529)張三蠢胖,不識字只把頭搖;李四矮矬,看别人也將腳踏。(《水滸傳》第三回)

5.瘠(18 例)

在所調查的文獻中,“瘠”在這一時期的用例主要集中在《資治通鑑》中,達到 12 例,其次是《隋書》,5 例。可單用,如:

(530)今尚書刮六州肌肉以奉軍,雖尚書瘠己肥國,六州之人何罪乎!(《資治通鑑》卷第二百四十二)

(531)今之人傳得法時,便授與人,更不問他人肥與瘠,怯與壯。(《朱子語類》卷第一百二十五)

“瘠”主要是以複合組合的方式出現,如“毀瘠”“肥瘠”“羸瘠”“尪瘠”。其主要用例如下:

(532)哀其羸瘠,詔令進肉,世基食輒悲哽,不能下。(《隋書·虞世基列傳》)

(533)母終,孝肅茹蔬飲水,盛冬單縗,毀瘠骨立。(《隋書·徐孝肅列傳》)

(534)賊賣人於官軍以爲糧,官軍或執山栅之民鬻之,人直數百緡,以肥瘠論價。(《資治通鑑》卷第二百五十四)

(535)丁丑,重威開門出降,城中餒死者什七八,存者皆尪瘠無人狀。(《資治通鑑》卷第二百八十七)

6.臞/癯(2例)

與上古相比,至中古以降,"臞/癯"的用例大大減少,本期僅2例。在《資治通鑑》中僅出現1例:

(536)臣今賅骨癯瘁,目視昏近,齒牙無幾,神識衰耗,目前所爲,旋踵遺忘。(《資治通鑑》卷第二百九十四)

另1例出現在《朱子語類》中:

(537)某於相法,卻愛苦硬清癯底人,然須是做得那苦硬底事。(《朱子語類》卷第一百二十一)

在近代漢語中,體貌美醜常用詞中有用例的爲22個,其中用例超過10例的共有13個詞,分别爲"美"(180例)、"醜"(39例)、"佳"(21例)、"嬌"(21例)、"俏"(18例)、"好"(15例)、"麗"(15例)、"妍"(12例)、"肥"(110例)、"羸"(98例)、"瘦"(74例)、"胖"(25例)、"瘠"(18例)。由此可見,在近代漢語中,詞彙的使用更加豐富,不僅常用詞的數量增加,而且其用例也有增加。

在近代,常用"美麗"類的詞有"佳""俏""妍""嬌""美""好""麗";表示"醜陋"的詞主要用"醜"字,"惡"的用例明顯減少;"胖瘦"類的詞多用"肥""胖""瘠""瘦"和"羸"。"肥"的用例明顯增多,同時,雖然"羸"的用例較多,但在《資治通鑑》一書中就有81個用例。相比於上古、中古而言,其使用範圍明顯收窄。與此同時,"瘦"的用例明顯增多。

"佳""俏""妍""嬌"在這一時期主要用在口語性較強的文學作品中,如"佳"在這一時期的用例主要集中在《水滸傳》中,且全以"佳人"形式出現,"俏"在所調查的語料中主要集中於《西廂記》和《水滸傳》這兩部作品中。"俊俏"是元代出現的一個新詞,出現後該詞的用例就非常多,而且用法也比較靈活,可做名詞,也可做形容詞。

"妍"多用在口語性較強的文學作品中,可單用。同時,"妍"也是構詞能力極強的一個語素,可構成"媸妍"(有時也寫作"蚩妍"或"妍蚩")、"妍醜""妖妍""妍麗"等詞。

"嬌"在所調查的語料中主要出現在《西廂記》和《水滸傳》中。值得一提的是,在《西廂記》中的"嬌"出現了"嬌滴滴"這一構詞形式。這種ABB式的重言詞,最早産生於《楚辭》,如:

(538)紛總總兮九州,何壽夭兮在予。(《楚辭·九歌·大司命》)按:"紛總總"指眾多的樣子。

(539)雲容容兮而在下，杳冥冥兮羌晝晦。（《楚辭・九歌・山鬼》）
按："杳冥冥"指昏暗不明的樣子。[①]

這種ABB式的結構，到唐代就相當多，如白居易詩中有"涼淅淅""冷颼颼""黄離離"等。在元曲中也很常見，如"白茫茫""宣挺挺""涎鄧鄧""磣可可"等。[②]

這種以A爲形容詞語素的重言詞，其内部結構往往是補充式，BB對A的意義起補充説明的作用，常見的詞有：紅豔豔、冷颼颼、白花花、慢騰騰、赤裸裸、黑黝黝、圓滾滾、亂哄哄、香噴噴等。ABB中的A決定了該詞的意義範疇，A就是該詞的理性意義，當A爲形語素或動語素時，BB則是在理性意義的基礎上所附帶的色彩意義，它影響該詞的搭配對象和使用範圍。如"嬌"本是個中性詞，但加上"滴滴"後就生動地描繪出主體嬌柔無力的形象，帶有憐愛的感情色彩。

與上古和中古時期相比，在這一時期，體貌美醜常用詞與名詞的搭配關係並無太大的變化，在這一時期，"美醜"類的複合組合主要有：

常用詞	複合組合
曼	柔曼
嫵	嫵媚
俏	俊俏
妍	妍蚩，蚩妍，妍醜，妖妍，妍麗，纖妍
妖	妖妍，妖麗，妖嬈
媚	嫵媚
嬌	嬌嬈，嬌羞，嬌豔，嬌嫩
嬈	妖嬈，嬌嬈
醜	醜惡，醜拙，好醜，妍醜，醜陋，粗醜
美	美麗，美好
惡	醜惡
好	美好，好醜
麗	端麗，美麗，鮮麗，妖麗，妍麗，偉麗，秀麗

①向熹：《簡明漢語史（上）》，商務印書館，2010年，第400頁。
②蔣紹愚：《近代漢語研究概要》，北京大學出版社，2005年，第297頁。

“胖瘦”類的複合組合主要有：

常用詞	複合組合
肥	肥胖，肥充，充肥，肥瘠
胖	肥胖，蠢胖，胖大
瘠	毀瘠，捐瘠，羸瘠，尪瘠，肥瘠
羸	羸劣、羸弱、飢羸、疲羸、羸瘠、羸憊、羸瘁/悴
瘦	疏瘦，細瘦，瘦黑，瘦弱，肥瘦

從上表可以看出，與上古和中古相比，這一時期雙音詞的數量有了一定增加，出現了一些構詞能力極強的詞，如“妍”“麗”“醜”等。聯合式依然是體貌美醜常用詞構成複合組合的一種主要方式。

第三章
漢語體貌美醜常用詞詞性調查

根據前文對體貌美醜詞在各個歷史時期分布情況的調查，並結合體貌美醜常用詞在句子中所擔任的語法功能，我們發現，在語料中，體貌美醜詞可做形容詞、名詞、動詞。

第一節　體貌美醜常用詞做形容詞

根據前文調查，體貌美醜詞作形容詞的用例最多，可單獨做形容詞，也可構成複合組合，現分述如下。

1.佳

“佳”可單獨做形容詞，如：

(1)高宗登白樓望見，美之，謂左右曰：“此婦人佳乎？”左右咸曰“然”。

(《魏書·文成元皇后李氏列傳》)

(2)佳人不同體,美人不同面,而皆説於目;梨橘棗栗不同味,而皆調於口。(《淮南子·説林訓》)

(3)有一外國銅像形制古異,時眾不甚恭重。安曰:"像形相致佳,但髻形未稱。"(《高僧傳》卷第五)

(4)丁嫗曰:"謂汝是佳人,而無所知。"(《搜神記》卷五)

也可構成表體貌美醜的複合組合,如"佳麗""佳冶""佳俠"等:

(5)臣聞趙,天下善爲音,佳麗人之所出也。今者,臣來至境,入都邑,觀人民謠俗,容貌顔色,殊無佳麗好美者。(《戰國策·中山策》)

(6)妒佳冶之芬芳兮,嫫母姣而自好。(《楚辭·九章·惜往日》)王逸注:"容貌説美,有俊德也。"

(7)阿縞之衣,錦繡之飾不進於前,而隨俗雅化,佳冶窈窕趙女不立於側也。(《史記·李斯列傳》)

(8)人或忠信而不如誕謾,或醜惡而宜大官,或美好佳麗而爲眾人患。非神聖人,莫能盡言。(《史記·龜策列傳》)

(9)亂曰:佳俠函光,隕朱榮兮,嫉妒闒茸,將安程兮!(《漢書·外戚傳》)孟康曰:"佳俠,猶佳麗。"

2.俏

"俏"可單獨做形容詞,如:

(10)渾家好妍貌,生的十分俏,被人拐去了,須索把狀告。(《黑旋風雙獻功》)

(11)俏哥哥不爭你先和他暮雨朝雲,劣妳妳則有分吃他那閑茶浪酒。(《杜蕊娘智賞金線池》)

(12)你覷似這等俏生員,伴著這女嬋娟。吟幾首嘲詠情詩,寫數幅錦字花箋。(《鄭月蓮秋夜雲窗夢》)

可構成表體貌美醜的複合組合,如"俊俏":

(13)爲他生得白淨俊俏,人都號他做白面郎君。原是打銀爲生。(《水滸傳》第三十二回)

(14)于小嘍羅數内,選揀一個俊俏的,剃了髭須,穿了太尉的衣服,扮做宿元景。(《水滸傳》第五十九回)

3.倩

“倩”可單獨做形容詞，如：

(15)手如柔荑，膚如凝脂。領如蝤蠐，齒如瓠犀。螓首蛾眉，巧笑倩兮，美目盼兮。(《詩經·衛風·碩人》)

(16)看你個離魂倩女，怎發付擲果潘安。(《西廂記》第三本)

4.冶

“冶”可單獨做形容詞，如：

(17)慢藏誨盜，冶容誨淫。(《周易·繫辭上》)

(18)頌曰：孟姬好禮，執節甚公，避嫌遠別，終不冶容，載不並乘，非禮不從，君子嘉焉，自古寡同。(《列女傳》卷四)

(19)揚蛾眉于複關兮，犯孔戒之冶容。(《後漢書·崔駰列傳》)

也可構成表體貌美醜的複合組合，如“姚冶”“佳冶”“妖冶”等，其主要用例如下：

(20)今世俗之亂君，鄉曲之儇子，莫不美麗姚冶，奇衣婦飾，血氣態度擬於女子。(《荀子·非相》)

(21)妒佳冶之芬芳兮，嫫母姣而自好。雖有西施之美容兮，讒妒入以自代。(《楚辭·九章·惜往日》)

(22)若夫青琴宓妃之徒，絶殊離俗，妖冶嫻都，靚莊刻飭，便嬛綽約，柔橈嬛嬛，嫵媚姌嫋。(《史記·司馬相如列傳》)

5.曼

“曼”可單獨做形容詞，如：

(23)夫香美脆味，厚酒肥肉，甘口而病形；曼理皓齒，說情而捐精。(《韓非子·揚權》)

(24)姱容修態，絙洞房些。蛾眉曼睩，目騰光些。(《楚辭·招魂》)

(25)嫮目宜笑，娥眉曼只。容則秀雅，稚朱顔只。(《楚辭·大招》)

也可構成表體貌美醜的複合組合，如“曼澤”“靡曼”“曼麗”“柔曼”：

(26)民何得而奏(腠)理靡曼，鮮白有光？(馬王堆漢墓帛書《十問》)

(27)君必食陰以爲當(常)，助以柏實盛良，飲走獸泉英，可以卻老復壯，曼澤有光。(馬王堆漢墓帛書《十問》)

(28)王期合(答)曰：“必朝日月而翕(吸)其精光，食松柏，飲走獸泉英，可以卻老復莊(壯)，曼澤有光。”(馬王堆漢墓帛書《十問》)

(29)躬履節儉,側身行仁,食不二味,衣無異采,賑人以農桑,率下以約己,曼麗之容不悦於目,鄭衛之聲不過於耳。(《後漢書·杜篤列傳》)

(30)后之繼體,靡克聿修,甘心柔曼之容,罔念幽閑之操。(《隋書·文獻獨孤皇后列傳》)

6.嫵

可構成表體貌美醜的複合組合,如"嫵媚":

(31)若夫青琴宓妃之徒,絶殊離俗,妖冶嫻都,靚莊刻飭,便嬛綽約,柔橈嬛嬛,嫵媚姌嫋。(《史記·司馬相如列傳》)

(32)人言魏徵舉止疏慢,我視之更覺嫵媚,正爲此耳!(《資治通鑑》卷第一百九十四)

7.妍

"妍"可單獨做形容詞,如:

(33)今不修身而求令名於世者,猶貌甚惡而責妍影於鏡也。(《顔氏家訓·名實》)

(34)此如明鑒之懸,妍者自妍,醜者自醜,隨所來而應之。不成醜者至前,須要换作妍者!(《朱子語類》卷第十六)

也可構成表體貌美醜的複合組合,如"妍媸"(有時也寫作"妍蚩")、"媸妍"(有時也寫作"蚩妍")、"妍醜""妖妍""妍麗"等:

(35)顧長康畫人,或數年不點目精。人問其故?顧曰:"四體妍蚩,本無關於妙處;傳神寫照,正在阿堵中。"(《世説新語·巧藝》)

(36)佛法棟樑,王臣瞻敬。洞鑒媸妍,祖堂金鏡。(《祖堂集》卷二)

(37)要自省,妍媸貴賤,壽夭窮通,這幾事皆前定,使不著吾強我性。(《啃遍·村居》)

(38)皆榮非德舉,位罕才升,不知何者爲妍蚩,何者爲美惡。(《資治通鑑》卷第二百五)

(39)人心如一個鏡,先未有一個影像,有事物來,方始照見妍醜。(《朱子語類》卷第十六)

(40)凡讀書,先讀語孟,然後觀史,則如明鑒在此,而妍醜不可逃。(《朱子語類》卷第十一)

(41)你道是吕布人中多俊雅,貂蟬世上最妖妍。(《錦雲堂暗定連環計》)

(42)浩纖妍潔白如美婦人,常自謂才比張良,而稽古過之。(《資治通鑑》卷第一百一十九)

(43)未幾,紅巾入寇,夫婦被執,見哥妍麗,將殺其夫。(《南村輟耕録》卷二十七)

8.妖

"妖"可單獨做形容詞,如:

(44)壽色美而善爲妖態,……以爲媚惑。(《後漢書·梁統列傳》)

(45)妖童美妾,填乎綺室;倡謳妓樂,列乎深堂。賓客待見而不敢去,車騎交錯而不敢進。(《後漢書·仲長統列傳》)

也可構成表體貌美醜的複合組合,如"妖冶""妖麗""妖淫""妖嬈":

(46)若夫青琴宓妃之徒,絶殊離俗,妖冶嫻都,靚莊刻飭,便嬛綽約,柔橈嫚嫚,嫵媚孅弱。(《史記·司馬相如列傳》)

(47)臣愚以爲王少,而父同産長,年齒不倫;梁國之富,足以厚聘美女,招致妖麗;父同産亦有恥辱之心。(《漢書·代孝王參傳》)

(48)鄭女妖淫,王失其道耳殂。(《神仙傳》卷一)

(49)梁國之富足以厚聘美女,招致妖麗;父同産亦有恥辱之心。(《資治通鑑》卷第三十二)

(50)身穿縞素,腰系孝裙。不施脂粉,自然體態妖嬈;懶染鉛華,生定天姿秀麗。(《三遂平妖傳》第十三回)

9.姝

"姝"可單獨做形容詞,如:

(51)静女其姝,俟我於城隅。愛而不見,搔首踟躕。(《詩經·邶風·静女》)

(52)韋妃者,徐耕之孫也,有姝色。(《資治通鑑》卷第二百七十一)

(53)設八輩男子,端正顔貌姝,一切加以欲。(《生經·佛説那賴經》第一)

也可構成表體貌美醜的複合組合,如"姝好""姝麗""姝大":

(54)我所求者,欲得珠寶以自嚴身上妙被服,千女中央而獨姝好。(《生經·佛説梵志經》第四十五)

(55)七年,后復與諸家子俱選入宫。后長七尺二寸,姿顔姝麗,絶異於衆,左右皆驚。(《後漢書·和熹鄧皇后紀》)

(56)名之與實，猶形之與影也。德藝周厚，則名必善焉；容色姝麗，則影必美焉。(《顔氏家訓》卷四)

(57)每誦無量壽及觀經，輒見一沙門形甚姝大常在琳前。(《高僧傳·釋法琳》十一)

10.姣/佼

“姣”可單獨做形容詞，如：

(58)治之道，美不老，君子由之佼以好。(《荀子·成相》)

(59)始偃與母以賣珠爲事，偃年十三，隨母出入主家。左右言其姣好。(《漢書·東方朔傳》)

也可構成表體貌美醜的複合組合，如“姣美”“姣麗”“長姣”“姣好”等：

(60)滂心綽態，姣麗施只。小腰秀頸，若鮮卑只。(《楚辭·大招》)

(61)夫衡人者，皆欲割諸侯之地以予秦。秦成，則高臺榭，美宫室，聽竽瑟之音，前有樓闕軒轅，後有長姣美人，國被秦患而不與其憂。(《史記·蘇秦列傳》)

(62)形便娟以嬋媛兮，若流風之靡草。美儀操之姣麗兮，忽遺生而忘老。(《後漢書·邊讓列傳》)

(63)載太華之玉女兮，召洛浦之宓妃。咸姣麗以蠱媚兮，增嫮眼而蛾眉。(《後漢書·張衡列傳》)

11.婉

“婉”可單獨做形容詞，如：

(64)婉兮孌兮，總角丱兮。未幾見兮，突而弁兮。《詩經·齊風·甫田》)

也可構成表體貌美醜的複合組合，如“燕婉”“婉孌”“嬿婉”“婉孌”“婉媚”“婉淑”“婉豔”等：

(65)燕婉之求，籧篨不鮮。……燕婉之求，籧篨不殄。……燕婉之求，得此戚施。(《詩經·邶風·新臺》)

(66)孝哀彬彬，克攬威神，雕落洪支，底剧鼎臣。婉孌董公，惟亮天功，《大過》之困，實橈實凶。(《漢書·敘傳》)

(67)旦垂精于萬機兮，夕回輦於門館。設長夜之歡飲兮，展中情之嬿婉。(《後漢書·邊讓列傳》)

(68)惟陛下絶婉孌之私,割不忍之心,留神萬機,試慎拜爵,減省獻禦,損節徵發。(《後漢書·楊震列傳》)

(69)又給十小吏,青衣數十人。婦年可十八九,姿容婉媚,便成。(《搜神記》卷四)

(70)獻文思皇后李氏,中山安喜人,南郡王惠之女也。姿德婉淑,年十八,以選入東宫。(《魏書·獻文思皇后李氏列傳》)

(71)高祖初,乃舉室西歸,達龍城鎮,鎮表后德色婉豔,任充宫掖。(《魏書·孝文昭皇后高氏列傳》)

12.媛

“媛”可構成表體貌美醜的複合組合,如“嬋媛”“淑媛”:

(72)形便娟以嬋媛兮,若流風之靡草。美儀操之姣麗兮,忽遺生而忘老。(《後漢書·邊讓列傳》)

(73)若淑媛謙順之人,則能依義以篤好,崇恩以結援。(《後漢書·曹世叔妻列傳》)

13.媚

“媚”可單獨做形容詞,如:

(74)思媚其婦,有依其士。有略其耜,俶載南畝。(《詩經·周頌·載芟》)

(75)取兩雌隹尾,燔治,自飲之,媚矣。(馬王堆漢墓帛書《雜禁方》)

(76)冶容媚姿,鉛華素質,伐命者也。(《抱朴子·内篇·暢玄》)

也可構成表體貌美醜的複合組合,如“嫵媚”“妍媚”:

(77)若夫青琴宓妃之徒,絶殊離俗,妖冶嫻都,靚莊刻飭,便嬛嬛婥約,柔橈嬛嬛,嫵媚姌嫋。(《史記·司馬相如列傳》)

(78)長袖奮而生風,清氣激而繞結。爾乃妍媚遞進,巧弄相加,俯仰異容,忽兮神化。(《後漢書·邊讓列傳》)

(79)人言魏徵舉止疏慢,我視之更覺嫵媚,正爲此耳!(《資治通鑑》卷第一百九十四)

14.嬈

“嬈”可構成表體貌美醜的複合組合,如“妖嬈”“嬌嬈”:

(80)叔嫂萍蹤得偶逢,嬌嬈偏逞秀儀容。(《水滸傳》第二十四回)

(81)身穿縞素,腰系孝裙。不施脂粉,自然體態妖嬈;懶染鉛華,生定天姿秀麗。(《三遂平妖傳》第十三回)

15.嬌

“嬌”可單獨做形容詞，如：

(82)解舞腰肢嬌又軟，千般嫋娜，萬般旖旎，似垂柳晚風前。(《西厢記》第一本)按：此句中，“嬌”和“軟”修飾“腰肢”，做形容詞。

(83)我和他乍相逢記不真嬌模樣，我只索手抵著牙兒慢慢的想。(《西厢記》第一本)

(84)他是個嬌滴滴美玉無瑕，粉臉生春，雲鬢堆鴉。(《西厢記》第三本)

也可構成表體貌美醜的複合組合，如“嬌嬈”“嬌羞”“嬌豔”“嬌嫩”等：

(85)叔嫂萍蹤得偶逢，嬌嬈偏逞秀儀容。(《水滸傳》第二十四回)

(86)風日清和漫出遊，偶從簾下識嬌羞。(《水滸傳》第二十四回)按：該句中“嬌羞”指“嬌羞的容顔”，應爲名詞。

(87)花街柳陌，衆多嬌豔名姬。楚館秦樓，無限風流歌妓。(《水滸傳》第六回)

(88)不曾見這般鳥女子恁地嬌嫩。(《水滸傳》第三十九回)

16.醜

“醜”可單獨做形容詞，如：

(89)遵大路兮，摻執子之袪兮！無我惡兮，不寁故也！遵大路兮，摻執子之手兮！無我䰢兮，不寁好也！(《詩經·鄭風·遵大路》)朱熹：“䰢與醜同。”

(90)鍾離春者，齊無鹽邑之女，宣王之正后也。其爲人極醜無雙。(《列女傳》卷六)

(91)陛下爲民父母，撫之如傷，豈可棄人養鳥，留意於醜形惡聲哉？(《魏書·崔光列傳》)

(92)阮家既嫁醜女與卿，故當有意，卿宜察之。(《世説新語·賢媛》第十九)

(93)衛氏種賢而多子，美而長、白；賈氏種妒而少子，醜而短、黑。(《資治通鑑》卷第七十九)

也可構成表體貌美醜的複合組合，如“醜羸”“醜惡”“醜美”“好醜”“醜陋”“陋醜”“粗醜”“肥醜”“美醜”“醜悴”“醜拙”“粗醜”等：

(94)衣服不美，身體從容醜羸，不足觀也。(《墨子》卷八)

(95)西門豹曰:"呼河伯婦來,視其好醜。"即將女出帷中,來至前。(《史記·滑稽列傳》)

(96)改前聖之法度兮,喜囁嚅而妄作。親讒諛而疏賢聖兮,訟謂閭娵爲醜惡。(《楚辭·七諫·怨世》)

(97)察能分白黑、視醜美,而知能别同異、明是非者,何也?(《淮南子·原道訓》)

(98)水傷百穀,衣食不足,則奸軌並作,故其極惡也。一曰,民多被刑,或形貌醜惡,亦是也。(《漢書·五行志》)

(99)管輅,字公明,平原人也。容貌粗醜,無威儀而嗜灑,飲食言戲,不擇非類,故人多愛之而不敬也。(《三國志·魏書·方技傳》)

(100)不問本末,何所從來,父母姓字,善惡好醜,識與不識。(《生經·佛説和難經》第三)

(101)面色醜陋,不似類人。兩眼復青,父母愁憂。(《生經·佛説前世諍女經》第七)

(102)埶家慕其高節,多欲女之,鴻並絶不娶。同縣孟氏有女,狀肥醜而黑,力舉石臼,擇對不嫁,至年三十。(《後漢書·梁鴻列傳》)

(103)豈敢力蒼蠅而慕衝天之舉,策跛鱉而追飛兔之軌,飾嫫母之陋醜,求媒揚之美談,推沙礫之賤質,索千金於和肆哉!(《抱朴子·内篇序》)

(104)劉伶身長六尺,貌甚醜悴,而悠悠忽忽,土木形骸。(《世説新語·容止》第十四)

(105)智頭陀,智頭陀。師云:"也大醜拙。"(《祖堂集》卷五)

(106)楊志看那人時,形貌生得粗醜。(《水滸傳》第十二回)

17.惡

"惡"可單獨做形容詞,如:

(107)生佐,惡而婉,太子痤美而很。(《左傳·襄公二十六年》)

(108)澹台滅明,武城人,字子羽。少孔子三十九歲。狀貌甚惡。(《史記·仲尼弟子列傳》)

(109)欲圖殷荊州,殷曰:"我形惡,不煩耳。"(《世説新語·巧藝》)

(110)視不爲惡色所蔽爲明,聽不爲奸人所欺爲聰。(《朱子語類》卷第七十九)

也可構成表體貌美醜的複合組合,如"凶惡""醜惡""美惡"等:

(111)今以臣凶惡,而得爲王拂枕席。今臣爵至人君,走人於庭,辟人於途。(《戰國策·魏策》)

(112)改前聖之法度兮,喜囁嚅而妄作。親讒諛而疏賢聖兮,訟謂閭娵爲醜惡。(《楚辭·七諫·怨世》)

(113)縣官以配士爲名而實内之掖庭,其醜惡乃出與士。(《資治通鑑》卷第七十三)

(114)其人生得身材長大,面貌醜惡。(《三遂平妖傳》第十八回)

18.美

"美"可單獨做形容詞,如:

(115)盧令令,其人美且仁。盧重環,其人美且鬈。盧重鋂,其人美且偲。(《詩經·齊風·盧令》)

(116)東門之池,可以漚菅。彼美淑姬,可與晤言。(《詩經·陳風·東門之池》)

(117)越人飾美女八人納之太宰嚭。(《國語·越語上》)

(118)伯常耕田,縱平使遊學。平爲人長美色。(《史記·陳丞相世家》)

(119)管寧,字幼安,北海朱虛人也。……長八尺,美鬚眉。(《三國志·魏書·管寧傳》)

(120)蓋今蠻洞中猶有此,但擇美丈夫爲之,不問族類。(《朱子語類》卷第九十)

也可構成表體貌美醜的複合組合,如"好美""美好""美麗""姣美""美少""美偉"等:

(121)臣聞趙,天下善爲音,佳麗人之所出也。今者,臣來至境,入都邑,觀人民謠俗,容貌顔色,殊無佳麗好美者。(《戰國策·中山策》)

(122)丘聞之,凡天下有三德:生而長大,美好無雙,少長貴賤,見而皆説之,此上德也。(《莊子·盜跖》)

(123)繇長子基,字敬輿。年十四,居繇喪,盡禮。故吏饋餉,皆無所受。姿容美好,孫權愛敬之。(《三國志·吴書·劉繇傳》)

(124)今世俗之亂君,鄉曲之儇子,莫不美麗姚冶,奇衣婦飾,血氣態度擬於女子。(《荀子·非相》)

(125)常有好婦來,美麗非凡。(《搜神記》卷十六)

(126)古者桀紂長巨姣美,天下之傑也。(《荀子·非相》)

(127)晚乃奉道,常服黄精,日三合,年數百歲而顔色美少。(《神仙傳》卷九)

(128)其尚書僕射賈玄石形貌美偉。(《魏書·臨渭氏苻健列傳》)

19.好

"好"可單獨做形容詞,如:

(129)因以文繡千匹,好女百人,遺義渠君。(《戰國策·秦策》)

(130)靨輔在頰則好,在顙則醜。(《淮南子·説林訓》)

(131)珠崖之廢,起於長吏睹其好髮,髡取爲髲。(《三國志·吴書·薛綜傳》)

(132)狐始來時,於屋曲角雞栖間,作好婦形,自稱"阿紫",招我。(《搜神記》卷十八)

(133)我知胡員外的女兒,且是生得好,又聰明伶俐。(《三遂平妖傳》第四回)

也可構成表體貌美醜的複合組合,如"好美""美好""佼好""好比""好閑""妙好""姝好""好醜"等:

(134)夏姬好美,滅國破陳,走二大夫,殺子之身,殆誤楚莊,敗亂巫臣,子反悔懼,申公族分。(《列女傳》卷七)

(135)長而美好,納之平公,生子曰佐。(《漢書·五行志》)

(136)無故富貴、面目佼好則使之。夫無故富貴、面目佼好則使之,豈必智且有慧哉?(《墨子》卷二)

(137)盛鬋不同制,實滿宫些。容態好比,順彌代些。(《楚辭·招魂》)

(138)朱唇皓齒,嫭以姱只。比德好閑,習以都只。(《楚辭·大招》)

(139)繇長子基,字敬輿。年十四,居繇喪,盡禮。故吏饋餉,皆無所受。姿容美好,孫權愛敬之。(《三國志·吴書·劉繇傳》)

(140)其婦端正殊好,見夫舍家作沙門,便復行嫁。(《生經·佛説那賴經》第一)

(141)見淫蕩女顔色妙好,淫意爲動,志在放逸。(《生經·佛説分衛比丘經》第二)

(142)不問本末,何所從來,父母姓字,善惡好醜,識與不識。(《生經·佛説和難經》第三)

20.麗

"麗"可單獨做形容詞,如:

(143)天下之佳人莫若楚國,楚國之麗者莫若臣里,臣里之美者莫若臣東家之子。(《登徒子好色賦》)

(144)策奏,天子擢弘對爲第一。召入見,狀貌甚麗,拜爲博士。(《史記·平津侯主父列傳》)

(145)紹時年十六,紹母即獻明皇后妹也,美而麗。(《魏書·清河王紹列傳》)

(146)芳蓉麗質更妖嬈,秋水精神瑞雪標。(《水滸傳》第八十一回)

也可構成表體貌美醜的複合組合,如"佳麗""閑麗""姣麗""麗佳""美麗""妙麗""奇麗" "曼麗""端麗""妖麗""光麗""妍麗""偉麗""姝麗""壯麗""鮮麗" "秀麗"等:

(147)好姱佳麗兮,牉獨處此異域。既煢獨而不群兮,又無良媒在其側。(《楚辭·九章·抽思》)

(148)玉爲人體貌閑麗,口多微辭,又性好色。願王勿與出入後宫。(《登徒子好色賦》)

(149)曾頰倚耳,曲眉規只。滂心綽態,姣麗施只。(《楚辭·大招》)

(150)閨中容競淖約兮,相態以麗佳,知衆嫭之嫉妒兮,何必颺纍之蛾眉?(《漢書·揚雄傳》)

(151)董賢……二歲餘,賢傳漏在殿下,爲人美麗自喜,哀帝望見,説其儀貌,識而問之,曰:"是舍人董賢邪?"因引上與語,拜爲黄門郎,繇是始幸。(《漢書·董賢傳》)

(152)平陽主因言延年有女弟,上乃召見之,實妙麗善舞。(《漢書·外戚傳》)

(153)衣足以覆形,從典墳,虚循撓,便身體,適行步,不務於奇麗之容,隅眥之削。(《淮南子·齊俗訓》)

(154)夫人心不同,實若其面,子雖光麗,既美且豔,管窺筐舉,守厥所見,未可以言八紘之形埒,信萬事之精練也。(《三國志·蜀書·郤正傳》)

(155)廬江爲孫策所破,皆東渡江,以美麗得幸于權,寵冠後庭。(《三

國志·吴書·吴主權步夫人傳》)

(156)曼麗之容不悦於目,鄭衛之聲不過於耳,佞邪之臣不列於朝,巧僞之物不鬻於市,故能理升平而刑幾措。富衍於孝景,功傳於後嗣。(《後漢書·杜篤列傳》)

(157)漢法常因八月算人,遣中大夫與掖庭丞及相工,於洛陽鄉中閲視良家童女,年十三以上、二十已下,姿色端麗,合法相者,載還後宫,擇視可否,乃用登御。(《後漢書·帝紀》)

(158)夫生我者父也,娠我者母也,猶不能令我形器必中適,姿容必妖麗,性理必平和,智慧必高遠,多致我氣力,延我年命。(《抱朴子·内篇·塞難》)

(159)誕,字思政;修,字寶業,皆姿質妍麗。(《魏書·馮熙列傳》)

(160)叡少傳父業,而姿貌偉麗。恭宗之在東宫,見而奇之。(《魏書·王叡列傳》)

(161)鄭儼,字季然,滎陽人。容貌壯麗。(《魏書·王叡列傳》)

(162)壽陽公主,字莒犁。公主容色美麗,綜甚敬之,與公主語,常自稱下官。(《洛陽伽藍記》卷二)

(163)名之與實,猶形之與影也。德藝周厚,則名必善焉;容色姝麗,則影必美焉。(《顔氏家訓》卷四)

(164)王夷甫容貌整麗,妙於談玄,恒捉白玉柄麈尾,與手都無分别。(《世説新語·容止》第十四)

(165)又使玉女授其服氣導引之法,遂得辟穀谷,氣盛體輕,顔色鮮麗。(《隋書·經籍志·道經》)

(166)梁國之富足以厚聘美女,招致妖麗;父同産亦有恥辱之心。(《資治通鑑》卷第三十二)

(167)不施脂粉,自然體態妖嬈;懶染鉛華,生定天姿秀麗。(《三遂平妖傳》第十三回)

21.肥

“肥”可單獨做形容詞,如:

(168)夫君國者,將民之與處;民實瘠矣,君安得肥?(《國語·楚語上》)

(169)平脅曼膚,何以肥之?有扈牧豎,云何而逢?(《楚辭·天問》)

(170)平爲人長大美色,人或謂平:"貧何食而肥若是?"(《漢書·陳平傳》)

(171)世閑金銀皆善,然道士率皆貧。故諺云,無有肥仙人富道士也。(《抱朴子·内篇·黄白》)

也可構成表體貌美醜的複合組合,如"肥澤""肥白" "肥盛""肥健""肥大""肥壯""肥胖"等:

(172)執獄牢者無病,罪當死者肥澤,刑者多壽,心無累也。(《淮南子·説山訓》)

(173)及沛公略地過陽武,蒼以客從攻南陽。蒼坐法當斬,解衣伏質,身長大,肥白如瓠,時王陵見而怪其美士,乃言沛公,赦勿斬。(《史記·張丞相列傳》)

(174)將一大牛,肥盛有力,賣與此城中人。(《生經·佛説負爲牛者經》第三十九)

(175)張太元舉家及弟子數十人,隱居林慮山中,以此法食石十餘年,皆肥健。(《抱朴子·内篇·雜應》)

(176)恂不好書學,體貌肥大,深忌河洛暑熱,意每追樂北方。(《魏書·廢太子恂列傳》)

(177)修素肥壯,腰背博碩,堪忍楚毒,了不轉動。(《魏書·趙修列傳》)

(178)那漢失驚道:"這囚徒莫不是黑矮肥胖的人?"(《水滸傳》第三十六回)

(179)戴宗、楊林看裴宣時,果然好表人物,生得面白肥胖,四平八穩,心中暗喜。(《水滸傳》第四十四回)

22.胖

"胖"可單獨做形容詞,如:

(180)智深隨即跟到裏面看時,見緑槐樹下,放著一條桌子,鋪著些盤饌,三個盞子,三雙箸子,當中坐著一個胖和尚。(《水滸傳》第六回)

(181)(顧大嫂)眉粗眼大,胖面肥腰。插一頭異樣釵環,露兩臂時興釧鐲。(《水滸傳》第四十九回)

也可構成表體貌美醜的複合組合,如"肥胖""蠢胖""胖大"等:

(182)那漢失驚道:"這囚徒莫不是黑矮肥胖的人?"(《水滸傳》第三十六回)

(183)戴宗、楊林看裴宣時,果然好表人物,生得面白肥胖,四平八穩,心中暗喜。(《水滸傳》第四十四回)

(184)跳出一個胖大和尚來,喝道:"洒家在林子裏聽你多時!"(《水滸傳》第九回)

(185)那庫吏是酒色淘虛的人,更兼身體肥胖,未動手先是氣喘,那裏架隔得住。(《水滸傳》第九十四回)

(186)張三蠢胖,不識字只把頭搖;李四矮矬,看別人也將腳踏。(《水滸傳》第三回)

23.臞/癯

"臞/癯"可單獨做形容詞,如:

(187)宓子賤治單父,有若見之曰:"子何臞也?"宓子曰:"君不知賤不肖,使治單父,官事急,心憂之,故臞也。"有若曰:"……無術而禦之,身雖瘁臞,猶未有益。"(《韓非子·外儲說》)

(188)兩者戰於胸中,未知勝負,故臞。今先王之義勝,故肥。(《韓非子·喻老》)

(189)夫得其得者,不以奢爲樂,不以廉爲悲,與陰俱閉,與陽俱開。故子夏心戰而臞,得道而肥。(《淮南子·原道訓》)

也可構成表體貌美醜的複合組合,如"肥臞""瘦臞"等:

(190)蓋聞傳書曰:神農憔悴,堯瘦臞,舜黴黑,禹胼胝。(《淮南子·修務訓》)

(191)玩天地於掌握之中,夫豈爲貧富肥臞哉!(《淮南子·精神訓》)

24.瘠

"瘠"可單獨做形容詞,如:

(192)四曰墳衍。其動物宜介物。其植物宜莢物。其民皙而瘠。(《周禮·地官司徒》)

(193)宋崇門之巷人服喪,而毀甚瘠,上以爲慈愛於親,舉以爲官師。(《韓非子·內儲說》)

(194)故堯、禹有九年之水,湯有七年之旱,而國亡捐瘠者,以畜積多而備先具也。(《漢書·食貨志》)

也可構成表體貌美醜的複合組合,如"短瘠""羸瘠""捐瘠""毀瘠""肥瘠""尫瘠"等:

(195)葉公子高,微小短瘠,行若將不勝其衣然。(《荀子·非相》)

(196)上使劉敬復往使匈奴,還報曰:"兩國相擊,此宜誇矜見所長。今臣往,徒見羸瘠老弱,此必欲見短,伏奇兵以爭利。"(《史記·劉敬叔孫通列傳》)

(197)故堯、禹有九年之水,湯有七年之旱,而國亡捐瘠者,以畜積多而備先具也。(《漢書·食貨志》)

(198)孝芬兄弟孝義慈厚,弟孝演、孝政先亡,芬等哭泣哀慟,絶內,蔬食,容貌捐瘠,見者傷之。(《魏書·崔挺列傳》)

(199)母終,孝肅茹蔬飲水,盛冬單縗,毀瘠骨立。(《隋書·徐孝肅列傳》)

(200)賊賣人於官軍以爲糧,官軍或執山柵之民鬻之,人直數百緡,以肥瘠論價。(《資治通鑑》卷第二百五十四)

(201)丁丑,重威開門出降,城中餒死者什七八,存者皆尪瘠無人狀。(《資治通鑑》卷第二百八十七)

25.瘦

"瘦"可單獨做形容詞,如:

(202)中山有賤公子,馬甚瘦,車甚弊。左右有私不善者,乃爲之請王曰:"公子甚貧,馬甚瘦,王何不益之馬食?"(《韓非子·內儲説》)

(203)脈,肥人責浮,瘦人責沉。肥人當沉,今反浮;瘦人當浮,今反沉,故責之。(《傷寒論·平脈法第二》)

(204)朱蒙每私試,知有善惡,駿者減食令瘦,駑者善養令肥。夫余王以肥者自乘,以瘦者給朱蒙。(《魏書·高句麗列傳》)

也可構成表體貌美醜的複合組合,如"瘦黑""黑瘦""瘦懼""瘦臞""羸瘦""疲瘦""疏瘦""細瘦""瘦弱""肥瘦"等:

(205)安世素小心畏忌,已內憂矣。其女孫敬爲霍氏外屬婦,當相坐,安世瘦懼,形於顔色。(《漢書·張湯傳》)

(206)后上朝東宫,太后泣曰:"帝間顔色瘦黑,班侍中本大將軍所舉,宜寵異之,益求其比,以輔聖德……"(《漢書·敘傳》)

(207)蓋聞傳書曰:神農憔悴,堯瘦臞,舜黴黑,禹胼胝。(《淮南子·修務訓》)

(208)其爲人細長黑瘦。眼多白而睛黃。(《高僧傳》卷第一)

(209)久不堪而還家，黑瘦而骨立，不似人。其家問之，從何處來，竟不得仙邪？(《抱朴子·内篇·祛惑》)

(210)但用符水及單服氣者，皆作四十日中疲瘦，過此乃健耳。(《抱朴子·内篇·雜應》)

(211)鎔時年十七，體疏瘦，爲君和所挾，頸痛頭偏者纍日。(《資治通鑑》卷第二百五十九)

(212)少孤貧，細瘦類目，一足偏短，求爲仙芝傔，不納。(《資治通鑑》卷第二百一十六)

(213)你這等瘦弱身子，當不過拷打，怕你不招認藥死我老子的罪犯！(《竇娥冤》第二折)

(214)試把你裙帶兒拴，紐門兒扣，比著你舊時肥瘦，出落得精神，别樣的風流。(《西厢記》第四本)

26.羸

"羸"可單獨做形容詞，如：

(215)凡君也者，處平静、任德化以聽其要，若此則形性彌羸，而耳目愈精。(《吕氏春秋·審分覽·勿躬》)

(216)意者，地廣而不耕，民羸而不休，又嚴之以刑罰，則雖從而不止矣。(《戰國策·趙策》)

(217)故病有六不治：……形羸不能服藥，五不治也；信巫不信醫，六不治也。(《史記·扁鵲倉公列傳》)

(218)舅年尊體羸力少，若爲守者所得，不能自脱。(《生經·佛説舅甥經》第十二)

也可構成表體貌美醜的複合組合，如"羸老""羸病""羸餒""病羸""羸弱""羸瘠""羸瘦""羸悴""尪羸""羸劣""飢羸""疲羸""羸憊"：

(219)余羸老也，可重任乎？七日不克，必爾乎取之。(《左傳·襄公十年》)

(220)因舒軍而圍之，決晉陽之水以灌之，圍晉陽三年。城中巢居而處，懸釜而炊，財食將盡，士大夫羸病。(《韓非子·十過》)

(221)民之羸餒，日已甚矣。(《國語·楚語下》)

(222)圍晉陽三年，城中巢居而處，懸釜而炊，財食將盡，士卒病羸。(《戰國策·趙策》)

(223)王公則病不足於上,庶人則凍餧羸瘠於下。(《荀子·正論》)

(224)最比其羸弱者,三日而後勒兵。病者皆求行,爭奮出爲之赴戰。(《史記·司馬穰苴列傳》)

(225)大人病不足於上,而小民羸瘠於下,則富者愈貪利而不肯爲義,貧者日犯禁而不可得止,是世之所以難治也。(《春秋繁露》卷第八)

(226)兩國相擊,此宜誇矜見所長。今臣往,徒見羸瘠老弱,此必欲見短,伏奇兵以爭利。(《史記·劉敬叔孫通列傳》)

(227)屯兵在武威、張掖、酒泉萬騎以上,皆多羸瘦。(《漢書·趙充國傳》)

(228)肇承變哀愕,非唯仰慕,亦私憂身禍,朝夕悲泣,至於羸悴。(《魏書·高肇列傳》)

(229)他弟子皆親僕使之役,采薪耕田,唯餘尪羸,不堪他勞,然無以自效,常親掃除,拂拭床几,磨墨執燭,及與鄭君繕寫故書而已。(《抱朴子·内篇·遐覽》)

(230)我若以羸劣之身而取道者,外道言自餓則是涅槃,故當受食。(《祖堂集》卷一)

(231)睢陽,江、淮之保障,若棄之去,賊必乘勝長驅,是無江、淮也。且我眾飢羸,走必不達。(《資治通鑑》卷第二百二十)

(232)臣伏睹所存戍兵,疲羸者多,勇健者少,衣服貧敝,唯思西歸,無心展效。(《資治通鑑》卷第二百一)

(233)突厥頡利可汗鬱鬱不得意,數與家人相對悲泣,容貌羸憊。(《資治通鑑》卷第一百九十四)

第二節　體貌美醜常用詞做名詞

在體貌美醜詞中，有不少可做名詞。現分述如下。

1.佳

“佳”可做名詞，如：

(234)“素以爲絢”，言人有好底姿容材質，又有口輔之美，盼倩之佳，所以表其質也。(《朱子語類》卷第二十五)

在古書中，“佳”常與“麗”組合成“佳麗”一詞，做名詞，指“美麗的女子”。如：

(235)燕國有佳麗，蛾眉富春光。自然君歸晚，花落君空堂。(《秋思》)按：此句“佳麗”爲動詞“有”的賓語，指人，做名詞。

(236)洛陽佳麗本神仙，冰雪顏容桃李年。心愛阮郎留不住，獨將珠淚濕紅鉛。(《代佳人贈張郎中》)按：此句中“佳麗”爲名詞，作主語。

2.俏

“俏”，《廣韻・笑韻》：“俏，俏醋，好貌。”《集韻・笑韻》：“俏，好貌。”可見，“俏”可做名詞，主要用例如下：

(237)村入骨頭挑不出，俏從胎裏帶將來。(《黑旋風雙獻功》)

(238)你看人似桃李春風牆外枝，賣俏倚門兒。(《西廂記》第三本)

(239)從來男女不同筵，賣俏迎奸最可憐。(《水滸傳》第二十四回)

此中“俏”即“俊俏的模樣”之意，爲名詞。

“俊俏”也可做名詞，如：

(240)扭捏著身子兒百般做作，來往向人前賣弄俊俏。(《西廂記》第一本)

“俊俏”也可指“俊俏的模樣”，如：

(241)一團俊俏真堪誇，萬種風流誰可學！(《水滸傳》第七十四回)按：該處“俊俏”以名量短語“一團”修飾，可知做名詞，指燕青。

3.妖

“妖嬈”做名詞可指女子嬌媚的模樣。如：

(242)玉手纖纖，雙持寶刃，恁英雄烜赫。眼溜秋波，萬種妖嬈堪摘。(《水滸傳》第六十三回)按：此句中“妖嬈”以名量短語“萬種”修飾，做名詞，指扈三娘。

4.姝

“姝”可做名詞，指美女。如：

(243)此郊之姝，華色含光，體美容冶，不待飾裝。(《登徒子好色賦》)

(244)使君從南來，五馬立踟躕。使君遣吏往，問是誰家姝？(《宋書·樂志·大曲·〈羅敷〉》)

5.姣/佼

“姣”做名詞，謂美麗的容貌，健美的體態。可指女子，也可指男子。如：

(245)至於子都，天下莫不知其姣也。不知子都之姣者，無目者也。(《孟子·告子上》)按：公孫子都，爲鄭國公族大夫，春秋第一美男，此處“子都”借指英俊少年。

6.媛

“媛”做名詞最早出現於《詩經》中，如：

(246)瑳兮瑳兮，其之展也。蒙彼縐絺，是紲袢也。子之清揚，揚且之顔也。展如之人兮，邦之媛也。(《詩經·鄘風·君子偕老》)毛傳：“美女爲媛。”

其後也多有此用，如：

(247)若淑媛謙順之人，則能依義以篤好，崇恩以結援，使徽美顯章，而瑕過隱塞，舅姑矜善，而夫主嘉美，聲譽曜於邑鄰，休光延于父母。(《後漢書·曹世叔妻列傳》)李賢注：“美女曰媛也。”

(248)古之賢妃烈媛，母儀國家，垂訓四海，宣教九宗，可秉道懷，率遵仁禮。(《魏書·崔光列傳》)

7.媚

“媚”做名詞指美好的姿態。最爲人熟知的當屬唐代白居易《長恨歌》中對楊貴妃的描述:“迴眸一笑百媚生,六宮粉黛無顔色。”

其他作品中也有此用法,如:

(249)女伴莫話孤眠,六宫羅綺三千。一笑皆生百媚,宸衷教在誰邊?(《清平樂》)

(250)可喜娘的臉兒百媚生,兀的不引了人魂靈!(《西厢記》第一本)

8.嬌

“嬌”可做名詞,如:

(251)妖嬈,滿面兒撲堆著俏;苗條,一團兒是嬌。(《西厢記》第一本)

按:該句中,“俏”與“嬌”均做賓語,爲名詞。

(252)風日清和漫出遊,偶從簾下識嬌羞。(《水滸傳》第二十四回)

按:該句中“嬌羞”做賓語,指“嬌羞的容顔”,做名詞。

9.醜

“醜”做名詞指醜陋的相貌。如:

(253)西門豹曰:“呼河伯婦來,視其好醜。”即將女出帷中,來至前。(《史記·滑稽列傳》)

(254)改前聖之法度兮,喜囁嚅而妄作。親讒諛而疏賢聖兮,訟謂閭娵爲醜惡。(《楚辭·七諫·怨世》)

(255)察能分白黑、視醜美,而知能别同異、明是非者,何也?(《淮南子·原道訓》)

(256)不可以無鹽宿瘤之醜,而謂在昔無南威西施之美。(《抱朴子·内篇·論仙》)

(257)師曰:“孿孿拳拳,羸羸垂垂,百醜千拙,且與摩過時。”(《祖堂集》卷四)按:此例中的“醜” 爲數詞修飾,當爲名詞。

另外,“醜”和“美”可組合成“美醜”和“醜美”,均可做名詞,如:

(258)苟容私謁,豈謂公平?夫有西施之容,方可論於美醜。(《唐摭言》卷十三)

(259)今人之所以眭然能視,聻然能聽,形體能抗,而百節可屈伸,察能分白黑、視醜美,而知能别同異、明是非者,何也?(《淮南子·原道訓》)

“醜”和“研”可組成“妍醜”，也可做名詞，如：

(260)自後有貴賤、貧富、長幼、妍醜，匹配之不齊者，各生悔怨。(《南村輟耕録》卷九)

10.惡

“惡”可做名詞，如：

(261)改前聖之法度兮，喜囁嚅而妄作。親讒諛而疏賢聖兮，訟謂閭娵爲醜惡。(《楚辭・七諫・怨世》)

“惡”常與“美”相對，均做名詞，如：

(262)天下皆知美之爲美，斯惡已；皆知善之爲善，斯不善已。(《老子・道經》)

“惡”與“美”也可組成“美惡”一詞，也可做名詞，如：

(263)目辨白黑美惡，耳辨聲音清濁。(《荀子・榮辱》)

(264)長短大小，美惡形相，豈論也哉！(《荀子・非相》)

(265)直將差長短，辨美惡，而相欺傲邪？(《荀子・非相》)

11.美

“美”做名詞時含義較多，可指“美女”，如：

(266)左白台而右閭須，南威之美也；前夾林而後蘭臺，強臺之樂也。(《戰國策・魏策》)按：白台，閭須(即閭姝)，戰國時美女名。

也可指“美麗的容貌”，如：

(267)不有祝鮀之佞，而有宋朝之美，難乎免於今之世矣。(《論語・雍也》)

(268)夫仇由貪大鐘之賂而亡其國，虞君利垂棘之璧而擒其身，獻公豔驪姬之美而亂四世，桓公甘易牙之和而不以時葬，胡王淫女樂之娛而亡上地。(《淮南子・精神訓》)

(269)察能分白黑、視醜美，而知能别同異、明是非者，何也？(《淮南子・原道訓》)

(270)不可以無鹽宿瘤之醜，而謂在昔無南威西施之美。(《抱朴子・内篇・論仙》)

12.好

“好”做名詞時指“美麗的容貌”，常與“醜”連用，如：

(271)西門豹曰：“呼河伯婦來，視其好醜。”即將女出帷中，來至前。

(《史記・滑稽列傳》)

(272)亦猶生有好醜,死有夭壽,人皆知其懸天。(《宋書・顔延之列傳》)

13.麗

“麗”可做名詞,指“美麗的容貌”,如:

(273)今陛下淫女豔婦,極天下之麗,甘肥飲美,單天下之味,奈何欲如黄老乎?(《後漢書・襄楷列傳》)

(274)然窈窕削成之麗,狀流風之迴雪;横彼翠羽之研,若朝雲之散雨。(《叱列延慶妻爾朱元静墓誌》)

14.肥、瘦

“肥”“瘦”可組合成“肥瘦”一詞,做名詞,如:

(275)試把你裙帶兒拴,紐門兒扣,比著你舊時肥瘦,出落得精神,别樣的風流。(《西廂記》第四本)

15.瘠

“瘠”做名詞,較早的用例見於《尚書》中,如:

(276)多瘠罔詔。商今其有災,我興受其敗,商其淪喪,我罔爲臣僕。(《尚書・微子》)孔傳:“紂故使民多瘠病,而無詔救之者。”可見該句中的“瘠病”指瘦弱之病。另《漢書・食貨志》“而國亡捐瘠者”,注引師古曰:“瘠,瘦病也。”可見“瘠”於此處做名詞。

其他文獻中的用例,如:

(277)故越王好勇而士多輕死,楚靈好瘠而國有飢人。(《魏書・李彪列傳》)

“瘠”和“羸”組成“羸瘠”,其做名詞時可指“身體瘦弱之人”,如:

(278)今臣往,徒見羸瘠老弱,此必欲見短,伏奇兵以爭利。(《史記・劉敬叔孫通列傳》)

16.羸

“羸”可做名詞,如:

(279)凶年饑歲,子之民,老羸轉於溝壑,壯者散而之四方者,幾千人矣。(《孟子・公孫醜下》)

“羸”和“弱”可組成“羸弱”,其做名詞可指“身體瘦弱之人”,這種用法在古書中常見,如:

(280)家老羸弱,悽愴於内。(《淮南子·覽冥訓》)

(281)漢兵逐擊冒頓,冒頓匿其精兵,見其羸弱,於是漢悉兵,多步兵,三十二萬,北逐之。(《漢書·匈奴傳》)

"羸"和"瘠"組成"羸瘠",做名詞時可指"身體瘦弱之人",例見"瘠"條下。

第三節　體貌美醜常用詞做動詞

有的體貌美醜常用詞可做動詞,表示行爲、活動、變化、關係等,有的或帶賓語。

1.美

在體貌美醜詞做動詞的用例中,有一種較爲特殊的用法爲意動用法。意動用法,是指謂語動詞具有"以之爲何"的意思,即認爲賓語怎樣或把賓語當作怎樣。形容詞帶上賓語以後,表示當事者(主語)認爲賓語具有這個形容詞所表示的性質或狀態,含有"意味性",即"認爲"(賓語)怎樣,"以爲……"或"把……當作……"。

"美"的意動用法表示"以……爲美,認爲……漂亮,贊美"。如:

(282)吾妻之美我者,私我也;妾之美我者,畏我也;客之美我者,欲有求於我也。(《戰國策·齊策》)按:"美我"即"以我爲美"。

(283)故西施病心而矉其里,其里之醜人見而美之,歸亦捧心而矉其里。(《莊子·天運》)

2.羸

"羸"可做動詞,如:

(284)服竟,羸脊骨立異形,醫療數年乃起。(《後漢書·韋彪列傳》)按:此句中"羸"的賓語爲"脊骨"。

3.瘠

“瘠”也可做動詞,如:

(285)今尚書刮六州肌肉以奉軍,雖尚書瘠己肥國,六州之人何罪乎!(《資治通鑑》卷第二百四十二)按:此句中“瘠”的賓語爲“己”。

(286)僚屬爭言用度將不足,善俊曰:“吾將瘠己肥人。”(《宋史·善俊列傳》)

4.媚

“媚”做動詞的用例較多,意爲“以美好的姿態迷惑人”,如:

(287)夫妻相惡,垛(塗)户□方五尺。欲微(媚)貴人,垛(塗)門左右方五尺。(馬王堆漢墓帛書《雜禁方》)

(288)女子彈弦跕躧,游媚富貴,遍諸侯之後宫。(《漢書·地理志》)

(289)此兩人非有材能,但以婉媚貴幸,與上臥起,公卿皆因關說。(《漢書·佞幸傳》)顏師古曰:“婉,順也。媚,悦也。”

第四節　本章小結

漢語詞類缺乏足夠的形態標誌,由于詞類主要是根據詞在句法組合中的共同特徵類聚而成的,所以鑒别詞類最有效的依據是詞的語法功能。洪成玉在《古漢語詞義分析》的“詞義分析和語法分析”一章中指出:“詞具有兩重性,既具有詞彙屬性,又具有語法屬性。離開對詞的語法屬性的分析,就很難對一個詞的意義作出正確的判斷。”①蔣紹愚指出,一個詞有某個詞義,就必然會有相應的語法屬性。因此,也就决定了它可以進入某一

①洪成玉:《古漢語詞義分析》,天津人民出版社,1985年,第178頁。

種語法結構和不能進入另一種語法結構。① 因此,我們可以根據詞在句子中的語法結構進行詞性的判斷。

本書所研究的體貌美醜詞在語料中具體爲何詞性,應根據其在句子中的語法結構進行分析。如以前文所述之"瘠"爲例:

《玉篇·疒部》:"瘠,瘦也。"清雷浚《説文外編》卷一:"《説文》無'瘠'字。《肉部》:'膌,瘦也'爲'瘠'之正字。"可見"瘠"最初做形容詞,義爲"瘦"。如:

(290)四曰墳衍。其動物宜介物。其植物宜莢物。其民晳而瘠。(《周禮·地官司徒》)按:此句中"晳"與"瘠"均修飾名詞"民",表示"民"的狀態,做形容詞。

(291)楚子使醫視之。復曰:"瘠則甚矣,而血氣未動。"(《左傳·襄公二十一年》)按:該例中,"瘠"也做形容詞,"甚"爲副詞,補充説明"瘠"的程度。

(292)多瘠罔詔。商今其有災,我興受其敗,商其淪喪,我罔爲臣僕。(《尚書·微子》)孔傳曰:"紂故使民多瘠病,而無詔救之者。"可知,"瘠病"指瘦弱之病。該例中"瘠"爲形容詞"多"所修飾,可知爲名詞。同樣的,《漢書·食貨志》"而國亡捐瘠者",注引師古曰:"瘠,瘦病也。"可見"瘠"此處做名詞。

(293)今尚書刮六州肌肉以奉軍,雖尚書瘠己肥國,六州之人何罪乎!(《資治通鑑》卷第二百四十二)按:此句中"瘠"帶賓語"己",可知此處爲動詞。

從上文分析可以看出,從數量分布看,體貌美醜常用詞做形容詞的數量最多,所調查的26個體貌美醜常用詞均可做形容詞。在做形容詞時,它們幾乎都可單用,許多還可與其他詞組合構成表體貌美醜的雙音形容詞,有的詞的組合能力極強,如"麗"可構成"妖麗""姝麗""曼麗""偉麗""端麗""壯麗""光麗""鮮麗""秀麗""妍麗""豔麗""整麗""俊麗""美麗"等形容詞;"姣"可構成"姣美""姣麗""長姣""姣好"等形容詞;"婉"可構成"燕婉""婉孌""嬿婉""婉媚""婉淑""婉豔"等形容詞;"醜"可構成"醜羸""醜惡""醜美""好醜""醜陋""陋醜""粗醜""肥醜""美醜""醜悴""醜拙"

---

①蔣紹愚《古漢語詞彙綱要》,北京大學出版社,1989年,第219頁。

“粗醜”等形容詞;等等。這種情況説明體貌美醜詞作爲形容詞的使用已經非常成熟,其使用的靈活性極大。在所調查的體貌美醜常用詞中,可做名詞的爲 17 個,明顯比做形容詞的情況少;而做動詞的情況最少,僅 4 個。這種情況是與形容詞語法特徵相關的。一般而言,形容詞做謂語時具有描述性、做定語時具有修飾性,這與體貌美醜詞是對人體形貌的描述這一特徵相符,所以體貌美醜詞中做形容詞的用例占絶對優勢。但是在語料中,詞常出現兼類的情況,在單憑語法標準無法鑒别詞性的情況下,還得借助意義或其他參考標準。意義主要是指詞在特定語言環境中已實現的意義。但意義標準只能爲輔,否則容易導致主觀隨意性。

第四章
漢語體貌美醜常用詞組合情況研究

第一節　體貌美醜常用詞組合情況考察

一、體貌美醜常用詞内部組合情況考察

通過調查，我們可以發現，在所研究的體貌美醜常用詞中，許多詞可以相互組合構成複合組合，具體情況如下表：

	佳	俏	倩	冶	曼	嫵	妍	妖	姝	姣/佼	婉	媛	媚	嬈	嬌	醜	惡	美	好	麗	肥	胖	臞/癯	瘠	瘦	羸
佳				○																○						

續表

	佳	俏	倩	冶	曼	嫵	妍	妖	姝	姣/佼	婉	媛	媚	嬈	嬌	醜	惡	美	好	麗	肥	胖	臞/癯	瘠	瘦	羸
俏													○					○		○						
倩		○													○					○						
冶																				○						
曼																				○						
嫵													○													
妍				○					○		○		○			○		○	○	○						
妖				○			○						○	○						○						
姝																		○	○	○						
姣/佼				○			○						○					○	○	○						
婉				○	○								○					○		○						
媛																										
媚					○	○									○				○	○						
嬈																										
嬌		○	○	○			○		○		○		○	○				○	○	○						
醜																	○	○								
惡																										
美					○											○	○		○	○						
好																○		○								
麗	○						○		○									○								
肥										○						○		○	○			○	○	○	○	
胖																										
臞/癯																							○	○	○	○
瘠																									○	
瘦																	○						○	○		
羸																○	○						○	○	○	

（注：交叉處爲"○"表明在文獻中能找到構成複合組合的用例，竪行語素爲複合組合中的第一個詞。）

體貌美醜常用詞相互組合，情况如下：

1.佳

“佳”可與“冶”“麗”組成“佳冶”“佳麗”两個複合組合：

〔佳冶〕

(1)目不耽佳冶之容，口不談官政之是非。(《裕軒記》)

〔佳麗〕

(2)壯哉帝王居，佳麗殊百城。(《贈丁儀王粲》)

2.俏

“俏”可與“媚”“美”“麗”組成“俏媚”“俏美”“俏麗”三個複合組合：

〔俏媚〕

(3)吴少奶奶也像生氣似的問，一面把她的俏媚的眼光掠到她丈夫的臉上。(《子夜》五)

〔俏美〕

(4)許宣平生是個老實之人，見了此等如花似玉的美婦人，旁邊又是個俊俏美女樣的丫鬟，也不免動念。(《今古奇觀》第六卷)

〔俏麗〕

(5)叵耐鄰里中有一班浮蕩子弟，平日見王媼是個俏麗孤孀，閑常時倚門靠壁，不三不四，輕嘴薄舌的狂言挑撥，王媼全不招惹，衆人到也道他正氣。(《喻世明言》第五卷)

3.倩

“倩”可與“俏”“嬌”“麗”組成“倩俏”“倩嬌”“倩麗”三個複合組合：

〔倩俏〕

(6)倩俏精神，風流情態，惟有粉郎知。(《少年游》)

〔倩嬌〕

(7)想著你一言一字皆都雅，微笑微顰總倩嬌。(《再生緣》第二出)

〔倩麗〕

(8)一日登其樓，見女子頗倩麗。(《述異記·自知前生》)

4.冶

“冶”可與 “麗”組成“冶麗”一個複合組合：

〔冶麗〕

(9)衆人抬頭一看，果然豐姿冶麗，絶世無雙。(《初刻拍案驚奇》卷五)

5.曼

“曼”可與“麗”組成 “曼麗”一個複合組合:

〔曼麗〕

(10)曼麗之容不悦於目,鄭衛之聲不過於耳。(《後漢書·杜篤列傳》)

6.嫵

“嫵”可與“媚”組成“嫵媚”一個複合組合:

〔嫵媚〕

(11)妃子,看你晚妝新試,嫵媚益增。似迎風嫋嫋楊枝,宛淩波濯濯蓮花。(《長生殿》第十二出)

7.妍

“妍”可與“冶”“姝”“婉”“媚”“醜”“美”“好”“麗”組成“妍冶”“妍姝”“妍婉”“妍媚”“妍醜”“妍美”“妍好”“妍麗”八個複合組合:

〔妍冶〕

(12)因命設樂,絲竹繁錯,曲度新奇。歌妓數十人,皆妍冶上色。(《太平廣記》卷三〇一)

〔妍姝〕

(13)爭得一人聞此怨,長門深夜有妍姝。早知雨露翻相誤,只插荊釵嫁匹夫。(《全唐詩·長門怨》)

〔妍婉〕

(14)郡君資質妍婉,曠世無倫。顔艷豐葩,絶域罕輩。(《庫狄迴洛妻斛律氏墓誌銘》)

〔妍媚〕

(15)那秦鍾也愛他妍媚,二人雖未上手,卻已情投意合了。(《紅樓夢》第十五回)

〔妍醜〕

(16)能以古之哲王,鑒於己之行事,則貌之妍醜宛然在目;事之善惡自得於心。(《貞觀政要·公平》)

〔妍美〕

(17)容貌妍美,情性詭詐。(《大唐西域記·迦濕彌羅國》)

〔妍好〕

(18)見樓中人,清美妍好,宛若仙人,皆睨予而笑。(《珂雪齋紀夢》)

〔妍麗〕

(19)夏姬顔色妍麗，語復詳雅，莊王一見，心志迷惑。(《東周列國志》第五三回)

8.妖

“妖”可與“冶”“妍”“媚”“嬈”“麗”組成“妖冶”“妖妍”“妖媚”“妖嬈”“妖麗”五個複合組合：

〔妖冶〕

(20)若夫青琴宓妃之徒，絶殊離俗，妖冶嫻都。(《上林賦》)

〔妖妍〕

(21)三川窮名利，京洛富妖妍。(《紹古辭》之一)

〔妖媚〕

(22)今汝所納新婦，妖媚無雙。(《玄怪録・崔書生》)

〔妖嬈〕

(23)顧有懷兮妖嬈，用搔首兮屏營。(《感婚賦》)

〔妖麗〕

(24)昔者西施心痛而臥於道側，姿顔妖麗，蘭麝芬馥，見者咸美其容而念其疾，莫不躊躇焉。(《抱朴子・外篇・刺驕》)

9.姝

“姝”可與“美”“好”“麗”組成“姝美”“姝好”“姝麗”三個複合組合：

〔姝美〕

(25)數十步，復入一板門。又十餘步，乃見大門，制度宏麗，擬于公侯之家。復有丫鬟數人，皆及姝美，先出迎客。(《河東記・韋丹》)

〔姝好〕

(26)其婦端正姝好，見夫舍家作沙門，便復行嫁。(《生經・佛説那賴經》第一)

〔姝麗〕

(27)后長七尺二寸，姿顔姝麗，絶異於衆。(《後漢書・和熹鄧皇后紀》)

10.姣

“姣”可與“冶”“妍”“媚”“美”“好”“麗”組成“姣冶”“姣妍”“姣媚”“姣美”“姣好”“姣麗”六個複合組合：

〔姣冶〕

(28)南威青琴,姣冶之極,而必俟盛飾以增麗。(《抱朴子·外篇·博喻》)

〔姣妍〕

(29)雖非國色天香豔,秀目修眉櫻口鮮,面如雞蛋紅間白,姣妍終究帶威嚴。(《精衛石》第三回)

〔姣媚〕

(30)女有婢名春蘭者,姣媚慧黠,稍遜於女。(《夜譚隨録·倩兒》)

〔姣美〕

(31)古者桀紂長巨姣美,天下之傑也。(《荀子·非相》)

〔姣好〕

(32)貌者,男子之所以恭敬,婦人之所以姣好也。(《説苑·修文》)

〔姣麗〕

(33)君雖姣麗,好帶長劍,怯耳。能死,刺我;不能,則出我跨下。(《風俗通·窮通》)

11.婉

“婉”可與“冶”“曼”“媚”“美”“麗”組成“婉冶”“婉曼”“婉媚”“婉美”“婉麗”五個複合組合:

〔婉冶〕

(34)婉冶之姿,毀節異類,垢辱甚矣。(《新唐書·突厥傳上》)

〔婉曼〕

(35)盼蒨其媚,婉曼其嬌。(《藝文類聚》卷十六引《萬年公主誄》)

〔婉媚〕

(36)後數年,孝廉始爲人談其秘,語及女之婉媚明慧,猶不禁爲之汍瀾也。(《十葉野聞·豹房故智》)

〔婉美〕

(37)秋胡忽見貞妻,良久占(瞻)相,容儀婉美,面如白玉,頰帶紅蓮,腰若柳條,細眉段絶。(《敦煌變文集·新書》卷六)

〔婉麗〕

(38)慕容氏姿容婉麗,服飾光華。(《晉書·列女傳·段豐妻慕容氏》)

12.媚

“媚”可與“曼”“嫵”“嬌”“好”“麗”組成“媚曼”“媚嫵”“媚嬌”“媚好”“媚麗”五個複合組合：

〔媚曼〕

(39)呼女出見，年十五六已來，媚曼風流，更無倫比。(《聊齋志異·織成》)

〔媚嫵〕

(40)那小二前來，見了楊公子這般豐采媚嫵，笑嬉嬉的向前唱個諾。(《九雲記》第五回)

〔媚嬌〕

(41)做你的媳婦呵，應須有封號，金花紫誥，必俊俏，須媚嬌。(《琵琶記·書館悲逢》)

〔媚好〕

(42)杜別行，途中遇六七女郎，容色媚好。(《聊齋志異·杜翁》)

〔媚麗〕

(43)玄微就月下仔細看時，一個個姿容媚麗，體態輕盈，或濃或淡，妝束不一。(《醒世恒言·灌園叟晚逢仙女》)

13.嬌

“嬌”可與“俏”“倩”“冶”“妍”“姝”“婉”“媚”“嬈”“美”“好”“麗”組成“嬌俏”“嬌倩”“嬌冶”“嬌妍”“嬌姝”“嬌婉”“嬌媚”“嬌嬈”“嬌美”“嬌好”“嬌麗”十一個複合組合：

〔嬌俏〕

(44)人太生嬌俏了，可知心就嫉妒了。鳳丫頭倒好意待他，他倒這樣爭鋒吃醋。(《紅樓夢》第六九回)

〔嬌倩〕

(45)(山黛)作《白燕詩》時，年方十歲，生得嬌倩如花。(《平山冷燕》第十二回)

〔嬌冶〕

(46)只因此一去，有分教：綠林此日逢嬌冶，紅粉從今踏險危。(《初刻拍案驚奇》卷八)

〔嬌妍〕

(47)皮包血肉骨包身,強作嬌妍誑惑人。千古英雄皆坐此,百年同共一坑塵。(《醒世恒言·赫大卿遺恨鴛鴦條》)

〔嬌姝〕

(48)這的是豔晶晶霓裳曲裏嬌姝,娲亭亭翠盤掌上輕軀。(《長生殿》第三十三出)

〔嬌婉〕

(49)聽其語,操南音,嬌婉若女子。(《聊齋志異·念秧》)

〔嬌媚〕

(50)娶著會稽陸氏女,姿容嬌媚。(《二刻拍案驚奇》卷十一)

〔嬌嬈〕

(51)新撫兄子繼祖養老,長娶劉氏,貌頗嬌嬈。(《包龍圖判百家公案》第九卷)

〔嬌美〕

(52)若還生得容嬌美,豈不天生是我錦幃人。(《天雨花》第一回)

〔嬌好〕

(53)我們家的春蘭,相貌甚是嬌好。(《二十年目睹之怪現狀》第三四回)

〔嬌麗〕

(54)秦重定睛觀之,此女容顏嬌麗,體態輕盈,目所未覩。(《醒世恒言·賣油郎獨占花魁》)

14.醜

“醜”可與“惡”“美”組成“醜惡”“醜美”兩個複合組合:

〔醜惡〕

(55)齊有黃公者,好謙卑。有二女,皆國色,以其美也,常謙辭毀之以爲醜惡。(《尹文子·大道上》)

〔醜美〕

(56)斯蓋謂大小窳隆醜美之形,至於鼻目眾竅毛髮之狀,未有不然者也。(《後漢書·霍諝列傳》)

15.美

“美”可與“曼”“醜”“惡”“好”“麗”組成“美曼”“美醜”“美惡”“美好”“美麗”五個複合組合:

〔美曼〕

(57)美曼之色,媚於君側,巧笑未足,已亡於國,天未降刑,尚或竊生:爾宜癘之。(《祀瘧癘文》)

〔美醜〕

(58)太宗以魏徵爲人鏡,謂左右曰:“以古爲鏡見成敗,以銅爲鏡知美醜,以人爲鏡知善惡。”(《獨異志》卷下)

〔美惡〕

(59)鏡以精明,美惡自服。(《説苑·談叢》)

〔美好〕

(60)自關而西,秦晉之間,凡美色,或謂之好,或謂之窕。(《方言》卷二)

〔美麗〕

(61)鲞姻族廣茂,且夙從逸遊,多識美麗。(《任氏傳》)

16.好

“好”可與“醜”“美”組成“好醜”“好美”兩個複合組合:

〔好醜〕

(62)急復益納宜子婦人,毋擇好醜。(《漢書·谷永傳》)

〔好美〕

(63)今者,臣來至境,入都邑,觀人民謡俗,容貌顔色,殊無佳麗好美者。(《戰國策·中山策》)

17.麗

“麗”可與“佳”“妍”“姝”“美”組成“麗佳”“麗妍”“麗姝”“麗美”四個複合組合:

〔麗佳〕

(64)閨中容競淖約兮,相態以麗佳,知衆嫭之嫉妒兮,何必颺纍之蛾眉?(《漢書·揚雄傳》)

〔麗妍〕

(65)玉女數萬千,姿容甚麗妍。天姿絶端嚴,齊執皇靈書。(《老子化胡經》)

〔麗姝〕

(66)宦人更求麗姝知書者數十人,侍帝爲内調。(《新唐書·韓全誨傳》)

〔麗美〕

(67)彼肆人之男女,麗美奢乎許史 。(《西京賦》)

18.肥

“肥”可與“佼”“醜”“美”“好”“胖”“臞”“瘠”“瘦”組成“肥佼”“肥醜”“肥美”“肥好”“肥胖”“肥臞”“肥瘠”“肥瘦”八個複合組合:

〔肥佼〕

(68)面狀肥佼,亦一相也。(《論衡・骨相》)

〔肥醜〕

(69)同縣孟氏有女,狀肥醜而黑,力舉石臼,擇對不嫁,至年三十。(《後漢書・梁鴻列傳》)

〔肥美〕

(70)蓋寺中每養丐者肥美,遇是日,用計死之,以規利耳。(《都公譚纂》卷下)

〔肥好〕

(71)有人種姓清淨。身肢具足無缺無減。或紫色或白色。光澤肥好不大肥瘦。(《大方廣菩薩藏文殊師利根本儀軌經》卷第十三)

〔肥胖〕

(72)面頰上有兩行金印,多管是牢城營裏人,生得黑矮肥胖。(《水滸傳》第三十九回)

〔肥臞〕

(73)夫豈爲貧富肥臞哉!(《淮南子・精神訓》)

〔肥瘠〕

(74)善醫者,不視人之肥瘠,察其脈之病否而已矣。(《雜説》)

〔肥瘦〕

(75)岐伯曰:“必先度其形之肥瘦,以調其氣之虛實,實則瀉之,虛則補之。”(《素問・三部九候論》)

19.臞/癯

“臞”可與“臞”“瘠”“瘦”“羸”組成“臞臞”“臞瘠”“臞瘦”“癯羸”四個複合組合:

〔臞瘠〕

(76)夜夢丐者甚衆,裸體臞瘠。(《夷堅甲志・瓦隴夢》)

〔臞臞〕

(77)形雖臞臞,心則舒舒。(《先府君蓉峰處士阡表》)

〔瘽瘦〕

(78)聖躬荷負蒼生以爲任,弘濟四海以爲心,不憚胼胝之勞,不辭瘽瘦之苦,豈止日昃忘飢,夜分廢寢。(《梁書・賀琛列傳》)

〔瘽羸〕

(79)晉陽公主薨,年十二。帝閱三旬不常膳,日數十哀,因以瘽羸。(《雞肋編》卷上)

20.瘠

"瘠"可與"瘦"組成"瘠瘦"一個複合組合:

〔瘠瘦〕

(80)自是亦不服藥,而身體皆瘠瘦。一二年中,慘慘不樂。(《古小説鉤沉・下》)

21.瘦

"瘦"可與"惡""瘽""瘠"組成"瘦惡""瘦瘽""瘦瘠"三個複合組合:

〔瘦惡〕

(81)你有什摩事?顔容瘦惡,恰似肚裏有事。有事但說。(《祖堂集》卷四)

〔瘦瘽〕

(82)神農憔悴,堯瘦瘽,舜黎黑,禹胼胝。由此觀之,則聖人之憂勞百姓亦甚矣。(《齊民要術・序》)

〔瘦瘠〕

(83)彝居喪過禮,送葬自平城達家,千里步從,不從車馬,顔貌瘦瘠。(《北史・張彝列傳》)

22.羸

"羸"可與"醜""惡""瘽""瘦""瘠"組成"羸醜""羸惡""羸瘽""羸瘦""羸瘠"五個複合組合:

〔羸醜〕

(84)太古之民,秀長以壽者,食也;在今之民,羸醜以胔者,事也。(《大戴禮記・千乘》第六十八)

〔羸惡〕

(85)夫言聖人憂世念人,身體羸惡,不能身體肥澤,可也。(《論衡·語增》)

〔羸癯〕

(86)世稱堯若臘,舜若腒,心愁憂苦,形體羸癯。(《論衡·道虚》)

〔羸瘦〕

(87)孔時爲太常,形素羸瘦。(《世説新語·德行》)

〔羸瘠〕

(88)庶人則凍餒羸瘠於下。(《荀子·正論》)

二、體貌美醜常用詞組合情況分析

雖然我們研究的對象是常用詞,但其實常用詞只是浩如煙海的詞彙中數量極少的一部分,爲了更好地分析常用詞,我們以複合組合中至少含一個體貌美醜常用詞爲標準,將詞彙調查的範圍擴大,調查了更多的組合。我們將調查出的組合分爲同義、類義、近義詞構造新組合和反義或意義相對詞構造新組合兩類,以下分别論述。

(一)同義、類義、近義詞構造新組合

這類組合是由兩個義同或義近或意義相關的單音詞構成的。如:

〔佳麗〕

“佳”,《説文·人部》:“佳,善也。”《廣雅·釋詁二》:“佳,好也。”《類篇·人部》:“佳,美也。”“麗”,《廣雅·釋詁一》:“麗,好也。”《楚辭·招魂》:“被文服纖,麗而不奇些。”王逸注:“麗,美好也。”可知“麗”義爲“美麗、美好”。

“佳”與“麗”均爲單音節體貌美醜常用詞,均有“美麗”義,“佳麗”也具此義。如:

(89)臣聞趙,天下善爲音,佳麗人之所出也。今者,臣來至境,入都邑,觀人民謠俗,容貌顏色,殊無佳麗好美者。(《戰國策·中山策》)

〔妖麗〕

“妖”,豔麗、嫵媚。唐玄應《一切經音義》卷一引《三蒼》:“妖,妍也。”

《玉篇·女部》:“妖,媚也。”《文選·宋玉〈神女賦〉》:“近之既妖,遠之有望。”李善注:“近看既美,復宜遠望。”

“妖麗”爲同義複合組合,如:

(90)臣愚以爲王少,而父同産長,年齒不倫;梁國之富,足以厚聘美女,招致妖麗;父同産亦有恥辱之心。(《漢書·梁懷王揖傳》)

(91)梁國之富足以厚聘美女,招致妖麗;父同産亦有恥辱之心。(《資治通鑑》卷第三十二)

〔姝麗〕

“姝”,容貌美好。《説文·女部》:“姝,好也。”朱駿聲通訓定聲:“《華嚴經音義上》引《説文》:色美也。”《廣韻·虞韻》:“姝,美好。”《詩經·邶風·靜女》:“靜女其姝,俟我於城隅。”毛傳:“姝,美也。”“姝麗”即“美麗”。如:

(92)七年,后復與諸家子俱選入宫。后長七尺二寸,姿顔姝麗,絶異於衆,左右皆驚。(《後漢書·和熹鄧皇后紀》)

〔曼麗〕

“曼”,柔美、細潤。《淮南子·修務訓》:“曼頰皓齒,形誇骨佳,不待脂粉芳澤而性可説者,西施、陽文也。”高誘注:“曼頰者,細理也。”“曼麗爲近義複合組合,指柔美,美麗。如:

(93)曼麗之容不悦于目,鄭衛之聲不過於耳,佞邪之臣不列於朝,巧僞之物不鬻於市,故能理升平而刑幾措。富衍于孝景,功傳於後嗣。(《後漢書·杜篤列傳》)李賢注:“曼,美也。”

〔偉麗〕

“偉”有“高大”義。如:

(94)有偉體,腰帶八圍。(《後漢書·耿秉列傳》)

“偉麗”爲近義複合詞,如:

(95)兄喬,爲尚書,容儀偉麗,數上言政事,桓帝愛其才貌,詔妻以公主,喬固辭不聽,遂閉口不食,七日而死。(《後漢書·楊琁列傳》)按:男子以身材高大爲美,“偉麗”指男子高大英俊。

〔端麗〕

“端”,《説文·立部》:“端,直也。”《廣雅·釋詁一》:“端,正也。”本指言行正直。後引申指容貌端莊。如《禮記·玉藻》:“君子之容舒遲,見所尊者齊遬,足容重,手容恭,目容端,口容止。”孔穎達疏:“目容端者,目宜端正，不邪睇而視之。”後構成“端莊”，指相貌端正莊重。“端麗”指相貌端莊美麗。如：

(96)漢法常因八月算人，遣中大夫與掖庭丞及相工，於洛陽鄉中閱視良家童女，年十三以上、二十已下，姿色端麗，合法相者，載還後宮，擇視可否，乃用登御。(《後漢書·光武郭皇后紀》)

〔壯麗〕

“壯”，《説文·士部》：“壯，大也。”《方言》卷一：“秦晉之間，凡人之大謂之奘，或謂之壯。”《字彙·士部》：“壯，碩也。”可知“壯”最初指人體高大。“壯麗”即“健壯美麗”，多指男子。如：

(97)美、髯、長、大、壯、麗、勇、敢，八者俱過人也。(《莊子·列御寇》)成玄英疏：“壯，多力；麗，妍華。”

(98)鄭儼，字季然，滎陽人。容貌壯麗。(《魏書·王叡列傳》)

〔光麗〕

“光麗”指容貌光彩豔麗。如：

(99)余聞而歎曰：“嗚呼，有若雲乎邪！夫人心不同，實若其面，子雖光麗，既美且豔，管窺筐舉，守厥所見，未可以言八紘之形埒，信萬事之精練也。”(《三國志卷·蜀書·郤正傳》)

〔鮮麗〕

“鮮”指鮮明、明麗。《周易·説卦》：“爲蕃鮮。”孔穎達疏：“鮮，明也。”“鮮麗”本指色彩鮮明豔麗，也可指人。如：

(100)又使玉女授其服氣導引之法，遂得辟穀，氣盛體輕，顔色鮮麗。(《隋書·經籍志·道經》)按：該處“顔色”指面色，“顔色鮮麗”指面色紅潤。

〔秀麗〕

“秀”原指禾類植物開花抽穗。《詩·大雅·生民》：“實發實秀，實堅實好。”朱熹集傳：“秀，始穟也。”後引申出“秀麗、秀美”之義。“秀麗”指清秀美麗，一般指女子。如：

(101)身穿縞素，腰系孝裙。不施脂粉，自然體態妖嬈；懶染鉛華，生定天姿秀麗。(《三遂平妖傳》第十三回)

也可指相貌清秀的男子。如：

(102)戴宗抬頭看時，見那人眉目不凡，姿質秀麗。(《水滸傳》第三十九回)按：此句指金大堅。

(103)朱仝見那人人物軒昂,資質秀麗。(《水滸傳》第五十一回)按:此句指小旋風柴進。

〔妍麗〕

"妍",美麗、美好。《方言》卷一:"娥, ,好也…… 自關而西,秦晉之故都曰妍。好,其通話也。"《廣韻·先韻》:"妍,淨也,美也,好也。"

"妍"與"麗"構成同義複合組合。如:

(104)夏姬顏色妍麗,語復詳雅,莊王一見,心志迷惑。(《東周列國志》第五三回)

"妍麗"多指女子,有時也可指男子。如:

(105)主生二子,誕、修。誕,字思政;修,字寶業,皆姿質妍麗。(《魏書·馮熙列傳》)按:此句中"妍麗"指"誕""修"二子。

〔豔麗〕

"豔"本指顏色鮮明,引申指人,意爲容貌光彩照人。《龍龕手鑒·雜部》:"豔,美色也。""豔麗"即容貌美麗,光彩照人。如:

(106)看那女子,雲鬢花顏,其實豔麗。有詩爲證:弓鞋窄窄起春羅,香沁酥胸玉一窩。麗質難禁風雨驟,不勝幽恨蹙秋波。(《水滸傳》第七十三回)按:此句指劉太公之女。

〔整麗〕

《漢語大詞典》釋"整麗"爲"工整秀麗;莊重宏麗"。所引例句均是指詩歌文章及建築物。其實"整麗"也可形容人的容貌。如:

(107)王夷甫容貌整麗,妙於談玄,恒捉白玉柄麈尾,與手都無分别。(《世説新語·容止》第十四)

〔姣麗〕

"姣",《説文·女部》:"姣,好也。"段玉裁注:"姣謂容體壯大之好也。"徐灝箋:"凡从交聲之字其義多爲長……壯佼亦謂其壯而高長,非謂大也。" 由此可知,"佼/姣"本有"長大美好"之義。如《史記·蘇秦列傳》:"前有樓闕軒轅,後有長姣美人。"但後來"佼/姣"詞義泛化,脱落"長大"這一義素,通指"美好"。

(108)姱修滂浩,麗以佳只。曾頰倚耳,曲眉規只。滂心綽態,姣麗施只。(《楚辭·大招》)

(109)形便娟以嬋媛兮,若流風之靡草。美儀操之姣麗兮,忽遺生而忘老。(《後漢書·邊讓列傳》)

〔俊麗〕

"俊",《説文·人部》:"俊,材千人也。"《正智通·人部》:"俊,才智拔類也。"可知"俊"本指才智超群的人。後引申出"姿容秀麗"之義。如:

(110)端詳著龐兒俊,思量著口兒甜,怎肯叫意兒差?(《楊州夢》第二折)

"俊麗"指相貌美麗。如:

(111)人人俊麗,個個英雄。數十匹駿馬嘶風;兩三面繡旗弄日。(《水滸傳》第九回)按:此句指男子。

(112)蘇小小,錢塘名娼也。容色俊麗,頗工詩詞。(《七修類稿·辯證·蘇小小考》)按:此處指女子蘇小小。

〔妙麗〕

"妙",美好、美妙。《廣雅·釋詁一》:"妙,好也。"

"妙麗",美麗。如:

(113)平陽主因言延年有女弟,上乃召見之,實妙麗善舞。(《漢書·外戚傳》)

〔佳冶〕

"佳"與"冶"組合成"佳冶",義爲"嬌美妖冶"。如:

(114)阿縞之衣,錦繡之飾不進於前,而隨俗雅化,佳冶窈窕趙女不立於側也。(《史記·李斯列傳》)

(115)妒佳冶之芬芳兮,嫫母姣而自好。雖有西施之美容兮,讒妒入以自代。(《楚辭·九章·惜往日》)

〔美麗〕

"美麗"是最常用的一個體貌美醜詞,指容貌時可指男子,如:

(116)城北徐公,齊國之美麗者也。(《戰國策·齊策》)

也可指女子,如:

(117)吴主權步夫人,臨淮淮陰人也。與丞相騭同族。漢末,其母攜將徙盧江。盧江爲孫策所破,皆東渡江,以美麗得幸于權,寵冠後庭。(《三國志·吴書·吴主權步夫人傳》)

〔姝美〕

"姝",容貌美好。"姝美",容貌美麗。如:

(118)符鳳妻某氏,字玉英,尤姝美。.(《新唐書·列女列傳·符鳳妻玉英》)

〔姣美〕

“姣美”，容貌美麗。如：

(119)古者桀紂長巨姣美，天下之傑也。筋力越勁，百人之敵也，然而身死國亡，爲天下大僇，後世言惡，則必稽焉。(《荀子·非相》)

〔美偉〕

“美偉”指男子身材高大，相貌美麗。如：

(120)其尚書僕射賈玄石，形貌美偉。(《魏書·臨渭氏苻健列傳》)

〔悦美〕

(121)乃使公昉夫妻及舔瘡三婢，以浴餘酒自洗，即皆更少，顏色悦美。(《神仙傳》卷三)

〔光美〕

(122)夠二百餘年，肉色光美，徐行及馬，力兼數人。(《神仙傳》卷六)

〔美少〕

(123)晚乃奉道，常服黄精，日三合，年數百歲而顏色美少。(《神仙傳》卷九)

〔美好〕

“好”指容貌美麗。《方言》卷二：“自關而西，秦晉之間凡美色，或謂之好，或謂之窕。”可知“美好”爲同義複合組合，如：

(124)今長大美好，人見而説之者，此吾父母之遺德也。(《莊子·盜跖》)

(125)當王公大人之於此也，雖有骨肉之親，無故富貴、面目美好者，實知其不能也，不使之也，是何故？(《墨子》卷二)

〔好美〕

(126)頌曰：夏姬好美，滅國破陳。走二大夫，殺子之身。殆誤楚莊，敗亂巫臣，子反悔懼，申公族分。(《列女傳》卷七)

〔俊俏〕

“俊”，姿容秀麗；“俏”，漂亮、美麗。“俊俏”爲近義複合組合，指容貌美麗、漂亮。如：

(127)于小嘍羅數内，選揀一個俊俏的，剃了髭須，穿了太尉的衣服，扮做宿元景。(《水滸傳》第五十九回)

(128)這端王乃是神宗天子第十一子,哲宗皇帝御弟,現掌東駕,排號九大王。是個聰明俊俏人物。(《水滸傳》第二回)

〔妍媚〕

"妍"義爲"美麗、美好"。"媚"義爲"豔麗、美好",如三國魏阮籍《詠懷詩》之"朝爲媚少年,夕暮成醜老",其中"媚"與"醜"相對。"妍"與"媚"構成同義複合組合。如:

(129)長袖奮而生風,清氣激而繞結。爾乃妍媚遞進,巧弄相加,俯仰異容,忽兮神化。(《後漢書・趙壹列傳》)

(130)原隨犬入門。列房可有數十間,皆女子,姿容妍媚,衣裳鮮麗,或撫琴瑟,或執博棋。(《太平廣記》卷二百九十二)

〔妍偉〕

因"偉"多指男子,因此,"妍偉"多形容男子,如:

(131)陵姿質妍偉,辭氣辯暢,高祖奇之,禮遇亞于王肅,授前軍將軍。(《魏書・沈文秀列傳》)

〔修偉〕

"修偉"指儀表堂堂,身材魁梧,多指男子。如:

(132)昂容質修偉,冠絕人倫。(《南史・袁昂傳》)

(133)獻章儀幹修偉,右頰有七黑子。(《明史・儒林傳・陳獻章》)

〔俊偉〕

"俊偉"指卓異壯美,多指男子。如:

(134)故九江太守邊讓,英才俊偉,天下知名。(漢・陳琳《爲袁紹檄豫州》)

〔秀偉〕

"秀偉"指俊秀奇偉,多指男子。如:

(135)(魏舒)身長八尺二寸,姿望秀偉,飲酒石餘,而遲鈍質樸,不爲鄉親所重。(《晉書・魏舒列傳》)

〔纖妍〕

"纖",《説文・糸部》:"纖,細也。"

"纖妍"指"纖細美好"。可指男子,也可指女子。如:

(136)浩纖妍潔白,如美婦人。而性敏達,長於謀計。(《魏書・崔浩列傳》)按:此句指男子。

(137)妃生而纖妍,性寡言,多才藝,侍莊烈帝于信邸。(《明史·田貴妃列傳》)按:此句指女子。

〔姝好〕

"姝",《説文·女部》:"姝,好也。"可見,"姝"與"好"同義,"姝好"指容貌美好。如:

(138)其婦端正殊好,見夫舍家作沙門,便復行嫁。(《生經·佛説那賴經》第一)

(139)我所求者,欲得珠寶以自嚴身上妙被服,千女中央而獨姝好。(《生經·佛説梵志經》第四十五)

〔姚冶〕

"姚",美好貌。《方言》卷十三:"姚,美也。"《説文·女部》:"姚,嬈也。""冶",豔麗、嬌媚。《周易·繫辭上》:"慢藏誨盜,冶容誨淫。"孔穎達疏:"女子妖冶其容。"

"姚冶"爲近義詞構成的複合組合,義爲"妖豔"。如:

(140)今世俗之亂君,鄉曲之儇子,莫不美麗姚冶,奇衣婦飾,血氣態度擬於女子。(《荀子·非相》)楊倞注:"《説文》曰:'姚,美好貌;冶,妖。'"

〔妖冶〕

"妖冶"爲同義複合組合。如:

(141)若夫青琴宓妃之徒,絶殊離俗,妖冶嫺都,靚莊刻飭,便嬛嬛婥約。(《史記·司馬相如列傳》)郭璞云:"姣,好也。都,雅也。"《説文》曰:"嫺,雅也。"

(142)見一佛前化生,姿容妖冶,手持蓮花,向人似有意。(《河東記·蘊都師》)

〔妖嬈〕

"嬈",妍媚;"妖嬈",嫵媚多姿。如:

(143)妖嬈,滿面兒撲堆著俏。(《西厢記》第一本)

(144)身穿縞素,腰系孝裙。不施脂粉,自然體態妖嬈。(《水滸傳》第三十二回)

〔妖淫〕

"妖淫",邪惡嫵媚。如:

(145)鄭女妖淫,王失其道耳殂。(《神仙傳》卷一)

(146)慕容氏世衰,河間虐暴,惑妖淫之女而逆亂天常,百姓不堪其害,思亂者十室九焉,此天亡之時也。(《晉書·載記·慕容雲》)

〔佼好〕

“姣”,《説文·女部》:“姣,好也。”可見“姣/佼”“好”同義。“佼好”,容貌美麗。如:

(147)夫無故富貴、面目佼好則使之,豈必智且有慧哉?(《墨子》卷二)

〔妙好〕

(148)卿比丘尼,何故身著寶瓔珞。唇口妙好,猶如赤真珠。(《生經·佛説變悔喻經》第四十一)

〔嬋媛〕

“嬋”,美好貌。《説文新附·女部》:“嬋,嬋娟,態也。”《廣韻·仙韻》:“嬋,嬋娟,好貌。”“媛”,美女。《説文·女部》:“媛,美女也。”《廣雅·釋詁一》:“媛,美也。”《詩·鄘風·君子偕老》:“邦之媛也?”毛傳:“美女爲媛。”

“嬋媛”指姿態美好。如:

(149)形便娟以嬋媛兮,若流風之靡草。美儀操之姣麗兮,忽遺生而忘老。(《後漢書·邊讓列傳》)

〔長姣〕

“長姣”指修長美麗。如:

(150)夫衡人者,皆欲割諸侯之地以予秦。秦成,則高臺榭,美宫室,聽竽瑟之音,前有樓闕軒轅,後有長姣美人,國被秦患而不與其憂。(《史記·蘇秦列傳》)《索隱》曰:“姣,音絞。《説文》云:‘姣,美也。’”段玉裁注:“姣謂容體壯大之好也。”

〔嫵媚〕

“嫵”,嬌媚、美好。《説文·女部》:“嫵,媚也。”《玉篇·女部》:“嫵,美女。”

“媚”,美好、嬌豔。《廣雅·釋詁一》:“媚,好也。”《小爾雅·廣詁》:“媚,美也。”《玉篇·女部》:“媚,嫵媚。”

可見,“嫵媚”爲同義複合組合。如:

(151)若夫青琴宓妃之徒,絶殊離俗,妖冶嫻都,靚莊刻飭,便嬛綽約,柔橈嬛嬛,嫵媚姌嫋。(《史記·司馬相如列傳》)《索隱》曰:“《埤倉》云:‘嫵媚,悦也。’《通俗文》云:‘頰輔謂之嫵媚。’”

〔婉媚〕

“婉”,美好,姣好。《詩經·鄭風·野有蔓草》:“有美一人,清揚婉兮。”毛傳:“婉然,美也。”“婉媚”,柔美,嬌豔。如:

(152)又給十小吏,青衣數十人。婦年可十八九,姿容婉媚,便成。(《搜神記》卷四)

(153)趙善筆札,曾與舊知書,婉媚纖弱,全是黛奩本色。(明·沈德符《萬曆野獲編·土司·土官之異》)

〔嬌嬈〕

“嬌”,《説文新附·女部》:“嬌,姿也。”《玉篇·女部》:“嬌,嬌姿也。”可見,“嬌”指姿態嫵媚可愛。

“嬌嬈”指柔美嫵媚。如:

(154)取過畫叉,把畫掛起,真個是摘得落的嬌嬈美人。(《三遂平妖傳》第一回)

〔嬌豔〕

“嬌豔”,指相貌美麗。如:

(155)花街柳陌,衆多嬌豔名姬。楚館秦樓,無限風流歌妓。(《水滸傳》第六回)

〔嬌嫩〕

“嬌嫩”指柔嫩、嫩弱。如:

(156)不曾見這般鳥女子恁地嬌嫩。(《水滸傳》第三十九回)

〔凶惡〕

“凶”可指性格凶惡,殘暴。如《尚書·泰誓中》:“凶人爲不善,亦惟日不足。”當指稱相貌時,指長相凶惡。“惡”,可指相貌醜陋。《尚書·洪範》:“五曰惡,六曰弱。”孔傳:“惡,醜陋。”謝靈運《永初三年七月十六日之郡初發都》:“良時不見遺,醜狀不成惡。”李善注引杜預曰:“惡,貌醜也。”

“凶惡”指相貌凶狠醜陋。如:

(157)今以臣凶惡,而得爲王拂枕席。今臣爵至人君,走人於庭,辟人於途。(《戰國策·魏策》)按:此句中“凶惡”爲龍陽君自謙之辭。

〔醜惡〕

“醜”指相貌難看。《玉篇·酉部》:“醜,貌惡。”可知“醜惡”爲同義複合組合。如:

(158)改前聖之法度兮,喜囁嚅而妄作。親讒諛而疏賢聖兮,訟謂閭娵爲醜惡。(《楚辭·七諫·怨世》)

(159)水傷百穀,衣食不足,則奸軌並作,故其極惡也。一曰,民多被刑,或形貌醜惡,亦是也。(《漢書·五行志》)

(160)其人生得身材長大,面貌醜惡。(《三遂平妖傳》第十八回)

(161)形容醜惡,相貌麤疏。(《水滸傳》第二十九回)

〔醜陋〕

"陋",《玉篇·𨸏部》:"陋,醜猥也。"指相貌醜陋、猥瑣。《東觀漢記·周舉傳》:"周舉字宣光,姿貌短陋。"可知"醜陋"爲同義複合組合。如:

(162)即以其夕,三人同夢蔣侯遣傳教相聞,曰:"家子女並醜陋,而猥垂榮顧。"(《搜神記》卷五)

(163)有沙門寶公者,不知何處人也。形貌醜陋,心機通達,過去未來,預睹三世。(《洛陽伽藍記》卷四)

〔粗醜〕

(164)管輅,字公明,平原人也。容貌粗醜,無威儀而嗜灑,飲食言戲,不擇非類,故人多愛之而不敬也。(《三國志·魏書·方技傳》)

(165)楊志看那人時,形貌生得粗醜。(《水滸傳》第十二回)

〔羸瘦〕

"羸",本指瘦羊。《説文·羊部》:"羸,瘦也。"朱駿聲通訓定聲:"本訓當爲瘦羊,轉而言人耳。"如唐李商隱《行次西郊作一百韻》:"廷臣例獐怯,諸將如羸奔。"其中"羸"即指瘦羊。後引申指人。如《漢書·鄒陽傳》:"今夫天下布衣窮居之士,身在貧羸。"顔師古注:"衣食不充,故羸瘦也。"以"羸瘦"訓"羸",可知"羸瘦"爲同義複合組合。如:

(166)及天下亂,人相食。孝弟禮爲餓賊所得,孝聞之,即自縛詣賊,曰:"禮久餓羸瘦,不如孝肥飽。"(《後漢書·趙孝列傳》)

(167)羸瘦骨立,不能飲食。毒神敕之,令行毒藥。(《佛説毒喻經》第三十七)

(168)有人到此國邑,見其女身羸瘦不安,以用愕然,何故如是。(《生經·佛説毒喻經》第三十七)

(169)孔時爲太常,形素羸瘦,著重服,竟日涕泗流漣,見者以爲真孝子。(《世説新語·德行》第一)

〔醜羸〕

(170)衣服不美，身體從容醜羸，不足觀也。(《墨子》卷八)

〔羸悴〕

“悴”，《説文・心部》:“悴，憂也。”《廣韻・至韻》:“悴，憂愁。”《淮南子・原道訓》:“聖人處之，不爲愁悴怨懟，而不失其所以自樂也。”其中“愁”“悴”對舉，可知“悴”原義爲“憂愁”。

後“悴”引申出“枯萎、憔悴”義。指植物時義爲“枯萎”，如晉陸機《漢高祖功臣頌》:“悴葉更輝，枯條以肄。”其中“悴”與“枯”同義對舉。指人時義爲“憔悴”，如唐白居易《感時》:“白髪雖未生，朱顔已先悴。”

“羸”“悴”可構成聯合式複合組合“羸悴”。如：

(171)余親識多有及見寬者，皆云寬衰老羸悴，起止咳噫，目瞑耳聾，齒墮髮白，漸又昏耗，或忘其子孫，與凡人無異也。(《抱朴子・内篇・道意》)

《漢語大詞典》“羸悴”條引上例，並釋其爲“疲困憔悴”，不甚確切。該例實爲貶斥世人對李寬的盲目崇拜，其實他“其術至淺”“與凡人無異也”。所以該例中“羸悴”應指其因年老而體弱憔悴，而非“疲困憔悴”。

〔羸老〕

人年老後體多瘦，故“羸”“老”可組合。如：

(172)余羸老也，可重任乎？七日不克，必爾乎取之。(《左傳・襄公十年》)

(173)昔有古強者，服草木之方，又頗行容成玄素之法，年八十許，尚聰明不大羸老，時人便謂之爲仙人，或謂之千載翁者。(《抱朴子・内篇・祛惑》)

〔病羸〕

(174)三國之兵乘晉陽城，遂戰。三月不能拔，因舒軍而圍之，決晉水而灌之。圍晉陽三年，城中巢居而處，懸釜而炊，財食將盡，士卒病羸。(《戰國策・趙策》)

〔羸瘠〕

(175)民之羸餒，日已甚矣。(《國語・楚語下》)韋昭注：“羸，瘠也。”

可知“羸瘠”爲同義複合組合。如：

(176)王公則病不足於上，庶人則凍餧羸瘠於下。(《荀子・正論》)

(177)上使劉敬復往使匈奴，還報曰：“兩國相擊，此宜誇矜見所長。今臣往，徒見羸瘠老弱，此必欲見短，伏奇兵以爭利。”(《史記・劉敬叔孫通列傳》)《索隱》曰:"羸,力爲反,瘠音稷,瘠,瘦也。"

〔羸病〕

(178)城中巢居而處,懸釜而炊,財食將盡,士大夫羸病。(《韓非子·十過》)

〔羸弱〕

(179)最比其羸弱者,三日而後勒兵。病者皆求行,爭奮出爲之赴戰。(《史記·司馬穰苴列傳》)

(180)妾孤窮羸弱,不能自振;欲之旁縣賣繒,從同縣男子王伯賃牛車一乘,直錢萬二千,載妾並繒。(《搜神記》卷十六)

〔羸困〕

(181)東陽陳叔山小男二歲得疾,下利常先啼,日以羸困。(《三國志·魏書·華佗傳》)

〔尫羸〕

"尫",《禮記·檀弓下》:"歲旱,穆公召縣子而問然曰:'天久不雨,吾欲暴尫而奚若?'"鄭玄注:"尫者面鄉天,覬天哀而雨之。"《吕氏春秋·季春紀·盡數》:"辛水所多疽與痤人,苦水所多尪與傴人。"高誘注:"尫,突胸仰向疾也。"可知,"尫"指胸、脛、背等處骨骼的彎曲症。亦指有這種殘疾的人。後引申指孱弱;瘦弱。如《抱朴子·内篇·塞難》:"或矬陋尫弱,或且黑且醜。"其中"尫弱"指瘦弱;衰弱。又如《新唐書·宦者傳下·李輔國》:"輔國韡而走,與力士對執轡還西内,居甘露殿 ,侍衛才數十,皆尫老。" 其中"尫老"猶老弱。

"尫羸"爲同義複合組合。如:

(182)而或矬陋尫弱,或且黑且醜,或聾盲頑嚚,或枝離劬蹇,所得非所欲也,所欲非所得也,況乎天地遼闊者哉?(《抱朴子·内篇·塞難》)

(183)若是尫羸病死底人,這氣消耗盡了方死,豈復更鬱結成妖孽!(《朱子語類》卷第三)

〔老羸癃疾〕

"癃",《説文·疒部》:"癃,罷病也。"《廣雅·釋詁一》:"罷,勞也。"王念孫疏證:"罷與疲同。"《廣韻·支韻》:"罷,倦也。""老羸癃疾"指老弱且病。如:

(184)《緗素雜記》云:"古語有二聲合爲一字者……龍鍾切爲癃字,潦

倒切爲老字,謂人之老羸瘻疾者。"(宋·孫奕《履齋示兒編·字説》)

(185)臣聞山東吏布詔令,民雖老羸癃疾,扶杖而往聽之,願少須臾毋死,思見德化之成也。(《漢書·賈山傳》)胡三省注:"癃,病也,疲病也。"

〔肥白〕

(186)及沛公略地過陽武,蒼以客從攻南陽。蒼坐法當斬,解衣伏質,身長大,肥白如瓠,時王陵見而怪其美士,乃言沛公,赦勿斬。(《史記·張丞相列傳》)

〔肥健〕

(187)張太元舉家及弟子數十人,隱居林慮山中,以此法食石十餘年,皆肥健。(《抱朴子·内篇·雜應》)

(188)萌詣賊叩頭言:"兄年老羸瘠,不如萌肥健,願代兄。"(《東觀漢記》卷十五)

〔肥醜〕

(189)同縣孟氏有女,狀肥醜而黑,力舉石臼,擇對不嫁,至年三十。(《後漢書·梁鴻列傳》)

(190)欽明體肥醜,據地搖頭睆目,左右顧眄,帝大笑。(《新唐書·祝欽明列傳》)

〔充肥〕

"充",《説文·兒部》:"充,長也;高也。"本義爲長、高,後引申出肥胖義。如《儀禮·特牲饋食禮》:"宗人視牲告充。"鄭玄注:"充,猶肥也。"

"充肥"爲同義複合組合。如:

(191)天時始熱,卓素充肥,脂流於地。守尸吏然火置卓臍中,光明達曙,如是積日。(《後漢書·董卓列傳》)

〔肥充〕

(192)未若直趣滎陽,休兵館穀,待士馬肥充,然可與人爭利。(《隋書·李密列傳》)

(193)今百姓失職,猶或亡叛,犬馬肥充,則有噬齧,況于夷、狄,能不爲變!(《資治通鑑》卷第八十三)

〔肥壯〕

(194)修素肥壯,腰背博碩,堪忍楚毒,了不轉動。(《魏書·趙修列傳》)

(195)遁肥壯不能騎馬,晦每待之,行不得速。(《宋書·謝晦列傳》)

〔肥飽〕

(196)及天下亂,人相食。孝弟禮爲餓賊所得,孝聞之,即自縛詣賊,曰:“禮久餓羸瘦,不如孝肥飽。”(《後漢書·趙孝列傳》)

〔肥胖〕

“胖”本義爲古時祭祀用的半體牲。《説文·半部》:“胖,半體肉也。”《玉篇·肉部》:“胖,牲之半體也。”到中古以後才引申出“肥胖”義。如:

(197)當中坐著一個胖和尚,生的眉如漆刷,臉似墨裝。(《水滸傳》第六回)

“肥胖”是中古以降産生的同義複合組合,如:

(198)終不成將息得我肥胖了,卻來結果我?(《水滸傳》第二十八回)

(199)那庫吏是酒色淘虚的人,更兼身體肥胖,未動手先是氣喘,那裏架隔得住。(《水滸傳》第九十四回)

〔肥大〕

(200)恂不好書學,體貌肥大,深忌河洛暑熱,意每追樂北方。(《魏書·卷二十二·十·孝文五王》)

〔胖大〕

(201)跳出一個胖大和尚來,喝道:“洒家在林子裏聽你多時!”(《水滸傳》第九回)

(202)卓胖大不耐久坐,遂倒身而卧,轉面向内。(《三國演義》第四回)

〔尪瘠〕

“瘠”,《玉篇·广部》:“瘠,瘦也。”可知“尪瘠”義爲瘦弱。如:

(203)丁丑,重威開門出降,城中餒死者什七八,存者皆尪瘠無人狀。(《資治通鑑》卷第二百八十七)

〔臞瘁〕

“臞”,《廣韻·虞韻》:“臞,同臞”。《説文·肉部》:“臞,少肉也。”《爾雅·釋言》:“臞,瘠也。”《集韻·虞韻》:“臞,《説文》:‘少肉也。’或作臞。”可知“臞”與“臞”同,皆訓爲“瘠瘦”。

“瘁”與“悴”同,皆有“憔悴、枯萎”義。指人時義爲“憔悴”,“臞瘁”即瘦弱憔悴。如:

(204)臣今骸骨臞瘁,目視昏近,齒牙無幾,神識衰耗,目前所爲,旋踵遺忘。(《資治通鑑》卷第二百九十四)

〔瘁臞〕

(205)故有術而禦之,身坐於廟堂之上,有處女子之色,無害於治;無術而禦之,身雖瘁臞,猶未有益。(《韓非子·外儲說》)

〔瘦臞〕

“瘦”,《說文·疒部》:“痠,臞也。从疒,叜聲。”段玉裁注:“痠,今字作瘦。”可知“瘦臞”爲同義複合組合。如:

(206)蓋聞傳書曰:神農憔悴,堯瘦臞,舜黴黑,禹胼胝。(《淮南子·修務訓》)

“瘦臞”也爲“瘦癯”。如:

(207)承此食肉之盛惠,得免瘦癯。(《答王口北書》)

〔瘦惡〕

(208)和尚曰:“你有什麼事?顏容瘦惡,恰似肚裏有事。有事但說。”(《祖堂集》卷四)

〔瘦黑〕

(209)后上朝東宫,太后泣曰:“帝間顏色瘦黑,班侍中本大將軍所舉,宜寵異之,益求其比,以輔聖德……”(《漢書·敘傳》)

〔黑瘦〕

(210)久不堪而還家,黑瘦而骨立,不似人。其家問之,從何處來,竟不得仙邪?(《抱朴子·内篇·袪惑》)

(211)那爲頭的生的矮小,黑瘦面皮。(《水滸傳》第七十三回)

〔黄瘦〕

“黄”指面色黄,“瘦”指體形瘦,“黄瘦”指面色微黄,身體消瘦。俗語“人黄有病”,故“黄瘦”多指因病而面色發黄,身體消瘦。如:

(212)覷了他澀滯氣色,聽了他微弱埸息,看了他黄瘦臉兒。(《西廂記》第三本)

(213)這兩日不見,你來怎麼這般黄瘦?(《朴通事》)

〔疏瘦〕

“疏瘦”義爲消瘦,清瘦。如:

(214)鎔時年十七,體疏瘦,爲君和所挾,頸痛頭偏者纍日。(《資治通鑑》卷第二百五十九)

〔細瘦〕

"細",《説文・糸部》:"細,微也。"朱駿聲通訓定聲:"細者,絲之微也。"可知"細"本指微小的絲。後引申出"細微"義,《廣雅・釋詁二》:"細,小也。"與"大"相對,泛指事物細微。如:

(215)是故堅土人剛,弱土人肥;壚土人大,沙土人細;息土人美,秏土人醜。(《淮南子・墬形訓》)按:句中"大"指高大,"細"指瘦小。

"細瘦"爲近義複合組合。如:

(216)少孤貧,細瘦類目,一足偏短,求爲仙芝傔,不納。(《資治通鑑》卷第二百一十六)

(217)杜少卿看那先生,細瘦,通眉,長爪,雙眸炯炯,知他不是庸流,便也一見如故。(《儒林外史》第三十三回)

〔瘦小〕

(218)又見部下轉過一人,瘦小身材,叫道:"我幫他去。"(《水滸傳》第六十九回)

(219)你這般瘦小身材,縱有本事,怎地近傍得他?(《水滸傳》七十四回)

〔瘦長〕

(220)面闊唇方神眼突,瘦長清秀身材,皂紗巾畔翠花開。(《水滸傳》第三十八回)

(二)反義或意義相對詞構造新組合

意義相反或相對的兩個詞也容易結合成新組合,舉例如下:

〔美惡〕

(221)長短小大,美惡形相,豈論也哉!(《荀子・非相》)

(222)故女無美惡,入宮見妒;士無賢不肖,入朝見嫉。(《史記・魯仲連鄒陽列傳》)

〔醜美〕

(223)斯蓋謂大小窊隆醜美之形,至於鼻目眾竅毛髮之狀,未有不然者也。(《後漢書・霍諝列傳》)

〔好醜〕

(224)西門豹曰:"呼河伯婦來,視其好醜。"即將女出帷中,來至前。(《史記・滑稽列傳》)

(225)急復益納宜子婦人,毋擇好醜,毋避嘗字,毋論年齒。(《漢書·谷永杜鄴列傳》)

〔媸妍〕

“媸”,《廣韻·之韻》:“媸,媸妍。”《字彙·女部》:“媸,醜也。”可知“媸”指相貌醜陋。如:

(226)猶鑒者見嫫母多媸,而歸罪於明鏡也。(《史通·内篇·言語》)

“媸妍”,美麗與醜陋。如:

(227)題勒美惡,指示媸妍。點畫之情,昭若發蒙。(《法書要録·梁中書侍郎虞龢論書表》)按:其中“美惡”與“媸妍”相對,“美”與“妍”義同,“惡”與“媸”義同。

(228)佛法棟樑,王臣瞻敬。洞鑒媸妍,祖堂金鏡。(《祖堂集》卷二)

〔妍媸〕

(229)妍媸有定矣,而憎愛異情,故兩目不相爲視焉。雅鄭有素矣,而好惡不同,故兩耳不相爲聽焉。(《抱朴子·内篇·塞難》)

(230)惟誠其意,真個如鑒之空,如衡之平,妍媸高下,隨物定形,而我無與焉,這便是正心。(《朱子語類》卷第十六)

〔蚩妍〕

“蚩”與“媸”同。“蚩妍”,醜陋與美好。如:

(231)榮納由於閃揄,孰知辨其蚩妍。(《後漢書·趙壹列傳》)

〔妍蚩〕

(232)顧長康畫人,或數年不點目精。人問其故?顧曰:“四體妍蚩,本無關於妙處;傳神寫照,正在阿堵中。”(《世説新語·巧藝》)

(233)蚩妍好惡,可得而言。(《文選·陸機〈文賦〉》)劉良注:“蚩,惡也。”

〔妍醜〕

(234)人心如一個鏡,先未有一個影像,有事物來,方始照見妍醜。(《朱子語類》卷第十六)

〔肥臞〕

(235)夫豈爲貧富肥臞哉!(《淮南子·精神訓》)

〔肥瘠〕

(236)善醫者,不視人之肥瘠,察其脈之病否而已矣。(《雜説》)

第二節　體貌美醜常用詞與名詞組合情況考察

在體貌美醜常用詞中，許多均可與名詞組合。形容詞爲常用的體貌美醜詞，後面的名詞可分爲幾類：

一、名詞爲稱呼詞

這種結構中表“稱呼”的詞主要側重於描寫人的整體形象，而不僅僅是對某個特定部位的描畫。這類詞主要有：人、女、姬、妾、婦、妻、者、童、公子、女子、娘（做女子解）、婦人、後生、粉頭、和尚等。

因“人”的指稱範圍最大，所以可與“人”搭配的體貌美醜詞的數量是最多的。如：

(237)天下之佳人莫若楚國，楚國之麗者莫若臣里，臣里之美者莫若臣東家之子。（《登徒子好色賦》）

(238)其弟，美人也；愛弟，非愛美人也。（《墨子》卷十一）

(239)月出皎兮，佼人僚兮。舒窈糾兮，勞心悄兮。（《詩經·陳風·月出》）

(240)故西施病心而矉其里，其里之醜人見而美之，歸亦捧心而矉其里。（《莊子·天運》）

(241)孟子曰：“西子蒙不潔，則人皆掩鼻而過之。雖有惡人，齊戒沐浴，則可以祀上帝。”（《孟子·離婁下》）

(242)覩一麗人，於巖之畔。（《洛神賦》）

其次爲“女”和“婦”，這與體貌美醜詞多形容女子有極大的關係。如：

(243)鄭君已立太子矣，而有所愛美女欲以其子爲后。夫人恐，因用

毒藥賊君殺之。(《韓非子·内儲説》)

(244)因以文繡千匹,好女百人,遺義渠君。(《戰國策·秦策》)

(245)阮家既嫁醜女與卿,故當有意,卿宜察之。(《世説新語·賢媛》第十九)

(246)麗女盛飾,曄如春華。(《協和婚賦》)

(247)若極粉黛,窮盛服,未必無醜婦;廢華采,去文繡,未必無美人也。(《三國志·吴書·華覈傳》)

(248)浩纖妍潔白如美婦人,常自謂才比張良,而稽古過之。(《資治通鑑》卷第一百一十九)

(249)狐始來時,於屋曲角雞栖間,作好婦形,自稱"阿紫",招我。(《搜神記》卷十八)

與其他稱呼詞的搭配。如:

(250)太史公曰:"平原君,翩翩濁世之佳公子也,然未睹大體。"(《史記·平原君虞卿列傳》)

(251)范增説項羽曰:"沛公居山東時,貪於財貨,好美姬。今入關財物無所取,婦女無所幸,此其志不在小。"(《史記·項羽本紀》)

(252)玉貌花顔俏粉頭,當場歌舞擅風流。(《水滸傳》第五十一回)

(253)妖童美妾,填乎綺室;倡謳妓樂,列乎深堂。賓客待見而不敢去,車騎交錯而不敢進。(《後漢書·王充王符仲長統列傳》)

(254)天下多美婦人,何必是?(《左傳·成公二年》)

(255)楊子過於宋東之逆旅,有妾二人,其惡者貴,美者賤。(《韓非子·説林上》)

(256)告廩獻千石之粟,告府獻五百金,告騶私廄獻良馬固車二乘,因令奄將宫人之美妾二十人並遺季也。(《韓非子·外儲説》)

(257)餘姚虞定國,有好儀容。(《搜神記》卷十七)

(258)似湘陵妃子,斜倚舜廟朱扉;如玉殿嫦娥,微現蟾宫素影。是好女子也呵!(《西廂記》第一本)

(259)若有生得好婦女,將來教洗浴了,擠朱羊乳呵中有。(《元朝秘史》卷八)

(260)那和尚光溜溜一雙賊眼,只睃趁施主嬌娘。(《水滸傳》第四十五回)

(261)到三更二更才睡,總有嬌妻美妾,同床共枕,那得情趣。(《水滸傳》第四十五回)

(262)余數見斷穀人三年二年者多,皆身輕色好,堪風寒暑濕,大都無肥者耳。(《抱朴子·内篇·雜應》)

(263)智深隨即跟到裏面看時,見綠槐樹下,放著一條桌子,鋪著些盤饌,三個盞子,三雙箸子,當中坐著一個胖和尚。(《水滸傳》第六回)

(264)見灘邊纜著一隻小船,見篷底下一個瘦後生,在那裏向火。(《水滸傳》第六十五回)

(265)強者四散,羸者相食,二三年間,關中無復人跡。(《後漢書·董卓列傳》)

二、名詞爲身體部位詞

這一類名詞是指稱身體部位的詞,即"體貌美醜常用詞+身體部位",這類詞側重對於某個部位的描寫。如目、須、手腕、髮、項、臂等。如:

(266)青色直眉,美目媔只。靨輔奇牙,宜笑嗎只。(《楚辭·大招》)

(267)趙壹字元叔,漢陽西縣人也。體貌魁梧,身長九尺,美須豪眉,望之甚偉。(《後漢書·趙壹列傳》)

(268)帝奇之,仍試令嬖臣美手腕者與女子雜處帷中,使玉各診一手,問所疾苦。(《後漢書·郭玉列傳》)

(269)(鍾離春)臼頭深目,長指大節,卬鼻結喉,肥項少髮,折腰出胸,皮膚若漆。(《列女傳》卷六)

(270)蒲州生長最奢遮,會命名鋼刀寶左車。瘦臂長腰真勇漢,楊春綽呈白花蛇。(《水滸傳》第五十九回)

(271)人毋(無)故一室人皆疫,或死或病,丈夫女子隋(墮)須(須)羸髮黄目。(睡虎地秦墓竹簡《日書甲種·詰》)

三、名詞爲體貌統稱詞

表體貌的統稱的名詞側重於描畫神色、相貌的整體狀態,如步、容、狀、影、態、色、顔、姿、模樣、形等。如:

(272)大行在殯,路人掩涕,固獨胡粉飾貌,搔頭弄姿,盤旋偃仰,從容冶步,曾無慘怛傷悴之心。(《後漢書·李固列傳》)

(273)上慢下暴。盜思伐之矣。慢藏誨盜。冶容誨淫。(《周易·繫辭上》)

(274)及至移意愛,析嬿私,雖患心妍狀,愈獻醜焉。愛升,則天下不足容其高;歡隊,故九服無所逃其命。(《後漢書·光武郭皇后紀》)

(275)今不修身而求令名於世者,猶貌甚惡而責妍影於鏡也。(《顔氏家訓·名實》

(276)壽色美而善爲妖態,作愁眉。(《後漢書·梁統列傳》)

(277)丈夫年五十而好色未解也,婦人年三十而美色衰矣。(《韓非子·備内》)

(278)章妃者,徐耕之孫也,有姝色。(《資治通鑑》卷第二百七十一)

(279)冶容媚姿,鉛華素質,伐命者也。(《抱朴子·内篇·暢玄》)

(280)潘安仁、夏侯湛並有美容,喜同行,時人謂之"連璧"。(《世説新語·容止》第十四)

(281)雖好色,必惡心,不可謂好。(《國語·晉語一》)

(282)珠崖之廢,起於長吏睹其好髮,髡取爲髲。(《三國志·吴書·薛綜傳》)

(283)諸脈欲斷,失于好顔。臥起須人,人常飲飼。(《生經·佛説迦旃延無常經》第十七)

(284)痛殺我嬌姿弱體閉泉臺,早三年以外,則落的悠悠流恨似長淮。(《竇娥冤》第四折)

(285)我和他乍相逢記不真嬌模様,我只索手抵著牙兒慢慢的想。(《西廂記》第一本)

(286)周燮字彦祖,汝南安城人,法曹掾燕之后也。燮生而欽頤折頞,醜狀駭人。(《後漢書·周燮列傳》)

(287)孟子曰:"伯夷,目不視惡色,耳不聽惡聲。……"(《孟子·萬章下》)

(288)宣王稱疾困篤,示以羸形,勝不能覺,謂之信然。(《三國志·魏書·諸夏侯曹傳》)

第三節　本章小結

漢語體貌美醜常用詞在組合上存在以下一些特點。

首先，體貌美醜詞構詞類型多樣，數量衆多。

從其構成來看，體貌美醜詞相互組合的結構，有同義聯合、類義聯合和反義聯合、相對義聯合，每個組合方式中都有大量的詞彙，其中又以同義聯合、類義聯合爲多。

在"體貌美醜形容詞＋名詞"的結構中，其名詞涵蓋人的稱謂、身體部位、體貌總稱等幾個部分，類型多樣，各個類型的數量更爲衆多，使詞彙呈現出多姿多彩的特徵。張敏（1998）指出，西方語言學傳統中有"restrictive modifier"（限制性修飾語，RM）和"non-restrictive modifier"（非限制性修飾語，NRM）的分野，RM的作用是限制、縮小中心語名詞的所指範圍，以便確定其特定的指稱，它們通常具有潛在的對比性；NRM則提供一些資訊，它們是對中心語名詞慣常已知的屬性的描述，通常不含對比意味。所以，我們傳統上把形容詞定語分爲限制性（分類性）和描寫性。[①] 諸上由"形容詞＋名詞"構成的結構，體貌美醜詞對名詞的修飾既有限制性，也有描寫性。

需要説明的是，這些"形容詞＋名詞"的結構，很多都有短語的性質。其實早期漢語複合詞多具有短語的性質。王力先生曾在《詞和仂語的界限問題》一文中說："必須承認，詞和仂語之間不是完全没有界限的。"[②]其中的"仂語"即我們説的短語。但隨著語言的發展，一些短語在使用的過

---

①張敏：《認知語言學與漢語名詞短語》，中國社會科學出版社，1998年。

②王力：《龍蟲並雕齋文集》，中華書局，1980年，第561頁。

程中逐漸凝固成了詞，如佳人、美人、美女、美色等，成了從古至今廣泛使用的複音詞。

其次，體貌美醜常用詞中，有數量不少的比較活躍的構詞成分。

從統計可知，僅就體貌美醜詞常用詞内部構詞情況而言，有些語素具有較强的構詞能力。根據構詞語素位置的不同，構詞能力較强的前置語素主要有：姸（8 詞）、妖（5 詞）、姣（6 詞）、婉（5 詞）、媚（5 詞）、嬌（11 詞）、美（5 詞）、肥（8 詞）、羸（5 詞）。構詞能力較强的後置語素主要有：冶（6 詞）、媚（7 詞）、醜（5 詞）、惡（4 詞）、美（10 詞）、好（7 詞）、麗（13 詞）。

活性構詞成分的大量出現，是複音詞中同義詞和同根詞大量增加的直接原因之一，以既定的構詞成分構造新詞，使得複音詞的衍生模式化、類推化，不僅出現了很多滋生複音詞的結構模式，使複音詞的數量大量增加，而且以舊的語素成分構造新詞，這種新舊成分的搭配使得新詞的含義更爲明晰，大衆的接受程度更高，這從另一方面加快了詞彙複音化的步伐。

最後，同現代漢語相比較，體貌美醜複合詞表現出兩種不同的情況。

一方面，相當一部分詞，無論在詞形、詞性或基本意義方面都和現代漢語的用法相差無幾，如"俏麗""美麗""嫵媚""嬌媚""妖嬈""肥胖""姣好"等。

另一方面，也有一些複合組合在性質、意義、形式和用法等方面發生了變化，産生了差異，主要表現爲以下四方面。

第一，古今意義的不同。

如"好美""好醜"等詞。古時爲聯合式複合組合，其中"好"爲"美好，美麗"義。而現代"好"在"好美""好醜"等結構中，已經丟失其"美好，美麗"義，而是做程度副詞，修飾"美""醜"等詞，"好美""好醜"等詞在現代爲偏正式短語。

第二，使用頻率不同。

有的複合詞在古時的使用頻率並無太大差異，但發展到現代漢語後，其使用頻率發生了變化，有的詞的使用頻率大大增加，成了常用詞，而有的使用頻率卻大大減少，成了非常用詞。例如，在古代，"嬌"是一個構詞能力極强的詞，常前置。僅以體貌美醜常用詞内部的搭配情況來看，可構成"嬌俏""嬌倩""嬌冶""嬌姸""嬌姝""嬌婉""嬌媚""嬌嬈""嬌美""嬌好""嬌麗"等十一個聯合式複合組合。但在現代漢語中，唯"嬌好""嬌美""嬌媚""嬌姸"仍活躍在常用詞的範圍中，其他的七個詞已經退出常用詞範圍,且在現代漢語中,“嬌妍”的所指範圍也發生了變化,不再做體貌美醜詞,而多指花的豔麗。又如,“冶”在古代也是一個構詞能力極強的詞,常後置。僅以體貌美醜常用詞内部的搭配情況來看,“冶”就可構成“佳冶”“妍冶”“妖冶”“姣冶”“婉冶”“嬌冶”等六個聯合式複合組合。但在現代漢語中,僅“妖冶”仍活躍於口語和書面語中,仍屬於常用詞範圍,而其他六個詞在文學作品中的用例並不多見,均成了非常用詞。又如“臞/癯”在古代漢語中是一個搭配能力極強的詞,可前置,也可後置。前置時可構成“臞瘠”“臞臞”“癯瘦”“癯羸”等詞,後置時可構成“肥臞”“瘦臞”“羸臞”等詞。但隨著“臞”退出常用詞範圍,由“臞”構成的一系列複合組合也相應地退出了常用詞範圍。

第三,感情色彩發生了變化。

詞的感情包括褒義、貶義和中性義。有的體貌美醜詞的複合組合在發展過程中,其感情色彩發生了變化。如“妖冶”“妖妍”“妖媚”“妖麗”等詞。在古時,以上諸詞的感情色彩均屬中性,可褒可貶,但在使用過程中,以上諸詞逐漸偏向於形容女性過於豔麗,帶有不正派的含義,偏貶義。

第四,詞的前後位置固化。

古時許多單音體貌美醜詞都能獨立成詞,當其結合成複合組合時,複合組合的意義不過是單音節詞意義的疊加,因此構詞的單音節詞其位置是靈活的,既可在前,又可在後,並不影響詞義。但隨著語言的發展,語言經濟性的要求使其僅能選擇一種形式,並固定下來。這種同素異序的體貌美醜詞在古代漢語中有“美醜”與“醜美”,“佳麗”與“麗佳”,“嬌媚”與“媚嬌”,“妍麗”與“麗妍”,等等。這些詞在一定歷史時期都有共用的現象。但在現代漢語中,以上各組均只保留一個被廣泛使用,分别爲“美醜”“佳麗”“嬌媚”“妍麗”。張巍(2005)指出,[①]制約同素逆序詞淘汰的因素是多方面的。對于聯合式同素逆序詞,首先是聲音,其次是意義。聲音的制約作用尤以声調影響最著,決定了百分之七十左右的取舍:聯合式中同調而保留下來的詞則表現出清音語素在前,濁音語素在後的特點。同時,還要綜合詞義、文化心理、語言習慣等方面的影響。漢語中的同素異序現象是一個值得研究的現象。

① 張巍:《中古漢語同素逆序詞演變研究》,復旦大學博士論文,2005年。

第五章
漢語體貌美醜常用詞發展演變研究

第一節　體貌美醜常用詞使用頻率演變

從第二章對各個時期體貌美醜常用詞的調查可知,從共時層面來看,這些常用詞的使用頻率是不同的,有的使用頻率極高,達到上百例,有的僅出現數例,有的甚至在所調查的文獻中没有用例;從歷時層面來看,各個時期所使用的體貌美醜詞是不同的,有的貫穿了較長的歷史時期,而有的僅在一段時期内使用,在另一時期卻幾乎退出歷史舞臺。就這種現象進行研究,對理清體貌美醜常用詞在整個歷史時期的共時和歷時使用情况有重要意義。

一、"美醜"類體貌美醜常用詞使用頻率演變

從前文的調查可知，在上古一期，"美醜"類的常用詞用例超過 10 例的有 6 個："美"(144 例)、"好"(23 例)、"惡"(16 例)、"麗"(14 例)、"姣/佼"(10 例)、"佳"(10 例)；在上古二期，"美醜"類的常用詞用例超過 10 例的有 5 個："美"(155 例)、"好"(34 例)、"醜"(18 例)、"惡"(15 例)、"麗"(14 例)；在中古時期，"美醜"類的常用詞用例超過 10 例的有 4 個："美"(118 例)、"好"(34 例)、"醜"(30 例)、"麗"(23 例)；在近代漢語中，"美醜"類的常用詞用例超過 10 例的有 8 個："美"(180 例)、"醜"(39 例)、"佳"(21 例)、"嬌"(21 例)、"俏"(18 例)、"好"(15 例)、"麗"(15 例)、"妍"(12 例)。

根據此調查，我們將各個時期"美醜"類用例超過 10 個的常用詞製成下表：

時期	"美醜"類常用詞									
上古一期	佳	姣	美	好		惡	麗			
上古二期			美	好		惡	麗	醜		
中古			美	好			麗	醜		
近代	佳		美	好	妍		麗	醜	俏	嬌

從上表可以看出，在各個時期所使用的"美醜"類常用詞具有一定的穩定性，如"美""好""麗"在整個歷史時期的使用頻率均很高，"醜""惡"在各個時期的使用頻率發生了一定的變化，但總的來説，其在整個歷史時期的使用頻率也較高。

"佳" 是上古一期和近代的高頻詞，但其實"佳"的使用貫穿於整個歷史時期，在上古二期，"佳"在所調查的文獻中的用例也達到 9 個，其使用也較多，"佳"較有代表性的用例如：

(1)姱修滂浩，麗以佳只。曾頰倚耳，曲眉規只。滂心綽態，姣麗施只。(《楚辭・大招》)

(2)阿縞之衣，錦繡之飾不進於前，而隨俗雅化，佳冶窈窕趙女不立於側也。(《史記・李斯列傳》)

(3)延年侍上起舞,歌曰:"北方有佳人,絶世而獨立,一顧傾人城,再顧傾人國。寧不知傾城與傾國,佳人難再得!"(《漢書·外戚傳》)

在中古時期,"佳"在所調查的文獻中的使用頻率有所下降,較有代表性的用例如:

(4)丁嫗曰:"謂汝是佳人,而無所知。"(《搜神記》卷五)

(5)高宗登白樓望見,美之,謂左右曰:"此婦人佳乎?"左右咸曰"然"。(《魏書·文成元皇后李氏列傳》)

在所調查的近代語料中,"佳"的用例主要集中在《水滸傳》中,達到16例,且全是以"佳人"這一複合組合形式出現。

由是可見,"佳"的使用貫穿了漢語詞彙發展的整個歷史過程,只是在使用頻率上逐漸降低。

"姣/佼"的較早用例出現在《詩經》中,在上古一期所調查的文獻中,"姣/佼"有相當多的用例。到上古二期,雖然"姣/佼"在所調查的文獻中的用例數量減少,但仍有一定的用例,如:

(6)陳平貧而飲食不足,貌體佼好,而衆人怪之。(《論衡骨相》)

(7)淮陰少年有侮信者,曰:"君雖姣麗,好帶長劍,怯耳能死,刺我,不能,則出我跨下。"(《風俗通義·窮通》)

(8)始偃與母以賣珠爲事,偃年十三,隨母出入主家。左右言其姣好。(《漢書·東方朔傳》)

在中古及近代所調查的文獻中,"姣/佼"僅2個用例,全見於《後漢書》中,如:

(9)形便娟以嬋媛兮,若流風之靡草。美儀操之姣麗兮,忽遺生而忘老。(《後漢書·邊讓列傳》)

我們將調查的文獻範圍擴大一些,就會發現,這一時期"姣/佼"仍活躍在文學作品中,如:

(10)姜氏正浴間,不防被一人預匿房中,將利槍從腹中一戳,可憐姜氏姣姿秀美,化作南柯一夢。其人溜躲房外去了。(《包龍圖判百家公案》第七卷)

(11)馬少卿有一位小姐,小名叫得雲容,取李青蓮"雲想衣裳花想容"之句。果然纖姣非常,世所罕有。(《二刻拍案驚奇》卷二十九)

(12)泥婆羅國,在吐蕃西。其俗剪髮與眉齊,空耳,揎以竹筒牛角,綴

至肩者以爲姣麗。(《舊唐書·泥婆羅列傳》)

(13)捧著臉兒,細看一會,道:"這般姣媚,不做些人情,不是癡了。"(《歡喜冤家》第三回)

但其使用頻率明顯降低,到現代,"姣"在所調查的文獻中没有用例,這證明,從上古以降,"姣"逐漸退出高頻詞範圍。

"妍"可能本來是個方言詞。《方言》卷一:"自關而西,秦晉之故都曰妍。好,其通語也。"秦漢之後,"妍"也逐漸變成通語。因爲"妍"泛指美麗,所以它可以形容人的長相,也可以形容人的體態。① 在所調查的文獻中,"妍"在上古没有用例,我們將調查的文獻擴大一些,發現其實"妍"自上古以降,在各時期也有相當數量的用例,如:

(14)妍媸有定矣,而憎愛異情,故兩目不相爲視焉。(《抱朴子·内篇·塞難》)

(15)髀至足長三尺二寸,足長八寸;脛跗豐妍,底平指斂,約缣迫襪,收束微如禁中,久之不得音響。(《漢雜事秘辛》)

(16)及至移意愛,析嬿私,雖惠心妍狀,愈獻醜焉。愛升,則天下不足容其高;歡隊,故九服無所逃其命。(《後漢書·光武郭皇后紀》)

(17)四體妍蚩,本無闕少於妙處,傳神寫照,正在阿堵中。(《晉書·顧愷之列傳》)

由是可以看出,"妍"的使用同樣貫穿整個漢語詞彙發展過程,只是各個歷史時期其使用頻率並不相同。

"俏"在所調查的語料中,主要出現在近代文學作品中。我們將調查的文獻範圍擴大一些,發現其實"俏"做"美麗、漂亮"解,是在唐宋以後産生,主要使用在唐詩、宋詞和元曲中,是口語性很強的一個詞。雖然在上古和中古的語料中難覓到"俏"的用例,但在"俏"産生以後,其詞義就具有極強的穩固性,廣泛使用於近代的諸多語料中,貫穿於近代漢語發展的全過程。

"嬌"是"姣""狡"的後起字,《一切經音義》卷九:"姣,古文嬌。""姣/佼"應用於魏晉之前,"嬌"盛行於六朝之後。"姣""嬌"交替也引起了一些意義上的變化:"姣/佼"重在體態的長大;"嬌"則重在姿態柔媚小巧,

①王鳳陽:《古辭辨》,吉林文史出版社,1993年,856頁。

惹人喜愛。《説文·新附》:“嬌,姿也。”《廣韻》:“態也。”《增韻》:“嬌嬈也。”①其較早且較具代表性的用例如:

(18)憶昔嬌小姿,春心亦自持。(《江夏行》)

(19)御苑新有千葉桃花,帝親折一枝,插於妃子寶冠上,曰:此個花尤能助嬌態也。(《開元通寶遺事》)

由是觀之,“嬌”在産生之後,就進入常用詞行列,被廣泛應用於歷代文學作品中。

在以上分析的諸詞中,從其使用頻率來看,有的貫穿於從上古到近代的整個漢語詞彙發展過程,如“美”“好”;有的雖然貫穿整個歷史時期,但在各個歷史時期其使用頻率有一定的差異,如“麗”“惡”“醜”“佳”“姣/佼”“妍”等;有的是在歷史上某個時期産生,然後被廣泛使用於其後的各個歷史時期,如“俏”自唐宋産生後,即進入常用詞行列,“嬌”在六朝産生後,即被廣泛運用於文學作品中。不管是哪種方式,這些常用詞所表現出來的穩定性和發展性都在漢語詞彙發展中顯得尤爲重要,正因如此,才使漢語詞彙的發展呈現出連續性和傳承性,從而使漢民族文化保持了一脈相承性。

二、“胖瘦”類體貌美醜常用詞使用頻率演變

如前所述,使用頻率大致可以反映一個詞在該時代的使用情況,使用頻率越高的詞,説明它越常用。我們調查研究了從上古到近代的體貌美醜常用詞,在上古一期,“胖瘦”類的常用詞用例超過 10 例的有 3 個:“肥”(18 例)、“臞/癯”(11 例)、“羸”(10 例);在上古二期,“胖瘦”類的常用詞用例超過 10 例的有 2 個:“肥”(36 例)、“羸”(13 例);在中古時期,“胖瘦”類的常用詞用例超過 10 例的有 4 個:“羸”(47 例)、“肥”(23 例)、“瘦”(19 例)、“瘠”(15 例);在近代漢語中,“胖瘦”類的常用詞用例超過 10 例的有 5 個:“肥”(110 例)、“羸”(98 例)、“瘦”(74 例)、“胖”(25 例)、“瘠”(18 例)。

根據此調查,我們將各個時期“胖瘦”類用例超過 10 個的常用詞製成下表:

---

①王鳳陽:《古辭辨》,吉林文史出版社,1993 年,857 頁。

時期	"胖瘦"類常用詞					
上古一期	肥	臞/癯	羸			
上古二期	肥		羸			
中古	肥		羸	瘠	瘦	
近代	肥		羸	瘠	瘦	胖

從上表可以看出,各個時期所使用的"胖瘦"類常用詞具有一定的穩定性,如"肥""羸"在整個歷史時期的使用頻率均很高,"瘠""瘦"的使用頻率也較高,雖然"胖"作爲高頻使用詞只出現在近代,但其一出現,就進入了常用詞領域,被廣泛運用於文學作品中,並且直到現代,"胖"仍是"胖瘦"類最常用的詞之一。

在上表中顯示"臞/癯"是上古一期表"瘦"類很常用的詞,其實在上古二期所調查的文獻中,"臞/癯"也有 7 例,也是被使用極廣的一個詞,到中古以降,其用例明顯減少,主要如:

(20)聖躬荷負蒼生以爲任,弘濟四海以爲心,不憚胼胝之勞,不辭癯瘦之苦,豈止日仄忘飢,夜分廢寢。(《梁書・賀琛列傳》)

(21)上雖外順皇旨,内殷私痛,獨居不禦酒肉,坐臥泣涕沾衣。若此移年,癯瘠改貌。(沈休文《齊故安陸昭王碑文》)

從語言的使用上來看,"臞/癯"到中古以降其用例明顯減少,這可能與其同義詞"瘦"的廣泛運用有一定的聯系。"臞/癯"與"瘦"在詞義上極爲近似,在上古時常組合成"臞瘦"這一聯合式複合組合。中古後,"瘦"的崛起對"臞/癯"的使用産生了排擠作用,這導致了"臞/癯"使用範圍的收窄,反映出來的結果就是其在文獻中的用例大量減少。

在近代漢語中,"臞/癯"主要被使用於一些書面語性質極強的文學作品中,而在口語體裁的文學作品中並不多見。如:

(22)沉痾乍起倍清癯,閉户兼旬似隱居;興至偶然乘彩鷁,閒憑水榭數遊魚。(《潮嘉風月・麗品》)

(23)尚書清癯瘦削,若不勝衣,而終日端坐讀書無倦容。(《春冰室野乘》卷中)

(24)吾不知五十九年之非而今日之是,又不知五十九年之是而今日之非,吾不知天地之大也寒暑之變,悟昔日之癯而今日之肥。(《東坡志林・亭堂》)

上表顯示,“瘠”在中古和近代的用例較多,其實,在中古,“瘠”的用例主要集中在《魏書》中,達到 12 例,在其他文獻中的用例卻不甚多。同樣的,在近代,“瘠”的用例主要集中在《資治通鑑》中,達到 12 例,其次是《隋書》有 5 例。而在本書所調查的上古文獻中,“瘠”的用例爲 12 例,且呈常態分布,在許多文獻中均有用例。如:

(25)四曰墳衍。其動物宜介物。其植物宜莢物。其民皙而瘠。(《周禮·地官司徒》)

(26)葉公子高,微小短瘠,行若將不勝其衣然。(《荀子·非相》)

(27)上使劉敬復往使匈奴,還報曰:“兩國相擊,此宜誇矜見所長。今臣往,徒見羸瘠老弱,此必欲見短,伏奇兵以爭利。”(《史記·劉敬叔孫通列傳》)

(28)故堯、禹有九年之水,湯有七年之旱,而國亡捐瘠者,以畜積多而備先具也。(《漢書·食貨志》)

這證明,“瘠”從上古到近代均有使用,但其使用範圍在逐漸收窄。

在所調查的文獻中,“瘦”在上古的用例較少,但我們將調查的文獻範圍擴大一些,發現其實在上古時期,也能發現“瘦”的用例。如:

(29)和熹鄧后自遭大憂,及新野君仍喪,諸兄常悲傷思慕,羸瘦骨立,不能自勝。(《東觀漢記》卷六)

(30)濟北李登,爲從事史,病,得假歸家,復移刺延期,後被召,登自嫌不甚羸瘦。(《風俗通義·佚文》)

(31)蓋聞傳書曰:神農憔悴,堯瘦臞,舜黴黑,禹胼胝。(《淮南子·修務訓》)

“瘦”雖然是一個産生較晚的體貌美醜詞,但其一産生,就迅速進入了常用詞行列,到今天,“瘦”仍是表瘦小、瘦弱時最常用的一個詞。

“胖”這個詞的産生時間並不晚。《禮記·大學》中有:“富潤屋,德潤身,心寬體胖,故君子必誠其意。”鄭玄注:“胖,猶大也。”《章句》:“胖,安舒也。”由此可知,“胖”出現的時間並不晚,只是當時人們運用它的頻率不高,而且它的意義也並不是今天人們所説的“肥胖”義。“胖”的”肥胖“義是中古以後才出現的。① 起初“胖”“肥”的使用範圍不分,人畜共指。如:

① 王鳳陽:《古辭辨》,吉林文史出版社,1993 年,第 173 頁。

(32)逐宵上草料數十番,餵飼得膘息胖肥。(《耍孩兒·借馬》)

後來"胖"與"肥"的所指發生分離,"胖"主要指人,而"肥"主要指畜。如:

(33)跳出一個胖大和尚來,喝道:"洒家在林子裏聽你多時!"(《水滸傳》第九回)

(34)那庫吏是酒色淘虛的人,更兼身體肥胖,未動手先是氣喘,那裏架隔得住。(《水滸傳》第九十四回)

直到現代漢語中,"肥"與"胖"仍是使用最廣泛的"胖瘦"類詞。

第二節　體貌美醜常用詞詞義發展演變

因爲常用詞應用廣泛,承擔的言語職能比其他詞彙要多,大多數常用詞的意義都比較複雜。有一些常用詞在古代漢語和現代漢語中都頻繁地出現,因此,對於一些常用詞來説,其演變過程並不是單純地詞語替换,所以"在討論詞義的發展變化和同義詞、反義詞等問題時,都不能籠統地以詞爲單位,而要以義位爲單位"①。據此思路,我們在討論體貌美醜常用詞詞義發展演變時,主要是以"美醜""胖瘦"類詞相關義位爲對象來進行研究的。

一、"美醜"類常用詞詞義發展演變

1.美、好

"美",《説文·羊部》:"美,甘也。从羊,从大。羊在六畜主給膳也。

---

①蔣紹愚:《古漢語詞彙綱要》,北京大學出版社,1989年,第37頁。

美與善同義。”徐鉉等曰：“羊大則美。”段玉裁注：“甘者五味之一，而五味之美皆曰甘。”許慎認爲“美”之本義爲味美，後才引申出“美善”之義。其實，許慎的這個説法有一定的問題。

“美”在甲骨文中爲、、等形，《甲骨文字典》“美”條：“象人首上加羽毛或羊首等飾物之形，古人以此爲美。所从之爲羊頭，爲羽毛。《説文》皆从羊，不復區别。”李孝定《甲骨文字集釋》做“疑象人飾羊首之形”，這種觀點取象形説，認爲“美”是一戴有羊角頭飾的人。康殷將“美”字當中許慎認作羊形的部分釋爲羽毛，認爲“美”是頭戴羽毛的舞人，取形態、動作的意思。①

由上可知，“美”在甲骨文時代是一戴有羊角頭飾的人形。“我們對於某些古文字，如果追溯其構形的由來，往往可以看出有關古代人類的生活動態和風俗習慣，值得我們很好地加以利用。”②

于省吾先生在《釋羌、笱、敬、美》一文中從甲骨文和金文字形分析、傳世文獻考察、中外少數民族服飾調查、實物舉證等方面對“美”字進行了研究，指出：

“美字的初文，象人戴兩雙羊角而正立形，其後則簡化爲戴一雙羊角或鹿角。……《説文》訓美爲甘，解釋美字爲从羊从大，又訓媄爲色好。按許氏既把象形的獨體字誤解爲會意的合體字；又不知美之本形爲戴角，取義於美好的裝飾，因而引伸爲凡美好之通稱，再引伸爲甘美之美；反而直接訓美爲甘，别以後起从女美聲的媄當作美好之通稱，顛倒乖舛，由來已久。”③

結合字形可知，“美”在造字之初有“美好的裝飾”之義，“就羌與美的戴角以爲裝飾來説，有關審美觀念”。④ 後詞義分化，它既可以表示容貌美麗，也兼指服飾之美，有儀表堂堂之義。如：

(35)夫仇由貪大鐘之賂而亡其國，虞君利垂棘之璧而擒其身，獻公豔驪姬之美而亂四世，桓公甘易牙之和而不以時葬，胡王淫女樂之娱而亡上地。(《淮南子·精神訓》)高誘注：“好色曰美。”

①康殷：《文字源流淺説》，榮寶齋，1979年，第131頁。
②于省吾：《釋羌、笱、敬、美》，吉林大學社會科學學報，1963年第1期。
③于省吾：《釋羌、笱、敬、美》，吉林大學社會科學學報，1963年第1期。
④于省吾：《釋羌、笱、敬、美》，吉林大學社會科學學報，1963年第1期。

(36)穆子曰:“楚公子甚美,不大夫矣,抑君也。”(《國語·魯語下》)韋昭注:“美,謂服飾盛也。”

因“美”兼及儀容儀表,所以“美”不僅限於形容女子,也常常形容男子。指男子,如:

(37)鄒忌修八尺有餘,身體昳麗。朝服衣冠窺鏡,謂其妻曰:“我孰與城北徐公美?”(《戰國策·齊策》)

(38)絳侯、灌嬰等咸讒陳平曰:“平雖美丈夫,如冠玉耳,其中未必有也。”(《史記·陳丞相世家》)

(39)其弟,美人也;愛弟,非愛美人也。(《墨子》卷十一)

(40)靈修美人,以媲於君。(《離騷經序》)

(41)渺渺兮余懷,望美人兮天一方。(《前赤壁賦》)

因“美”可以泛稱男女的貌美,所以它的反義詞可以是泛稱貌醜的“惡”,也可以是專指容貌不好的“醜”。如:

(42)美女入室,醜女之仇。(《史記·外戚世家》)

(43)禍福安可期,美顏不如醜。(《青塚》)

從上古以降,“美”表“美麗”這一義位呈現出極強的穩定性,一直是表示“美麗”義最常用的詞。

而“好”的發展則有所不同。

“好”字最早見於西周,有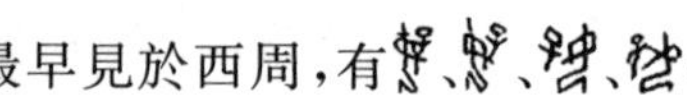等形,从女从子。

《甲骨文金文字典》釋“好”爲“美、善、佳”。

(44)用濼(樂)好賓。(《虘鍾》①)

(45)杜伯作寶盨。其用享孝於皇神祖考。於好朋友。(《杜伯盨》②)

(46)用作朕皇考武乖幾王尊簋,用孝宗廟。享夙夕,好朋友與百諸婚媾。(《乖伯歸夆簋》③)④

①社科院考古所《殷周金文集成》,中華書局,1984年—1994年,1.88。

②社科院考古所《殷周金文集成》,中華書局,1984年—1994年,9.4449。

③社科院考古所《殷周金文集成》,中華書局,1984年—1994年,8.4331。

④按:郭沫若《乖伯簋》下曰:“兩‘好’字均當讀爲孝。孝者,享也,養也。於宗廟固可言孝,於朋友婚媾亦可言孝。殳季良父壺言‘用享孝於兄弟婚媾諸老’,正其明證。或於‘好朋友’三字以今言解之,非是。”(郭沫若《兩周金文辭大系圖録考釋》,上海書店出版社,1997年,第148頁)郭説非是。《杜伯盨》:“杜伯作寶盨。其用享孝於皇神祖考。於好朋友。”中介詞“於”後“好朋友”應爲動詞“享孝”之賓語,“好”爲形容詞,修飾“朋友”。據此,“好”應有“美善”義,而非郭説“好”讀爲孝,爲動詞之用。

由上可知,"好"最初應是表示"佳好,美好"的泛指。

從對語料的調查可知,在上古時期,"好"與"美"一樣,都是一個很常用的體貌美醜詞,從中古以降,"好"作爲"美麗"的用例逐漸減少。這可以從"好"義位的發展找到原因。

在上古時期,"好"主要有兩種用法。一是做動詞,表示喜歡、喜好之義。如:

(47)子曰:"敏而好學,不恥下問,是以謂之文也。"(《論語·公冶長》)

(48)吾王之好鼓樂,夫何使我至於此極也?父子不相見,兄弟妻子離散。(《孟子·梁惠王下》)

(49)故居者有積倉,行者有裹囊也,然後可以爰方啟行。王如好貨,與百姓同之,於王何有?(《孟子·梁惠王下》)

另外一種就是作爲形容詞。其中一個義位爲泛指美好。如:

(50)上有嬖臣李延年以好音見,上善之。(《史記·孝武本紀》)

(51)父出應之,不見人,有一木杖植其門側,好善異於眾。其父持杖入門以示人。人占曰:"吉。"(《論衡·吉驗》)

(52)若向令兩人以管吹其兩耳,罙好,此法最善,無不活者。(《金匱要略·雜療方》)

(53)北海靖王興,上撫育如子,每朝廷有異政,京師雨澤,秋稼好醜,輒驛馬下問興。其見親重如此。(《東觀漢記》卷七)

(54)天不廣,不能包含萬物。萬物皆半好半惡,皆令忍之。(《太平經·乙部·以樂卻災法》)

另一義位是專指人的容貌、體態的美好。"好",《方言》卷二:"自關而西,秦晉之間凡美色,或謂之好,或謂之窕。"可知,"好"最初可能是方言,但這一時期,"好"的適用範圍很廣,南北通用,已經變成了通語。"好"指人時一般用於女子,側重容貌膚色的美,指長相漂亮。如:

(55)雖好色,必惡心,不可謂好。(《國語·晉語一》)韋昭注:"好,美也。"

(56)因以文繡千匹,好女百人,遺義渠君。(《戰國策·秦策》)

(57)朱唇皓齒,嫭以姱只。比德好閑,習以都只。(《楚辭·大招》)

(58)九侯有好女,入之紂。九侯女不憙淫,紂怒,殺之,而醢九侯。(《史記·殷本紀》)

(59)孔氏之豎渾良夫美好,孔文子卒,良夫通於悝母。(《史記·衛康叔世家》)

從以上用例可看出,這一時期,"好"的"好、良好"之義位與"美麗、美好"這一義位均使用很廣。

在東漢末期的口語中,"好"表示"好、良好"義的義位開始逐漸活躍,在東漢末期的漢譯佛經中,該義位的用例大幅增加,組成"好心、好音、好物、好醜、名珠好繡、好寶、好麻油、好器、好衣、好法、好知識、好語、好言、好行、好處、語聲好、音調好、好筆、好素、好香、好燈炷、好藥樹木、好語言、好器物、好軀、好樹"等衆多的搭配。如前所述,在所調查的中古文獻中,"好"作爲"相貌美麗"解的 34 個用例中,《生經》就有 21 例。證明在這一時期,"好"作爲"美麗"的這一義位逐漸淡出了書面語,但在口語中,還能找到其用例。如:

(60)其婦端正殊好,見夫舍家作沙門,便復行嫁。(《生經·佛說那賴經》第一)按:"殊好"即"美麗"。

(61)前頭有一個女兒生得好,若是不曾嫁人呵,索與弟朵奔篾兒幹做妻。(《元朝秘史》卷一)

(62)這女兒名阿闌豁阿,果然生得好,也不曾嫁人。(《元朝秘史》卷一)按:其中"生得好"即"長得漂亮"。

兩漢之後,在魏晉六朝時期的《搜神記》《抱朴子》《世説新語》等語料中,"好"的"好、良好"這一義位的用例都很多。如:

(63)當得稻糠,黄色犬一頭,好馬二匹。(《搜神記》卷三)

(64)借木馬二匹,以酒噀之,皆成好馬,鞍勒俱全。(《搜神記》卷十六)

(65)凡人唯知美食好衣,聲色富貴而已,恣心盡欲,奄忽終歿之徒,慎無以神丹告之,令其笑道謗真。(《抱朴子·内篇·金丹》)

(66)王祥事後母朱夫人甚謹,家有一李樹,結子殊好,母恒使守之。(《世説新語·德行》)

(67)阮光禄在剡,曾有好車,借者無不皆給。有人葬母,意欲借而不敢言。(《世説新語·德行》)

在兩漢以後的語料中,"好"表"好、良好"這一義位繼續發展,可以表示味道好、山水好、性格好、品性好、技術好、外表好、形態好,或者籠統地表示人或事物的好、出色。現代漢語中的"好"所具有的意義已經基本齊備了,而且這種用法一直沿用至今。

從以上的分析可以看到，從上古以降，“美”表“美麗”這一義位呈現出極強的穩定性，一直是表示“美麗”義最常用的詞。而“好”的發展則有所不同。在上古時期，“好”做形容詞時主要是“好、良好”和“美麗、漂亮”之義，中古以降，“好”的“相貌美好”這一義位的使用逐漸減少，而“好、良好”這一義位表現得更爲活躍，正是這一義位在書面語中的廣泛應用，將“好”的“美麗、漂亮”這一義位排擠到口語中，而“好、良好”的這個義位一直沿用至今。

2.麗、妍、姣、嬌、妖、媚、姝

與“美”“好”相比，這幾個詞的使用頻率低一些，現合並分析。

“麗”，《説文・鹿部》：“麗，旅行也。鹿之性，見食急則必旅行。从鹿，丽聲。”王筠句讀：“旅，俗作侶。”李孝定《甲骨文字集釋》：“‘丽聲’之丽，諸家以爲即此字之古文是也。麗既以古文爲聲，則从鹿必屬後起。竊謂麗之本義訓兩訓耦，麗字从鹿，當爲鹿之旅行之專字。”

《説文解字注》“麗”下注曰：“兩相附則爲麗。”可見，“麗”有附著之義。《周易・離》：“《彖》曰：離，麗也。日月麗乎天，百穀草木麗乎土。重明以麗乎正，乃化成天下。柔麗乎中正，故亨。”王弼注：“麗猶著也。”孔穎達疏：“此廣明附著之義。以柔附著中正是附得宜，故廣言所附得宜之事也。”《釋名・釋天》：“午，仵也，陰氣從下上，與陽相仵逆也。于《易》爲離。離，麗也，物皆附麗陽氣以茂也。”《後漢書・張衡列傳》：“夫戰國交爭，戎車競驅，君若綴旒，人無所麗。”李賢注：“麗，附也。”正因如此，“麗”表示美時，主要是指外表之美、服飾之美。這一用法自秦有之。如：

(68)玉爲人體貌閑麗，口多微辭，又性好色。願王勿與出入後宫。(《登徒子好色賦》)

(69)美、髯、長、大、壯、麗、勇、敢，八者俱過人也，因以是窮。(《莊子・列御寇》)

(70)且顔先生與寡人游，食必太牢，出必乘車，妻子衣服麗都。(《戰國策・齊策》)

到秦漢時期，“麗”的“附麗”這一義位的使用範圍不斷縮小，而“美麗”這一義位的用例大量增加，而且在這一時期，“麗”已經表現出強大的構詞能力，可構成“姣麗” “曼麗”“姝麗”“麗佳”“美麗”“偉麗”“妙麗”“奇麗”等詞，而且“麗”這種強大的構詞能力一直持續到現代漢語中。“麗”單用的例子並不多見,而以其爲語素構成的複音詞,數量卻極爲龐大。

“妍”,最初可能是方言詞。《方言》卷一:“自關而西,秦晉之故都曰妍。”秦漢之後,“妍”也逐漸變爲通語。

“妍”泛指美麗,所以它可以形容人的長相,也可以形容人的體態。如:

(71)諺云:“妍皮不裹癡骨”,妄語耳。(《晉書·慕容超記》)

(72)妍姿化已久,但有村名存。(《過昭君村》)

“妍”多用在口語性較強的文學作品中,可單用。如:

(73)此如明鑒之懸,妍者自妍,醜者自醜,隨所來而應之。不成醜者至前,須要換作妍者!(《朱子語類》卷第十六)

(74)今不修身而求令名於世者,猶貌甚惡而責妍影於鏡也。(《顏氏家訓·名實》)

“妍”也是構詞能力極強的一個語素,可構成“媸妍”(有時也寫作“蚩妍”)、“妍媸”(有時也寫作“妍蚩”)、“妍醜”“妖妍”“妍麗”等合組合。如:

(75)佛法棟樑,王臣瞻敬。洞鑒媸妍,祖堂金鏡。(《祖堂集》卷二)

(76)要自省,妍媸貴賤,壽夭窮通,這幾事皆前定,使不著吾強我性。(《哨遍·村居》)

(77)皆榮非德舉,位罕才升,不知何者爲妍蚩,何者爲美惡。(《資治通鑑》卷第二百五)

(78)人心如一個鏡,先未有一個影像,有事物來,方始照見妍醜。(《朱子語類》卷第十六)

(79)自後有貴賤、貧富、長幼、妍醜,匹配之不齊者,各生悔怨。(《南村輟耕録》卷九)

(80)凡讀書,先讀語孟,然後觀史,則如明鑒在此,而妍醜不可逃。(《朱子語類》卷第十一)

(81)你道是吕布人中多俊雅,貂蟬世上最妖妍。(《錦雲堂暗定連環計》)

(82)浩纖妍潔白如美婦人,常自謂才比張良,而稽古過之。(《資治通鑑》卷第一百一十九)

(83)未幾,紅巾入寇,夫婦被執,見哥妍麗,將殺其夫。(《南村輟耕録》卷二十七)

“姣/佼”，最初可能是方言詞。《方言》：“秦晉之間，凡好而輕者謂之娥。自關而東，河濟之間，謂之媌，或謂之姣。”

“姣”本有“長大美好”之義。《説文·女部》：“姣，好也。”段玉裁注：“姣謂容體壯大之好也。”徐灝箋：“凡从交聲之字其義多爲長……壯佼亦謂其壯而高長，非謂大也。”如：

(84)古者桀紂長巨姣美，天下之傑也。(《荀子·非相》)

(85)語稱上世之人，侗長佼好，堅彊老壽，百歲左右；下世之人，短小陋醜，夭折早死。(《論衡·齊世》)《論衡校釋》：“侗亦長也。注氣壽篇。説文：‘姣，好也。’‘佼’，假字。”

“佼/姣”常常偏重於指身材高而匀稱、苗條，一般指女子，但也可指男子。如：

(86)月出皎兮，佼人僚兮。(《詩經·陳風·月出》)朱熹注：“佼人，美人也。”

(87)陳平貧而飲食不足，貌體佼好，而眾人怪之。(《論衡·骨相》)按：此句中“佼好”指男子。

通常認爲，“嬌”是“姣”的後起字，《一切經音義》卷九：“姣，古文嬌字。”“姣/佼”主要應用於魏晉之前，“嬌”盛行於六朝之後。“姣/佼”重在體態的長大，“嬌”則重在姿態柔媚小巧，惹人喜愛。其實在魏晉之後，文學作品中仍能發現“姣/佼”的用例，而且其意義也發生了一定的改變，從著重指體態長大到泛指美麗、美好。如：

(88)姜氏正浴間，不防被一人預匿房中，將利槍從腹中一戳，可憐姜氏姣姿秀美，化作南柯一夢。其人溜躲房外去了。(《包龍圖判百家公案》第七卷)

(89)人不能思想，則雖面目姣好，雖能笑啼感覺，亦何足取哉？(《文學改良芻議》)

而“嬌”在産生後不久，其詞義就産生了泛化，一方面，其仍可表示姿態柔媚小巧。如：

(90)日曈曨，嬌柔懶起，簾押殘花影。(《歸朝歡》)按：“嬌柔”指嬌媚柔弱，嬌媚輕柔。

(91)大婦刺方領，中婦抱嬰兒，小婦尚嬌稚，端坐吹參差。(《相逢行》)按：“嬌稚”指年輕，年少。

(92)我的身子本來嬌小,可是那張床幾乎還容不下。(《利娜》)按:“嬌小”指窈窕;小巧。

(93)你知道我的身體嬌弱,要是人和我握手,稍微捏緊一點,我就會叫出聲來。(《利娜》)按:“嬌弱”指柔嫩纖弱。

另一方面,“嬌”也可泛指姿態柔媚可愛。如:

(94)家家玉帛棄泥土,少女嬌妻愁被虜。(《西厢記諸宫調》卷二)按:“嬌妻”指年輕、美貌的妻子。

(95)人太生嬌俏了,可知心就嫉妒了。鳳丫頭倒好意待他,他倒這樣爭鋒吃醋的。(《紅樓夢》第六九回)按:“嬌俏”指美麗俊俏。

(96)可是理性逼迫他離開這個嬌冶的誘惑。(《創造》三)按:“嬌冶”指豔麗妖媚。

(97)她在他們中間愉快地坐了一會兒,在那時,她的面孔顯著少有的温柔、嬌美、年輕。(《旅途》一)按:“嬌美”指美麗。

(98)我的兩個嬌兒呀,兩枝花,未嫁嬌娥,比不上賠錢貨。(《桂林霜·烈殉》)按:“嬌娥”指美人,尤指美貌的少女。

(99)娶著會稽陸氏女,姿容嬌媚。(《二刻拍案驚奇》卷十一)按:“嬌媚”謂姿貌、聲音柔美動人。

(100)嬌嬈意態不勝羞,願倚郎肩永相著。(《意緒》)按:“嬌嬈”指柔美嫵媚。

“妖”,《一切經音義》卷一:“妖,妍也。”但“妖”偏重於指異常的美、迷人的美。如:

(101)念我平居時,鬱然思妖姬。(《詠懷》之五一)

(102)妖女褰帷去,躞蹀初下床。(《嘲劉諮議》)

(103)城南日半上,微步弄妖姿。(《羅敷行》)

(104)妖姿要妙,絶代未有。(《李娃傳》)

其中,“妖女”“妖姬”均指美麗動人、迷人的美女,“妖姿”指豔麗的姿容。

最初“妖”並没有貶義,但自從妖魔害人的觀念産生後,“妖”就逐漸有了不正派、不端莊、淫邪之義了。如:

(105)遂换了女子之靈魂,變爲妖媚之形。(《武王伐紂平話》卷上)

(106)比夫惑妖艷以喪其命,因醇醪以亡其身者,蓋相去之遠矣。(《舊五代史·皇甫遇王清等傳論》)

(107)雖具富貴姿,而非妖冶容。(《山茶》)

上例中的“妖媚”“妖豔”“妖冶”均指嫵媚豔麗而不正派。

而“妖冶”最初是個聯綿詞,形容異常豔麗嫵媚。如:

(108)若夫青琴宓妃之徒,絶殊離俗,妖冶嫻都,靚莊刻飭,便嬛嬛婥約,柔橈嬛嬛,嫵媚姌嫋。(《史記·司馬相如列傳》)

“妖冶”也寫作“姚冶”“容冶”“窕冶”“遊冶”“冶由”等詞,形式不同,意義實一。隨著“妖”的單音化,“冶”也獨立成詞,可和其他單音詞組合成複音詞如“冶麗”“佳冶”等:

(109)衆人抬頭一看,果然豐姿冶麗,絶世無雙。(《初刻拍案驚奇》卷五)

(110)阿縞之衣,錦繡之飾不進於前,而隨俗雅化,佳冶窈窕趙女不立於側也。(《史記·李斯列傳》)

因“妖”的影響,“冶”也逐漸發展出貶義。如:

(111)雖具富貴姿,而非妖冶容。(《山茶》)

(112)“你是一天一天的肉感化,一天一天的現實化,一天一天的粗淺化,哎,桂,你是太快地進入了平凡醜惡的散文時代了。”回答是長聲的蕩人心魂的冶笑。(《詩與散文》)其中,“冶笑”指妖媚的笑。

“媚”,《説文·女部》:“媚,説也。从女,眉聲。”段玉裁注:“説,今悦字也。《大雅》毛傳曰:媚,愛也。”在先秦,“媚”多用作動詞,爲奉承討好、取悦於人的意思。如:

(113)媚茲一人,應侯順德。永言孝思,昭哉嗣服。(《詩經·大雅·下武》)鄭玄箋:“媚,愛。”

這種討好可以是言行上的。如:

(114)百辟卿士,媚於天子。不解於位,民之攸塈。(《詩經·大雅·假樂》)

也可以是以美好漂亮的姿態討好人。如:

(115)夫妻相惡,垛(塗)户□方五尺。欲微(媚)貴人,垛(塗)門左右方五尺。(馬王堆漢墓帛書《雜禁方》)

(116)女子彈弦跕躧,游媚富貴,遍諸侯之後宫。(《漢書·地理志》)

如上所述,打扮漂亮、做出取悦於人的姿態稱“媚”,因此秦漢以降,“媚”引申出了“美好、可愛”之義。如:

(117)若夫青琴宓妃之徒,絶殊離俗,姣冶嫻都,靚莊刻飭,便嬛綽約,

柔橈嫚嫚,嫵媚姌嫋。(《史記·司馬相如列傳》)

(118)長袖奮而生風,清氣激而繞結。爾乃妍媚遞進,巧弄相加,俯仰異容,忽兮神化。(《後漢書·邊讓列傳》)

但"媚"所稱的美好,帶有討人喜歡、招人愛的色彩。如:

(119)杜別而行,途中遇六七女郎,容色媚好。(《聊齋志異·杜翁》)按:"容色媚好"指容貌美麗,招人喜愛。

(120)只見他一雙媚眼,不住的把閒人生上下只顧看。(《初刻拍案驚奇》卷三四)按:"媚眼"指美麗而招人喜愛的眼睛。

(121)婀娜娉婷,別饒媚態,年止十六,梳櫳纔一月耳。(《淞濱瑣話·畫船紀豔》)按:"媚態"指美麗而招人喜愛的姿態。

"姝",《方言》卷一:"趙魏燕代之間曰姝。"可見"姝"是北方方言。"姝",《説文·女部》:"姝,好也。"朱駿聲通訓定聲:"《華嚴經音義上》引《説文》:色美也。"《廣韻·虞韻》:"姝,美好。"《詩·邶風·靜女》:"靜女其姝,俟我於城隅。"毛傳:"姝,美也。"可知"姝"最初義爲"美麗、美女"。"姝"最早出現在《詩經》中,共 3 例,均做形容詞,修飾名詞。如:

(122)靜女其姝,俟我於城隅。愛而不見,搔首踟躕。(《詩經·邶風·靜女》)毛傳:"姝,美也。"

(123)東方之日兮,彼姝者子。在我室兮。在我室兮,履我即兮。東方之月兮,彼姝者子,在我闥兮。在我闥兮,履我發兮。(《詩經·齊風·東方之日》)

"姝"也做名詞,指美女。如:

(124)此郊之姝,華色含光,體美容冶,不待飾裝。(《登徒子好色賦》)

(125)使君從南來,五馬立踟躕。使君遣吏往,問是誰家姝?(《宋書·樂志·大曲·〈羅敷〉》)

"姝"可構成複合組合"姝美""姝好""姝麗""嫿姝""麗姝"。如:

(126)數十步,復入一板門。又十餘步,乃見大門,制度宏麗,擬于公侯之家。復有丫鬟數人,皆及姝美,先出迎客。(《河東記·韋丹》)

(127)其婦端正殊好,見夫舍家作沙門,便復行嫁。(《生經·佛説那賴經》第一)

(128)后長七尺二寸,姿顔姝麗,絶異於眾。(《後漢書·和熹鄧后紀》)

(129)這的是豔晶晶霓裳曲裏嬌姝,蜩亭亭翠盤掌上輕軀。(《長生殿》第三十三出)

(130)宦人更求麗姝知書者數十人,侍帝爲内調。(《新唐書·韓全誨傳》)

"姝"在歷代的用例均不多,到現代,"姝"更是淡出常用詞範圍,只在人名中偶有出現。

3.醜、惡

"醜",《説文·鬼部》:"醜,可惡也。"可知,"醜"最初是令人憎惡的意思,如:

(131)既醜有夏,復歸於亳。(《尚書·胤征》)

(132)惡直醜正,實蕃有徒。(《左傳·昭公二十八年》)

"惡",《説文·心部》:"惡,過也。"《廣韻·鐸韻》:"惡,不善也。"可知"惡"最初爲"罪過,罪惡"義。如:

(133)吾以志前惡。(《左傳·定公五年》)杜預注:"惡,過也。"

在先秦文獻中,表示"醜陋"這個語義多用"惡",如:

(134)五曰惡,六曰弱。(《尚書·洪範》)孔傳:"惡,醜陋。"

(135)公見其妻曰:"此子之内子邪?"晏子對曰:"然,是也。"公曰:"嘻,亦老且惡矣……"(《晏子春秋·内篇》)張純一校注:"惡,醜陋也。"

(136)且其子至惡也,商咄至美也。(《吕氏春秋·有始覽·去尤》)

(137)唯之與阿,相去幾何?美之與惡,相去若何?(《老子》第二十章)

(138)世溷濁而嫉賢兮,好蔽美而稱惡。(《楚辭·離騷》)

(139)逆旅有妾二人,其一人美,其一人惡。(《莊子·山木》)

而"醜"作爲"醜陋"義解的用例很少。如:

(140)紛緼宜修,姱而不醜兮。(《楚辭·九章·橘頌》)

(141)故西施病心而顰其里,其里之醜人見而美之,歸亦捧心而顰其里。《莊子·天運》)

從上看出,"惡"和"醜"表"相貌醜陋"這一義位在先秦已有使用,而從"醜"的用例中我們看到,"醜"的使用已經比較成熟,出現了"醜人"這類組合,但從數量上看,"醜"的使用頻率遠不如"惡"。

兩漢時期,"醜"的使用比先秦時期有大幅度增長,在所調查的文獻中,"醜"的用例略超過"惡"。"惡"的用例如:

(142)澹台滅明，武城人，字子羽。少孔子三十九歲。狀貌甚惡。(《史記·仲尼弟子列傳》)

(143)水傷百穀，衣食不足，則奸軌並作，故其極惡也。一曰，民多被刑，或形貌醜惡，亦是也。(《漢書·五行志》)

(144)夫上不及堯、舜，下不及商均，美不及西施，惡不若嫫母，此教訓之所諭也，而芳澤之所施。(《淮南子·修務訓》)

“醜”的用例如：

(145)而百節可屈伸，察能分白黑、視醜美。(《淮南子·原道訓》)

(146)鍾離春者，齊無鹽邑之女，宣王之正后也。其爲人極醜無雙。(《列女傳》卷文)

(147)夷狄眩名，非識實者也。臣狀醜，不可以示遠，宜選有威容者。(《後漢書·承宮列傳》)

(148)宜絶慢敖之戲，念官人之重，割用板之恩，慎貫魚之次，無令醜女有四殆之歎，遐邇有憤怨之聲。(《後漢書·楊震列傳》)

(149)夫美女者，醜婦之仇也。(《説苑·尊賢》)

也可構成“醜惡”“好醜”“美醜”“肥醜”等複合組合。

從使用頻率和與其他詞的組合可以看出，在兩漢時期，“醜”“惡”二詞表“醜陋”義的使用差距進一步拉近，“醜”已經占據不小的比例。

魏晉以後，雖然在整體數量上，“惡”依然占據優勢，但絶大部分都是使用其“惡劣、惡行”這一義位，和“凶惡”的“惡”同義。而在用來表示“醜陋”的語義中，“惡”的使用數量卻少了許多，其主要用例如下：

(150)一曰民多被刑，或形貌醜惡，風俗狂慢，變節易度，則爲輕剽奇怪之服，故曰時則有服妖。(《南齊書·五行志》)

(151)顧長康好寫起人形，欲圖殷荊州，殷曰：“我形惡，不煩耳。”(《世説新語·巧藝》)

而“醜”的“相貌醜陋”這一義位的用例的數量有了大幅增加，主要有：

(152)太冲絶醜，亦復效岳遊遨，于是群嫗齊共亂唾之，委頓而返。(《世説新語·容止》第十四)

(153)若極粉黛，窮盛服，未必無醜婦。(《三國志·吴書·華覈傳》)

(154)形貌醜陋，心機通達，過去未來，預睹三世。(《洛陽伽藍記》卷四)

(155)王命治兵，有征無戰。巾拂以淨，醜類革面。(《宋書·樂志·治兵大雅》)

(156)即以其夕,三人同夢蔣侯遣傳教相聞,曰:"家子女並醜陋,而猥垂榮顧。"(《搜神記》卷五)

(157)及至移意愛,析嬿私,雖惠心妍狀,愈獻醜焉。(《後漢書·孝靈帝紀》)

此時期,在口語性較強的佛經資料中,"惡"和"醜"在表達"醜陋"這個義位上的用法開始出現分離:"醜"在佛經資料中,主要用"醜陋"這個義位;而"惡"字偏闡釋佛家的"惡果""惡業""惡道",多用"惡劣、惡行"這一義位。如:

(158)身色醜陋,形如餓鬼。(《十住毗婆沙論·阿惟越致相品》第八)

(159)復次,十四難中若答有過罪。若人問:"石女、黄門兒,長短好醜何類?"此不應答,以無兒故。(《大智度論·大智度初品中婆伽婆釋論》第四)

(160)汝今云何知,我住凡夫地?長牙毗舍遮,宜速答所問。形色尚醜陋,有如癩病人,而爲諸世間,廣説治癩方,自病不能救,安能療他疾?(《央掘魔羅經》卷二)

(161)譬如猿猴,形極醜陋,常多驚怖,其心躁動,如水湧波。以宿習故,今猶不息。(《央掘魔羅經》卷二)

(162)彼有一婦,其眼復瞎,醜不可愛。唯有一屋,崩壞穿漏。(《中阿含經·中阿含大品加樓烏陀夷經》第一)

(163)唯以老耄,頭白齒落,盛壯日衰,身曲脚戾,體重氣上,柱杖而行,肌縮皮緩,皺如麻子。諸根毀熟。顏色醜惡。(《中阿含經·舍梨子相應品成就戒經》第二)

(164)是故諸所有色,若過去,若未來,若現在;若内,若外;若粗,若細;若好,若醜;若遠,若近。(《雜阿含經》卷七)

(165)其所在處,土地名字,種姓名色,長短好醜善惡,彼沒生此,此沒生彼,悉了知之。(《佛説寂志果經》)

從當時的口語性資料可以看出,在當時的口語中,"醜"的"醜陋"之義位在使用中已經完全占據上風,而"惡"最初的"厭惡""凶惡"之義位又重新得到廣泛使用。

隋以後,這一趨勢更爲明顯。雖然"惡"還能在一些文學性比較強的文獻中表達"醜陋"之意,但數量已經慢慢減少。直至今日,"惡"的"醜陋"這一義位的使用近乎絶跡,而"醜"一家獨大。

王力先生在《古漢語字典》中指出:"'醜'和'惡',都有醜惡、相貌難看的意義。'醜'在先秦主要用作醜惡義,相貌難看義主要用'惡'字表示。漢代以後'惡'字主要用作善惡、憎惡義,相貌難看義逐漸由'醜'所取代,而'醜'的醜惡義也逐漸衰亡不用。"①的確,"惡"和"醜"用來表示"醜陋""難看"這一組語義,在先秦時都已經出現。但在當時,"惡"占據絶對優勢。而"醜"只是被零星使用。歷經漢代,雙方語義的傾向性開始出現變化,"惡"開始還原"凶惡"的本意,"醜"卻相反,逐漸脱離"可惡、厭惡"的本意,而主要表達"醜陋"這個語義。漢末至隋,在這個語義的表達上,"醜"已經能和"惡"分庭抗禮,甚至在部分文獻,特别是口語味道濃厚的文獻中,"醜"已經超過了"惡",同時,"醜"在這個語義上的構詞能力,也超過了"惡"。

值得一提的是"陋"。"醜陋"二字常連用,如:

(166)性鈍口訥,形貌醜陋。(《〈抱朴子·外篇·自敘》)

(167)某惟一女,亦不至醜陋,願配君子,可乎?(《説郛》卷二五)

(168)那老者見了他相貌醜陋,便也掙住口。(《西遊記》第六十七回)

"陋"本義爲"狹隘,簡陋"。《説文·阜部》:"陋,阸陝也。"引申後可指相貌,義爲"其貌不揚"。雖"醜陋"二字常連用,但"醜"側重於面目長相,"陋"主要指身材短小。如:

(169)魏武將見匈奴使,自以形陋不足雄遠國,使崔季珪代,帝自捉刀立床頭。(《世説新語·容止》第十四)按:《魏氏春秋》曰:"開王姿貌短小,而神明英發。"

正因如此,"陋"常和"短""小""矮""矬"等連用。如:

(170)護之少倜儻,不拘小節,形狀短陋而氣幹強果。(《南史·垣護之傳》)按:"短陋"即矮小醜陋。

(171)臣外弟徐摛,形質陋小,若不勝衣,而堪此選。(《梁書·徐摛列傳》)按:"陋小"即矮小。

(172)或矬陋尪弱,或且黑且醜。(《抱朴子·内篇·塞難》)按:"矬陋"即短小醜陋。

---

①王力主:《古漢語字典》,中華書局,2000 年版,第 1499 頁。

二、“胖瘦”類常用詞詞義發展演變

1.瘠/膌、臞/癯、瘦、羸

這四個詞都是指身上的肉少,其反義詞都是“肥”。從使用上看,“瘠、臞、瘦”是同義詞,都見於先秦文獻,但產生有先後。“瘠”,產生最早,在春秋就有使用,“臞”“瘦”戰國末期才出現。現代漢語主要用“瘦”,“瘦”取代“瘠”“臞”的時間不會晚于東漢中後期。現分别論述。

“瘠”,《玉篇·疒部》:“瘠,瘦也。”《説文》爲“膌”,段玉裁曰:“凡人少肉則脊吕歷歷然,故其字从脊。”在《説文通訓定聲·解部》“膌”字條里,朱駿聲認爲:“按脊亦意,瘦則脊見。”“瘠”从廣从脊,會意兼形聲,是指極瘦而骨根根外露的樣子。“瘠”產生最早,也最常用。在使用中,“瘠”側重指極度而且帶病態的瘦,主要指人。如:

(173)楚子使醫視之,復曰:“瘠則甚矣,而血氣未動。”(《左傳·襄公二十一年》)杜預注:“瘠,瘦也。”

(174)老弱凍餒夭膌,壯狡汔盡窮屈。(《吕氏春秋·有始覽·聽言》)

(175)毀瘠爲病,君子弗爲也。(《禮記·雜記下》)

(176)居喪之禮,毀瘠不形,視聽不衰。(《禮記·曲禮上》)孔穎達疏:“毀瘠,羸瘦也。”

(177)今臣往,徒見羸瘠老弱。(《史記·劉敬叔孫通列傳》)

也可指牲畜。如:

(178)乾爲天,爲圜,爲君,爲父,爲玉,爲金,爲寒,爲冰,爲大赤,爲良馬,爲老馬,爲瘠馬,爲駁馬,爲木果。(《周易·説卦》)

(179)人有飢色,馬有瘠形,何也?(《尉繚子·武議》)

(180)牛雖瘠,僨於豚上,其畏不死?(《左傳·昭公十三年》)

(181)時簡稽帥馬牛之肥膌,其老而死者皆舉之。(《管子·問》)

“瘠”的反義詞爲“肥”。如:

(182)(仲秋之月)案芻豢瞻肥瘠。(《禮記·月令》)

(183)時簡稽帥馬牛之肥膌,其老而死者皆舉之。(《管子·問》)

(184)賊賣人於官軍以爲糧,官軍或執山栅之民鬻之,人直數百緡,以肥瘠論價。(《資治通鑑》卷第二百五十四)

(185)善醫者,不視人之肥瘠,察其脈之病否而已矣。(《雜説》)

作爲上古漢語中歷史悠久的通語詞,"瘠"的出現頻率高,義項也多,除了當"瘦"講外,在先秦還有"貧困""疾疫""不肥沃"等意義。如:

(186)夫民殷國弱,民瘠國彊者,未之有也。(《三國志·吴志·陸遜傳》)按:"瘠"義爲"貧困"。

(187)昔聖王之處民也,擇瘠土而處之。(《國語·魯語下》)韋昭注:"磽確爲瘠。"可知此句中"瘠"指土地不肥沃。

(188)大災者何?大瘠也。大瘠者何?痢也。(《春秋公羊傳·莊公二十年》)何休注:"瘠,前不見古人也。齊人語也。痢者,民疾疫也。"可知此句中"瘠"義爲疾疫。

在所調查的文獻中,"瘠"最早的用例出現於《尚書》,指馬。在先秦時期,"瘠"在文獻中呈常態分布,證明"瘠"在當時是常用的一個詞。

秦漢以後,"瘠"的用例減少,與先秦不同之處主要有三點:一是其所見用例均指人,未見用於動物之例;二是"瘠"出現了"羸瘠""捐瘠""積毁消瘠"等複合組合,這反映了"瘠"的發展變化;三是由於"瘦"的擠占,"瘠"逐漸淡出口語而進入了書面語範圍。從秦漢以後,"瘠"一直延續這種發展趨勢,即在口語中鮮見,而主要用於書面語。

"臞",戰國末期才出現,《説文·肉部》:"臞,少肉也。"《集韻·虞韻》:"臞,《説文》:'少肉也。'或作癯。"《爾雅·釋言》:"臞,瘠也。"注:"齊人謂瘠爲癯。"由是可知,"臞/癯"在産生之初是個方言詞。

"臞",从䀠聲,"䀠",《説文·䀠部》:"䀠,左右視也。从二目。"鐃炯部首訂:"會意。从二目,左右視也,即申釋二目會意之旨,蓋驚恐者目善搖。"是"左右視"之義,从䀠聲者多有驚恐意,如"懼""瞿""矍"等。此既是心理活動,又形之於面容,故"臞/癯"之消瘦是由心憂而顯現的面容。主要指人。如:

(189)兩者戰於胸中,未知勝負,故臞。(《韓非子·喻老》)

(190)君不知賤不肖,使治單父,官事急,心憂之,故臞也。(《韓非子·外儲説》)

(191)故子夏心戰而臞,得道而肥。(《淮南子·原道訓》)

(192)出見富貴之樂而欲之,入見先王之道又説之,兩者心戰,故臞。(《淮南子·精神訓》)

(193)遂入見太后曰:"何臞也?"太后曰:"賴得先王雁鶩之餘食,不敢臞。臞者,憂公子之且爲質于齊也。"(《戰國策·燕策》)

有時也指動物。如:

(194)於是乃相與聚嚼其身而食之。彘臞,人乃弗殺。(《韓非子·説林下》)

(195)子綽左右畫,去蟻驅蠅,安得無桓公之憂索官,與宣王之患臞馬也。(《韓非子·外儲説》)

"臞/癯"有時也作爲消瘦的泛稱。如:

(196)憩石挹飛泉,攀林搴落英。戰勝臞者肥,止監流歸停。(《《初去郡》)李善注引《爾雅》曰:"臞,肉之瘦也,巨俱切。"

(197)相如以爲列仙之傳居山澤間,形容甚臞,此非帝王之仙意也,乃遂奏《大人賦》。(《史記·司馬相如列傳》)徐廣曰:"臞,瘦也。"《索隱》曰:"韋昭曰:'臞,瘠也。'"

(198)蓋聞傳書曰:神農憔悴,堯瘦臞,舜黴黑,禹胼胝。(《淮南子·修務訓》)

(199)代宗見其癯毁,許之。(《新唐書·宗室傳·永安王涵》)按:"癯毁",消瘦衰弱。

在所調查的文獻中,"臞/癯"的最早用例出現於《韓非子》中,且隨著時代的發展,"臞/癯"的用例逐漸減少,到近代時僅在少數文學作品中有零星用例,這證明"臞/癯"僅在上古時期使用較廣泛,是當時的一個常用詞。

"瘦",或作"膄",《詩經·檜風·素冠》"棘人欒欒兮",鄭玄箋"欒欒然膄瘠也"。陸德明釋文:"膄,本亦作瘦。"蓋"瘦"是俗字,後以俗字行。"瘦"也作爲"瘦",《説文·疒部》:"瘦,臞也。""瘦"在戰國末期才出現,此時"臞/癯"的用例多於"瘦",而且在早期時,"臞/癯"人、畜共用,而"瘦"單指動物。例如:

(200)中山有賤公子,馬甚瘦,車甚弊。左右有私不善者,乃爲之請王曰:"公子甚貧,馬甚瘦,王何不益之馬食?"(《韓非子·内儲説》)

從"臞"的用例和所指來看,"臞"的産生略早於"瘦"。西漢文獻中"瘦"字偶見使用("瘦"又寫作"膄")。如:

(201)蓋聞傳書曰:神農憔悴,堯瘦臞,舜黴黑,禹胼胝。(《淮南子·修務訓》)

(202)趙簡子乘弊車腹馬。(《説苑・反質》)

在早期醫籍《素問》《靈樞經》中,幾乎只用"瘦",經常"肥瘦"連言,還有"脈瘦"的説法。而東漢前期的《論衡》卻仍只用"瘠"和"臞/癯"而没有用"瘦"。而在東漢佛經中,卻幾乎一律用"瘦",例子很多,如:

(203)四爲至命盡當爲求衣飯食病瘦藥臥具。(《普法義經》)

(204)飯食床臥病瘦正法求不可非法。(《八正道經》)

(205)佛問王言:"從何所來,衣弊形瘦乎?"(《中本起經》卷下)

(206)不長不短,不白不黑,不肥不瘦,是以名爲玉女寶也。(《修行本起經》卷上)

(207)憂思不樂,身體羸瘦。(《修行本起經》卷上)

(208)身瘦腹大,軀體黄熱。(《修行本起經》卷下)

(209)身羸形瘦,……形瘦骨皮連。(《修行本起經》卷下)

(210)見諸衆生飢餓憔悴,羸瘦戰掉,……形體瘦黑。(《大方便佛報恩經》卷二)

(211)亦不得言死快殺快、某肥某瘦……某畜肥某瘦。(《沙彌尼戒經》)

(212)裸形黑瘦。(《受十善戒經》)①

譯經是當時口語的真實反映,這説明"瘦"已經成爲當時社會的通語,被廣泛運用。

三國譯經中"瘦"的使用情形相同,例如:

(213)還輒不樂,唯憂消瘦。(《太子瑞應本起經》卷上)

(214)鸚鵡王日瘦,由其籠目勢踴得出。(《六度集經》卷四)

(215)雀口生瘡,身爲瘦疵。(《六度集經》卷五)②

這説明"瘦"作爲當時的通語,是南北通用的。

東漢以後的中土文獻裏,"瘦"字很常用,如:

(216)其女孫敬爲霍氏外屬婦,當相坐,安世瘦懼,形於顔色。(《漢書・張湯傳》)

(217)后上朝東宫,太后泣曰:"帝間顔色瘦黑,班侍中本大將軍所舉,

---

①以上諸例轉引自汪維輝:《東漢一隋常用詞演變研究》,南京大學出版社,2000年,第333頁。
②以上諸例轉引自汪維輝:《東漢一隋常用詞演變研究》,南京大學出版社,2000年,第333－334頁。

宜寵異之,益求其比,以輔聖德……"(《漢書·敘傳》)

(218)末年十四歲,顔色瘦小。(《陳留太守奏上孝子程末事表》)

(219)是妾愁成瘦,非君重細腰。(《爲人寵姬有怨詩》)

(220)布問太祖:"明公何瘦?"……太祖曰:"然。孤忘之矣。所以瘦,恨不早相得故也。"(《三國志·魏書·吕布傳》)

《世説新語》只用"瘦"2例,没有用"瘠"和"臞/癯",説明當時口語中已只説"瘦"。如:

(221)孔僕射爲孝武侍中,豫蒙眷接烈宗山陵。孔時爲太常,形素羸瘦,著重服,竟日涕泗流漣,見者以爲真孝子。(《世説新語·德行》)

(222)公問之曰:"卿何以更瘦?"鄧曰:"有愧於叔達,不能不恨於破甑!"(《世説新語·黜免》)

總的來説,"瘠""臞/癯""瘦"是方言同義詞,在詞義上並無太大差别,就使用順序而言,"瘠"産生最早,是先秦的通語;"臞/癯"和"瘦"始見於戰國末期文獻。不晚於兩漢之交"瘦"已占據主導地位;至遲到東漢中後期,跟"肥"相比就是"瘦"的一統天下了,這個局面一直維持到今天。①

就應用範圍而言,"臞/癯"用得最狹,主要表示人、畜的消瘦或瘦弱,"臞/癯"本指人由心憂而引起之消瘦,後詞義擴大,也作爲消瘦的泛稱。中古後,"瘦"的崛起對"臞/癯"的使用産生了排擠作用,這導致了"臞/癯"使用範圍的收窄。上古漢語説"瘠",後世的正統文言一直沿用。"瘠"除了指人、畜瘦弱這一義位之外,還有"貧困""疾疫""不肥沃"等義位。在表示土地的瘠薄這個義位上,"瘠"與"沃"構成反義詞。"瘠"有使動用法,可帶賓語。如《宋史·善俊列傳》:"僚屬爭言用度將不足,善俊曰:'吾將瘠己肥人。'"

"羸",《説文·羊部》:"羸,瘦也。"朱駿聲通訓定聲:"本訓當爲瘦羊,轉而言人耳。"可知"羸"本指瘦羊,後才指人。與"瘠""臞/癯""瘦"相比,"瘠""臞/癯""瘦"所指稱的這種"瘦"或者是出於缺少食物,或者是出於疾病、悲愁,其瘦瘠者或清癯者在一定條件下都是可以"肥"起來的。"羸"不是由於生活條件造成的瘦,而是由於生理條件造成的瘦,相當於現代的

---

①汪維輝:《東漢—隋常用詞演變研究》,南京大學出版社,2000年,第336頁。

"瘦弱",即不僅"瘦"而且"弱",這相當一部分是無法恢復的。如:[1]

(223)形羸,不能服藥。(《史記·扁鵲倉公列傳》)

(224)匈奴匿其壯士肥牛馬,但見老弱及羸畜。(《史記·劉敬列傳》)

從上古以降,"羸"的使用一直較普遍,而且"羸"具有極強的構詞能力,能組成"醜羸""羸悴""羸老""病羸""羸瘠""羸病""羸弱""尪羸""老羸癃疾"等複合組合。

2.肥、胖

"肥"的本義即脂肪多、肉多。《説文·肉部》:"肥,多肉也。从肉,从卪。"《廣韻》:"符非切。"上古漢語中表人肥胖多單用"肥"字,而且"肥"既可以指稱人,也可以指稱動物,但總的來説,指稱動物的用例多過指稱人的用例。如:

(225)四體既正,膚革充盈,人之肥也。(《禮記·禮運》)

(226)天子以犧牛,諸侯以肥牛,大夫以索牛,士以羊豕。(《禮記·曲禮下》)

(227)多空(孔)者,亨(烹)肥羭,取其汁(漬)美黍米三斗,炊之。(馬王堆漢墓帛書《五十二病方》)

直到中古,在相當長的歷史時期内,"肥"都是表示"肥胖豐滿"義的常用詞語,使用特别廣泛,同時表現出較強的構詞能力,出現了衆多以"肥"爲核心語素的雙音詞形式。如:

〔肥充、充肥〕

(228)老先生常不多開目,貌有童顔,體至肥充,都不復食。(《太平廣記》卷二十八)

"肥充"不僅可以形容人,更多地形容動物,如犬馬之類牲畜。如:

(229)今百姓失職,猶或亡叛,犬馬肥充,則有噬齧,況于夷、狄,能不爲變!(《資治通鑑》卷第八十三)

"充肥"的用法與"肥充"不同,多用於形容人的肥胖,形容動物相對較少。如:

(230)乃尸卓於市。天時始熱,卓素充肥,脂流於地。守尸吏然火置卓臍中,光明達曙,如是積日。(《後漢書·董卓列傳》)

---

①王鳳陽:《古辭辨》,吉林文史出版社,1993年,第789—790頁。

〔肥大〕

“肥大”多形容物之形體肥胖壯實，可指植物、動物，亦可指人。指人時非言“大”，而意在“肥”。如：

(231)此人見門中有一婦人，年五六十，肥大，行步艱難。吏眠失覆，婦人至床邊，取被以覆之，回復出門去。(《太平廣記》卷三百二十三)

〔肥滿〕

《文選・神女賦》：“貌豐盈以莊姝兮。”李善注：“豐盈，肥滿也。”可見“肥滿”是中古常用詞。這一用法一直沿用至近代，但多用於形容牲畜。

〔肥悦〕

“肥悦”一詞形容人肥胖豐滿，中古文獻有數例。如：

(232)董黯家貧，采薪供養，母甚肥悦；鄰人家富，有子不孝，母甚瘦小。(《藝文類聚》卷三十三)按：“肥悦”與“瘦小”對言。

與古代漢語不同的是，在現代漢語中，“肥”不可稱人，稱人則含貶義，而古代則可褒稱於人。《説文・肉部》將“肥”釋爲“多肉”，即肌肉豐多。故古之“肥”是肥壯，而不是虛胖。如：

(233)平爲人長(大)美色。人或謂陳平曰：“貧何食而肥者是？”《史記・陳丞相世家》)

楊玉環之美的特點即在其“肥”，白居易《長恨歌》有“温泉水滑洗凝脂”之句，而歷來也有“環肥燕瘦”之稱。

“胖”，《説文・半部》：“胖，半體肉也。一曰廣肉，从半从肉，半亦聲。”《玉篇・肉部》：“胖，牲之半體也。”可知，“胖”在早期指祭祀用的半邊牲肉。如：

(234)陳鼎五于門外，如初。其實羊左胖，髀不升。(《儀禮・既夕禮》)

(235)實于中鼎，升臘左胖，髀不升。(《儀禮・士虞禮》)

另，《集韻・潸韻》：“胖，夾脊肉。”可知“胖”也可指“脅側薄肉；夾脊肉”，即動物一側的肋部的肉，是半體的象徵、縮小。如：

(236)舒鴈翠，鵠鴞胖，舒鳧翠。(《禮記・内則》)

“胖”，《説文・半部》：“胖，半體肉也。一曰廣肉。”段玉裁注：“此别一義，胖之言般也，般，大也。《大學》‘心廣體胖’，其引申之義也。”蓋“胖”本身表示“大”義，引申指腫脹、脹大。玄應《一切經音義》卷三：“膖脹：上普邦反，下張亮反。《埤蒼》云：'腹滿也。'並從肉或作胖痮，皆古字也。"這一義項一直保留在漢語方言中，《漢語方言大詞典》"胖"的第一義項即"物體因水浸而漲開的樣子"，中原官話和吴語中都有用例，並引應鐘《甬言稽詁·釋語》："今謂物體肥洪張大者，呼曰滂，或中虛而外張如水漚者，亦謂之滂。……滂，俗作胖。"①

"胖"由"脹大、腫脹"義進一步引申，産生"體態肥胖"這一義位。而"胖"的"肥胖、脂肪多"義較後起，大約是金末元初産生的。這一時期，以"肥"稱人的情况逐漸減少，這是因爲"肥"在産生之初既可以指稱人，也可以指稱動物，而"人是不願意和牲畜之類用同樣稱呼的。出於這種忌諱，'肥'在後代被看成是不敬的字眼，後代爲了避開'肥'，就把人的肥碩稱作'胖'了"②。如：

(237)許州有蘇嗣之者，云東坡後裔，蓋子由久居穎川，有族不南渡者也。其人頗蠢墩，富於財，以貨入官，交結權要、短衣，女直中士大夫多以爲笑。以其肥碩也，呼爲"蘇胖"。(《歸潜志》卷九)

此例中"蘇胖"以其"肥碩"而得名，與今日用法完全相同；且"胖"由人的體貌進而代指人，我們認爲此時"胖"表"肥胖"的用法已經較爲成熟，蓋爲當時口語中的常用詞。

(238)帶月行，披星走，孤館寒食故鄉秋。妻兒胖了咱消瘦。枕上憂，馬上愁，死後休。(《歎世》)

(239)姓張姓李？姓趙姓王？可是長也矮？瘦也胖？被你拏住了來？(《同樂院燕青博魚》)

(240)你肥如那安禄山，更胖如那漢董卓，你這般胖，立在我這解典庫門首，知的囉，是個胖和尚，不知的囉，則道是個夯神兒來進寶。(《布袋和尚忍字記》)

"肥胖"連用最早見於元代。如：

(241)你這等肥胖，此胡腹中何所有？(《唐明皇秋夜梧桐雨》)

(242)我道是誰，元來是哥哥。我看你容顔肥胖，倒宜出外。(《包待制智賺灰欄記》)

①許寶華、宫田一郎：《漢語方言大詞典》，中華書局，1999年，第4316頁。
②王鳳陽：《古辭辨》，吉林文史出版社，1993年，第790頁。

栗學英(2006)在調查了明清幾部小説中“肥”和“胖”形容人和動物的使用頻度後指出:“《水滸全傳》《西遊記》等白話文獻中‘肥’多數用來形容動物,形容人的用例明顯減少,‘胖’全部用於人,出現次數總體高於用於人的‘肥’,占主要地位;唯有《聊齋志異》這部文言小説中無一例‘胖’出現,全部用‘肥’形容人和動物,且形容人者居多。可見‘胖’的口語性色彩明顯,而‘肥’的文言色彩較濃。”①

總的來説,在表“肥胖”的所有詞語中,“肥”是産生最早、使用時間最長的一個詞。它所修飾的範圍很廣,構詞能力較強,與其他詞合成了衆多的雙音詞;“胖”表示“肥胖”義出現較晚,金末元初始見用例,構詞能力相對較弱,僅有“肥胖”“胖壯”等組合。在衆多的漢語方言中,“肥”和“胖”的使用仍然有一個較爲明顯的南北分界:北方(包括北京、濟南、西安、太原、武漢、成都、合肥、揚州、蘇州、長沙、雙峰、南昌)説“胖’,南方(包括梅縣、廣州、陽江、厦門、潮州、福州)説“肥”,其中蘇州和温州有“壯”的説法,太原有“肉”的説法。“肥”和“胖”的分界正好反映了古代漢語中“肥”的表達法從北方方言開始向南擴展的過程,今吴語的常州話説“胖”不説“肥”,反映出吴語的北界已被北方話同化。這一替换過程發生在明代前期,在北方方言中已經基本完成,而南方方言中由於根深蒂固的使用習慣,這一替换尚未進行。②

① 栗學英:《漢語史中“肥”、“胖”的歷時替换》,語言研究,2006 年第 4 期。
② 栗學英:《漢語史中“肥”、“胖”的歷時替换》,語言研究,2006 年第 4 期。

第三節　體貌美醜常用詞組合情況演變

在第二章中，我們在對體貌美醜常用詞進行調查的基礎上對各時期常用詞組合成複合組合的情況進行了描述，我們將各時期的組合數據進行統計並繪制成表格。

"美醜"類常用單音詞組合成複合組合的數量情況：

	佳	冶	姣	婉	美	好	麗	媚	曼	妖	嫵	妍	姝	媛	俏	嬌	嬈	惡	醜
上古一期	2	2	3	1	4	4	3											1	1
上古二期	4	2	3	1	5	4	8	1	2	1	1							2	3
中古			1	5	6	4	11	2	1	2		2	3	2					8
近代					2	2	7	1	1	3	1	6			1	4	2	1	6

"胖瘦"類常用單音詞組合成複合組合的數量情況：

	肥	瘠	羸	臞	瘦	胖
上古一期	2	2	6			
上古二期	4	4	3	2	4	
中古	5	3	6		4	
近代	4	5	7		5	3

各個時期可構成複合組合的常用詞的數量及其構成複合組合的數量統計如下：

	“美醜”類		“胖瘦”類	
	常用詞數量	複合組合數量	常用詞數量	複合組合數量
上古一期	9	20	3	10
上古二期	13	37	5	17
中古	12	47	4	18
近代	13	37	5	24

從對以上統計的分析我們可以看出三點。

一、複音詞整體數量呈增長趨勢

關於複音詞産生的時間，諸多學者都有過探討。駱曉平指出：“漢語詞彙的複音化從上古後期就開始了。”[①]周薦統計趙誠《甲骨文簡明詞典——卜辭分類讀本》中的單音詞占77%以上，[②]這説明甲骨文中已有部分複音詞。唐鈺明考察的結果是，在不包括人名、地名的情況下，“甲骨文有複音詞35個，而金文複音詞有237個”[③]。趙克勤統計《孟子》中共用單音詞1565個，複音詞713個；[④]張雙棣統計《吕氏春秋》共用複音詞2017個，指出“《吕氏春秋》的複音詞已有相當發展，數量已很可觀，占全部詞彙量的40%强”[⑤]。唐子恒考察了《尚書》今文28篇，指出該語料約有17000字，不重複的漢字不足2000個，複音詞有440餘個。[⑥] 此外，程湘清在對《尚書》《詩經》《論語》《韓非子》等專書的雙音詞進行考察後指出，漢語詞彙從以單音詞爲主，過渡到以複音詞爲主，是漢語發展史上的一大變化。這一變化從先秦時期就已經開始，在進入戰國後更加快了雙音化的步伐。[⑦] 向熹也指出：“周秦漢語仍然以單音詞爲主，但複音詞已占有相當的比例。以《論語》爲例，全書共出現1700多個詞，除去人名、地名和虚詞，複音詞有200多個，占總數的15%。《詩經》一共出現了3400多個詞，

①駱曉平：《魏晉六朝漢語詞彙雙音化傾向三題》，古漢語研究，1990年第4期。
②周薦：《雙字組合與詞典收條》，中國語文，1999年第4期。
③唐鈺明：《金文複音詞簡論》，人類學論文集，中山大學出版社，1986年，第451頁。
④趙克勤：《古代漢語詞彙學》，商務印書館，1994年，第16—17頁。
⑤張雙棣：《〈吕氏春秋〉詞彙研究》，商務印書館，2008年，第306頁。
⑥唐子恒：《漢語詞複音化問題概説》，臨沂師範學院學報，2005年第2期。
⑦程湘清：《漢語史專書複音詞研究》，商務印書館，2003年版，第24頁。

其中複音詞 900 餘個,占總詞數的 25%。"①可見,漢語複音詞萌芽於先秦。

據程湘清統計,《論衡》中使用的單音詞不到 2000 個,而該書中共用複音詞 2300 個,他指出:"《論衡》運用了大量的複音詞,其構詞方式也日臻完備。這個事實表明,在中國歷史上占有重要位置的漢代對漢語詞彙的發展産生了很大的影響。"②馮勝利調查了《孟子章句》中趙岐用來解釋《孟子》單字的雙字組合,指出,雖然複合詞的使用可以一直追溯到商代,戰國時代也有新的發展,但是,雙音詞真正大幅度地發展是在漢代。③

本書主要探討的爲複合組合。從以上的統計表可以看到,在上古二期,無論是可構成複合組合的單音常用詞的數量還是其構成的複合組合的數量,與上古一期相比都有極大的增加。上古一期,複合組合的數量爲 30 個,其中"美醜"類的爲 20 個,"胖瘦"類的爲 10 個;上古二期,複合組合的數量爲 54 個,其中"美醜"類的爲 37 個,"胖瘦"類的爲 17 個,與上古一期相比均有大量增加。但從上古二期至近代,單音常用詞構成複合組合的數量呈現出比較穩定的趨勢,如中古漢語複合組合的數量爲 65 個,近代漢語複合組合的數量爲 61 個,這與漢語詞彙史上複音詞的發展進程是一致的。

二、語素化是漢語複音詞産生的自然結果

古代漢語以單音詞爲主,現代漢語以複音詞爲主,在整個漢語史上,單音詞變爲複音詞是一個強大的發展趨勢。學界非常重視對漢語複音詞發展的研究。王力《漢語史稿(下)》(1956)和《漢語詞彙史》(1992)對此做了初步的勾勒。趙克勤的《古漢語詞彙概要》(1987)、蔣紹愚的《古漢語詞彙綱要》(1989)、史存直的《漢語詞彙史綱要》(1989)、潘允中的《漢語詞彙史概要》(1989)、許威漢的《漢語詞彙學引論》(1990)和向熹的《簡明漢語史》(1993)等都對漢語雙音化的發展做了歷時的介紹。

①向熹:《簡明漢語史》,高等教育出版社,1993 年,第 406 頁。
②程湘清:《漢語史專書複音詞研究》,商務印書館,2003 年,第 104 頁。
③馮勝利:《漢語的韻律、詞法與句法》,北京大學出版社,1997 年,第 25—27 頁。

漢語詞語何時開始雙音化,學者們多有關注。其實,探討這個問題的關鍵是對詞語本身構成要素的認識,也就是對詞的構成材料——語素形成的研究。語素作爲現代漢語詞語構成的最基本的要素,它的來源及形成過程與漢語詞語雙音化的過程相生相伴、密不可分。在現代漢語詞彙系統中,語素大多數是由上古漢語的詞演變而來的,語素化是漢語複音詞產生的自然結果。

王力先生指出:"漢語大部分的雙音詞都是經過同義詞臨時組合的階段的。這就是説,在最初的時候,只是兩個同義詞的並列,還沒有凝固成爲一個整體,一個單詞。"[①]其實不僅僅是同義詞組合,不固定性是先秦古籍中各種複合組合的一種常見現象。隨著短語凝固性的加強,組成短語的各個詞的獨立性漸弱,相應地其互相依存性也增強,從而逐漸完成由短語向合成詞的轉化。與此同時,原來作爲短語構成要素的詞也逐漸喪失各自的獨立性而獲得了互相結合的能力,當這種能力在與其他詞的互相結合中表現出來時,就使得原本是短語構成要素的詞實現了向語素的轉變。董秀芳(2004)認爲,從古代漢語短語降格而來的雙音詞是漢語雙音詞的主要歷史來源,大多數雙音詞的產生是短語詞彙化的結果。[②] 她提到的"短語詞彙化"的過程,實際上就是語素化的過程。因爲短語詞彙化,表面看來是由一個短語凝固成一個詞,是詞化的過程,但詞化過程的實質就是短語中原來相互結合的各個詞從"詞"的地位降到語素層面,獨立性降低,這樣就確保了複合詞結構成分之間的緊密結合和意義的完整,摒除了在語句中被擴展或被替換的可能。

學界認爲,由詞向語素的轉變,應該普遍發生在中古時期。當一個單音詞成爲雙音節詞中的一部分,它的身份就發生了本質的變化,即從詞到語素的轉換。總之,詞語從單音節向雙音節發展,爲語素化創造了契機,只有雙音節化普遍發生,語素化才能最終得以實現。

漢語詞彙的雙音化突破了單音詞在形和音上的局限性,這一轉變不僅大大增加了詞的數量,還相應地減少了構詞語素的數量,以簡馭繁,建立了以少量語素構成大量詞語的詞彙體系,從而使漢語在詞義的表達上

①王力:《古代漢語》(修訂本)第一册,中華書局,1981年,第86頁。
②董秀芳:《詞彙化:漢語雙音詞的衍生和發展》,四川民族出版社,2002年,第32頁。

更臻完善。漢語詞彙的雙音化是由作爲孤立語的漢語自身的特點決定的，也是漢語詞彙内部形音義三者的矛盾互相推動的必然結果。

體貌美醜常用詞中的絶大部分詞在上古都可獨立使用，證明其是詞。但與此同時，從上古開始就已經産生了大量的複合組合，而且隨著時代的發展，複合組合的數量呈穩定增長趨勢。雖然本書將複合詞和短語均看作複合組合，但不可否認，在這些複合組合中存在大量的複音詞，隨著這些體貌美醜複音詞的産生和發展，單音體貌美醜詞也實現了其語素化的轉變。

三、聯合式是體貌美醜複合組合的主要構成方式

從前文對漢語體貌美醜複合組合情況的調查和本節對漢語體貌美醜複合組合演變的調查可知，在所調查的體貌美醜複合組合中，聯合式占了絶大部分。其實，聯合式複音詞一直是漢語中比較能産的一種類型。

在先秦，雙音詞主要是聯合式和偏正式兩種結構，另外有少數支配式，個别表述式，補充式則尚處在萌芽狀態。在早期漢語中，偏正式比重極大，因爲偏正式是最容易自然形成的。董秀芳指出："漢語詞彙複音化發展之初，偏正式複音詞多於並列式複音詞，這並不奇怪。偏正式短語的使用頻率本就高於並列式短語，當短語的詞彙化是在自然狀態下進行時，由偏正式短語詞彙化而成的雙音詞就自然多於由並列式短語而來的雙音詞。"[①]郭錫良先生認爲："周代複合詞的構造方式主要是聯合式、偏正式和附加式，也有少數采取支配式構造的複合詞。"[②]據統計，代表東周中期語言面貌的《論語》一書中，偏正式複合詞占總詞數的 37.2％，聯合式複合詞占總詞數的 26.7％。[③]《詩經》中的複音詞中，動賓式有 13 個，附加式有 27 個，聯合式約有 200 個，偏正式的數量最多，達到約 400 個，且絶大多數是名詞。[④]《左傳》有複合詞 1164 個，其中聯合式複合詞 302 個，占全書複合詞總數的 26.0％；偏正式複合詞有 752 個，占複合詞總數的 64.6％，

①董秀芳：《詞彙化：漢語雙音詞的衍生和發展》，四川民族出版社，2002 年，第 108 頁。

②郭錫良：《先秦漢語構詞法的發展》，《漢語史論集》，商務印書館，1997 年，第 144 頁。

③程湘清：《漢語史專書複音詞研究》，商務印書館，2008 年，第 89 頁。

④向熹：《〈詩經〉語言研究》，四川人民出版社，1987 年，第 215—228 頁。

且絶大多數是名詞。[1] 這些統計資料表明,形成偏正式複合詞的偏正式短語在早期先秦漢語中用得較多,而隨著語言的發展又出現了一個新的現象。戰國以後,聯合式雙音詞的增長速度比偏正式顯著加快了。聯合構詞成爲雙音詞產生的重要方式之一。據統計,《墨子》一書所用的複音詞爲 190 個,除去 8 個單純複音詞外,在 182 個複合詞中,聯合式爲 102 個,占複合詞總數的 56.0%。[2]《吕氏春秋》共有複音詞 2017 個,雙音節詞爲 1730 個,其中以聯合式占優勢,爲 438 個,其次是偏正式,爲 408 個。[3]

李仕春[4]調查了中古時期的 17 種文獻中的複合、聯合、偏正、動賓、補充等多種構詞形式的複合詞,這些文獻包括中土文獻和以漢譯佛經爲主的佛教類語料;中土文獻又可以分爲口語性強的和口語性弱的兩類,前者如傳統士大夫的傳世之作《論衡》《顔氏家訓》《世説新語》,以及當時出現的佛教類語料等,後者如漢賦、駢體文等。他指出,在中土文獻中,聯合式的平均百分比是 47.4%,偏正式的平均百分比是 37.6%,前者超過後者 9.8 個百分比;佛教類語料中,聯合式的平均百分比是 52.0%,偏正式的平均百分比是 33.3%,前者超過後者 18.7 個百分比。由此可見,佛教類語料和中土文獻中聯合式構詞法的能產性都大於偏正式構詞法,佛教類語料中聯合式的百分比比中土文獻中稍高。與上古漢語相比,聯合式構詞法在中古時期最爲能産,已經超過了偏正式。"'聯合式'和'偏正式'在隋、唐、宋時期乃至以後一直都是主要的造詞方式。"[5]

王作新[6]調查了《現代漢語詞典》中所收"A"音起首的複音詞(語),共計 309 個。其中有四字成語 21 個,三音節及三音以上的多音詞 61 個,除此而外,全爲雙音詞,計 227 個,占複音詞總數的 73.5%。從構詞方式看,227 個雙音詞,偏正式爲 83 個,聯合式有 81 個,支配式 25 個,附加式 18 個,音譯詞和摹聲詞 13 個,單純詞 7 個。由此可見,聯合式、偏正式占絶對優勢。從統計數據可知,從上古到現代,聯合式一直是漢語複合詞重要的構成方式。

---

① 毛遠明:《〈左傳〉詞彙研究》,西南師範大學出版社,1999 年,第 103—129 頁。
② 陳克炯:《〈墨子〉詞彙譚概》,中南民族大學學報(人文社會科學版),1990 年第 5 期。
③ 張雙棣:《〈吕氏春秋〉詞彙簡論》,北京大學學報(哲學社會科學版),1989 年第 5 期。
④ 李仕春:《從複音詞數據看中古漢語構詞法的發展》,寧夏大學學報(人文社會科學版),2007 年第 3 期。
⑤ 史存直:《漢語詞彙史綱要》,華東師範大學出版社,1989 年,第 95 頁。
⑥ 王作新:《漢語複音詞結構特徵的文化透視》,漢字文化,1995 年第 2 期。

根據現代語義學理論,具有共同的語義要素(義素)即屬於同一語義場。同一語義場中的各成分靠心理聯想而聚合起來,即索緒爾所説的"聯想關係"①。言語中,單獨使用某一成分造成表達含混不清(或不夠諧和)時,因表達者聯想所致,便從相互關聯的整體聚合系統中選擇另一個成分來配合使用,這樣便構成了一個複合詞。接受者根據語義場這一參照系統,對詞義的理解就會更爲明晰。同義語素、類義語素構詞和相反相對義語素構詞,在思維特徵上都是相同的,它們均有賴於同一語義場中的語言成分,在心理聯想作用下幫助理解,其詞素具有彼此注釋的作用。正如沈德潛説詩所言:"事難顯陳,理難言罄,每托物連類以形之。"②"托物連類",提供背景,觸發聯想,即可意會事理内涵。同時,因爲單音詞的義位較多,在使用中容易産生歧義,爲了更明確地表達詞義,給其配一個義位相同、相近或相反的單音詞,能將兩個語素固定在某一共通的義位上,從而加強詞義的單一性、明確性或理據性,起到固義和顯義的作用,使得詞義的表達更爲明確。

同時,聯合式複音詞占優勢,也和漢民族傳統的對稱、和諧的審美意識分不開。在漢民族的審美意識中,對稱具有特别典型的意義。它給人以不偏不倚、平衡安穩之感,故孔子曰:"和無寡,安無傾。"意義相近、相關、相對的兩個語素構成聯合式複音詞,在音節上顯示對稱,在形式上顯示平衡,在意義上互爲補充,符合漢民族的審美意識。

另外,馬建忠曾説:"按古籍中諸名往往取雙字同義者,或兩字對待者,較單辭隻字,其辭氣稍覺渾厚。"③意思是説,聯合式複音詞在語體風格上比單音詞較爲莊重,在表達風格上更趨書面化,這也是聯合式複音詞廣泛運用的一個重要原因。

---

①[瑞士]費爾迪南・德・索緒爾:《普通語言學教程》,高名凱譯,商務印書館,1980年,第171頁。

②葉燮、沈德潛:《説詩晬語》,鳳凰出版社,2010年,第81頁。

③吕叔湘、王海棻:《馬氏文通讀本》,上海教育出版社,1986年,第77頁。

第四節 本章小結

體貌美醜常用詞在發展過程中呈現出以下一些特點：

首先，常用詞具有穩定性。

常用詞是詞彙系統的核心部分。在短時期内不能變化太快，總有一個極限，否則會破壞語言的可理解性。① 體貌美醜常用詞的穩定性表現爲各個時期在語言中所使用的詞的變化不是很大。常用詞的穩定性起着保證語言發展的連續性以及爲創造新詞提供基礎的重要作用。

各個時期所使用的"美醜"類常用詞具有一定的穩定性，如"美""好""麗"在整個歷史時期的使用頻率均很高，"醜""惡"在各個時期的使用頻率發生了一定的變化，但總的來説，其在整個歷史時期的使用頻率也較高。各個時期所使用的"胖瘦"常用詞具有一定的穩定性，如"肥""羸"在整個歷史時期的使用頻率均很高，"瘠""瘦"的使用頻率也較高，雖然"胖"作爲高頻使用詞只出現在近代，但其一出現，就進入了常用詞領域，被廣泛運用於文學作品中，並且直到現代，"胖"仍是"肥胖"類最常用的詞。

其次，有些常用詞的所指在不同歷史時期發生了變化。

如"瘠"是産生最早，也最常用的一個體貌美醜詞。在早期的使用中，"瘠"側重指人。如：

(243)今臣往，徒見羸瘠老弱。(《史記·劉敬叔孫通列傳》)

有時也可指牲畜。如：

(244)人有飢色，馬有瘠形，何也？(《尉繚子·武議》)

(245)牛雖瘠，僨於豚上，其畏不死？(《左傳·昭公十三年》)

①[美]莫里斯·斯瓦迪士：《史前民族接觸的詞彙統計學的年代推算》，商務印書館，2001年。

秦漢以後,“瘠”的所指發生了變化,從以前人、畜共指發展到僅指人,未見用於動物之例。

又,“瘦”大約産生於戰國末期,在産生之初的很長一段時間都是單指動物。如:

(246)中山有賤公子,馬甚瘦,車甚弊。左右有私不善者,乃爲之請王曰:“公子甚貧,馬甚瘦,王何不益之馬食?”(《韓非子·内儲説》)

而在早期醫籍《素問》《靈樞經》中,幾乎只用“瘦”,經常“肥瘦”連言;還有“脈瘦”的説法,有了指人的用法。到了東漢佛經,幾乎一律用“瘦”指人。如:

(247)佛問王言:“從何所來,衣弊形瘦乎?”(《中本起經》卷下)

(248)不長不短,不白不黑,不肥不瘦,是以名爲玉女寶也。(《修行本起經》卷上)

(249)憂思不樂,身體羸瘦。(《修行本起經》卷上)

(250)身瘦腹大,軀體黄熱。(《修行本起經》卷下)

這證明,至遲到東漢中後期,“瘦”指人的用法就已經固定。

又“肥”。上古漢語中表人肥胖多單用“肥”字,而且它既可以指稱人,也可以指稱動物,但總的來説,指稱動物的用例多過指稱人的用例。如:

(251)四體既正,膚革充盈,人之肥也。(《禮記·禮運》)

大約在金末元初,“胖”的體態肥胖這一義位産生之後,以“肥”稱人的情況逐漸減少,這是因爲“肥”在産生之初可以指稱人,也可以指稱動物,而“人是不願意和牲畜之類用同樣稱呼的。出於這種忌諱,‘肥’在後代被看成是不敬的字眼,後代爲了避開‘肥’,就把人的肥碩稱作‘胖’了”①。

最后,一些常用詞在發展過程中,由可單獨使用的獨立的詞降爲常用構詞語素,如前所述,這是漢語詞彙複音化發展的自然結果。

如“麗”在産生之初可作爲獨立的詞使用。其例如下:

(252)被文服纖,麗而不奇些。(《楚辭·招魂》)王逸注:麗,美好也。

(253)天下之佳人莫若楚國,楚國之麗者莫若臣里,臣里之美者莫若臣東家之子。(《登徒子好色賦》)

---

①王鳳陽:《古辭辨》,吉林文史出版社,1993年,第790頁。

(254)鄒忌修八尺有餘,身體昳麗。(《戰國策·齊策》)按:"昳麗"即"逸麗",指特别美麗。

而在這一時期,"麗"出現了複合組合的用例,構成"佳麗""閑麗"等詞,如:

(255)好姱佳麗兮,牉獨處此異域。既惸獨而不群兮,又無良媒在其側。(《楚辭·九章·抽思》)

(256)玉爲人體貌閑麗,口多微辭,又性好色。願王勿與出入後宫。(《登徒子好色賦》)

自此,"麗"單用的用例逐漸減少,而成爲一個組合能力極强的語素,可構成"妖麗"" 姝麗" "昳麗""曼麗""偉麗""端麗""壯麗""光麗""鮮麗""秀麗""妍麗""豔麗""整麗""俊麗""美麗"等詞。

"羸"也是一個構詞能力極强的語素,可構成"醜羸""羸悴""羸老""病羸""羸瘠""羸病""羸弱""尪羸""老羸癃疾"等詞。

第六章 漢語與英語體貌美醜常用詞對比研究

第一節 現代英語體貌美醜常用詞語義分析

英語中也有專門表示體貌美醜的詞,我們選取英語爲研究對象,是基於以下考慮:

第一,英語屬於西日爾曼語支,起源於盎格魯一弗裏西亞方言,是在日爾曼人入侵時被引入不列顛的。經過古英語、中古英語、早期現代英語到現代英語等幾個階段的長期發展,英語成爲一門較成熟的語言。英語有嚴密的語音、詞彙和語法系統,具備可研究性。

第二,英語是聯合國的工作語言之一,也是事實上的國際交流語言。它是目前世界上使用範圍最廣的一門語言,根據以英語作爲母語的人數計算,英語可能是世界上第三大語言,而且它是世界上使用最廣泛的第二語言。世界上60%以上的信件是用英語書寫的,各個國家都有爲數不少的人在學習英語,而在中國,英語更是絶大多數高等院校的一門必修課,人們對英語的熟悉程度較高。選擇一門大眾熟悉的且使用範圍廣的語言進行研究,有一定的實用性。

第三,雖然英語在中國的學習者甚眾,但中國的學習者在學習使用英語的過程中,或受母語習慣如語音、詞彙、語義、短語、習語、典故、句法規則、篇章結構和文本風格的影響,或受漢語的交際方式、行爲習慣、思維方式和社會行爲準則的鉗制,另加之英語水準有限,因而出現不符合規範表達方式或是交際方式的情況。這種在英語學習中的語用失誤可通過對英漢兩種語言的比較學習來逐步修正。

因此,選擇英語進行對比研究,具有重要的意義。

在研究方法上,我們先調查了現代英語中的體貌美醜常用詞。①

在英語中,"美麗"類的詞主要有:

beautiful, pretty, handsome, good-looking, comely, lovely, bonny, fair, cute, gorgeous, charming, enchanting, fascinating, seductive,等等。

"醜陋"類的詞主要有:

ugly, unsightly, hideous, bad-looking,等等。

"瘦"類的詞主要有:

thin, lean, slender, slim, skinny, bony, gaunt, haggard,等等。

"胖"類的詞主要有:

fat, greasy, corpulent, plump, stout, obese,等等。

一、"美麗"類英語常用詞語義分析

在"美麗"類的詞中,beautiful 是最普通的用語,其詞義完全取決於使用者的主觀趣味,因此它的詞義極不具體。對人而言時,包含精緻(deli-

---

①本章所有英語例句均來自《英語辨析大詞典》(徐鐘、閔北平、薛慕煊主編,華東師範大學出版社,2003年);《最新英漢求解、作文、文法、辨義四用辭典》(香港世界書局,1982年);《凱氏現代英漢同義詞近義詞辭典》(林德金主編,延邊大學出版社,1989年);《牛津高階英漢雙解詞典》([英]霍恩比著,李北達編譯,商務印書館,牛津大學出版社,1997年)。

cacy)、温柔(softness)、可愛(loveliness)、優美(gracefulness)諸要素。用於人時可形容女子,但不能形容男子①。beautiful 包含各種的美,所以像 fine, handsome, pretty,等等,僅表示 beautiful 的一部分而已。如:

(1)She has a wonderfully beautiful face. 她長著一張極爲美麗的臉。

(2)Some girls are pretty;a few, but very few,are beautiful. 有些姑娘長得挺漂亮,可稱得上美的卻很少。

另外 beauteous 的含義與 beautiful 相同,但用於詩歌和嚴肅的散文中,常表示人或物極具魅力,其程度比 beautiful 強烈。用在嘲諷性或新聞性的散文中,常含有貶義,強調其嬌豔嫵媚,僅具外形之美。如:

(3) You can see such beauteous candidates of the title of "Miss America". 你可看到很多這樣嫵媚妖嬈的"美國小姐"侯選人。

(4)She came with a charming smile, beauteous and calm. 她來了,露出一絲甜蜜的微笑,美麗,悠閑。

pretty 和 handsome 也是兩個表示"美麗"的常用詞,這兩個詞是互補的。handsome 通常用於男性,指因勻稱和雅致而惹人喜歡,與用於女性的 beautiful 類似。如:

(5)He has been thought very handsome once. 他曾經被認為很英俊。

(6)He was a tall, dark, and undeniably handsome man. 他身材高大,皮膚黝黑,無可否認是位英俊的男子。

(7)He is not handsome, but is very pleasant-looking. 他不是英俊,而是很好看。

需要注意的是,handsome 一詞有時也可形容女子,此時指女子相貌的端正和形體的健壯,側重於健康活潑、光彩照人的魅力。所以,此用法僅適用於成熟的女性,而不適用於小姑娘。如:

(8)Mrs. Erlynne looked very handsome tonight, didn't she? 今晚厄琳納太太顯得頗有風韻,是不是?

(9) He insists that Garbo was not merely beautiful, but breathtakingly handsome. 他堅持說嘉寶不僅美麗,而且驚人的高雅。

而 pretty 常用來描繪因纖巧、優雅、嫵媚而招人喜歡,而缺乏典雅和

①除非那個男子已經失去男子的特性,否則若說某男子是個 beautiful man 含有輕蔑的意味。

高貴的特質，即不形容形體的完美或風格的典雅。大多形容女性或孩子，暗示其活潑和甜美。如：

(10) She looks very pretty in that hat. 她戴著那頂帽子真是漂亮極了。

當 pretty 偶爾用來形容男子時，常含貶義，暗示其女人氣。如：

(11) His good looks won him the election but he has still to prove that he's not just a pretty face. 他由於儀表堂堂而當選，但他尚須證明決非徒有其表。

good-looking 的詞義很不具體，其意思與 handsome 或 pretty 十分接近，但含義稍弱。表示容顏的美，尤其指臉部，既可形容女性，也可形容男性。如：

(12) They made a good-looking couple. 他們配成了很帥的一對兒。

(13) Who's that good-looking girl Mike is dancing with? 那個和邁克跳舞的漂亮姑娘是誰？

(14) He was tall and good-looking. 他身材高大，相貌英俊。

comely 是一個較古舊的詞，通常用於女性，形容其姿態或相貌俊俏。如：

(15) She might be rather called comely than beautiful. 她可以稱之爲標緻，但還不能講美麗。

該詞有時用來表示女人泥土氣的、質樸的美。如：

(16) the comely milkmaid in a Constable painting. 康斯坦布爾畫中清秀的擠奶姑娘。

lovely 側重指可愛的，即直接可使眼目悦樂的，因而可引起贊賞和愛悦的東西。如：

(17) At that time she regarded Helen as simply lovely. 那時她認爲海倫極其漂亮。

cute 主要用於美國英語，是較口語化的一個單詞，指漂亮的、嬌小可愛的。常表示女人的漂亮能引起他人注目和愉快。如：

(18) What a cute girl! 多麼可愛的女孩！

有時也可被女性用來形容那些不 handsome，但卻帶有孩子氣的或性情温柔的男子。如：

(19) He is cute! 他長得蠻可愛的！

bonny 主要用於英國英語，尤其是蘇格蘭英語。用於人時，表示美麗而且健康漂亮，還含有甜美、純樸、豐滿等褒義。如：

(20) She had a big bonny boy with fair hair. 她有一個長著金黄色頭髮、健壯漂亮的兒子。

(21) It's good to see her looking so bonny. 看到她這麼健康美麗，真叫人高興。

fair 指面貌美麗的、悦目的，著重指其純潔無瑕或清秀豔麗而令人賞心悦目。通常用於女子，不用於男子。如：

(22) Fairer were her hands and her fingers than the blossoms of the wood anemone amidst the spray of the meadow-fountain. 她的手和手指比在草地上的噴泉中盛開的木海葵更美麗。

(23) Her eyes were very fair. 她的眼睛很美。

gorgeous 常用來誇張地形容人極其漂亮。如：

(24) The hero embraced his gorgeous bride. 英雄擁抱他那嬌艷的新娘。

以上表示的都是比較符合正統審美觀的、中規中矩的美，其實在英語中，也有表示妖冶、嫵媚等的美，含這個意思的單詞主要有 charming, bewitching, enchanting, fascinating 和 seductive。下面一一論述。

charming 主要指社交場合中高雅的風度和行爲。最初它有被施以魔法的含義，因此在其使用中有迷人的含義。如：

(25) He found her as smart and beautiful as she is charming. 他感覺她聰明漂亮，又討人喜歡。

用於男子時，則指世故而文雅。如：

(26) He is a charming man with the slight French accent. 他是一個略帶法國口音的有魅力的男子。

bewitching, enchanting, fascinating 和 seductive 常用來形容有魅力的女性，特別强調其具有非同尋常的誘惑力。這些詞都比 charming 更富於感情色彩。有時更暗示一種不太正常的關係。如：

(27) Frank was a quiet young man with bewitching brown eyes. 弗蘭克是一個文静的年輕人，有著一雙迷人的褐色眼睛。

(28) Enchanting body of exceedingly beautiful young girl posture! 絶色少女的妖嬈身姿!

(29)I find your daughter completely fascinating. 我覺得你女兒特迷人。

(30)I love dressing up to look seductive. 我喜歡打扮得性感一些。

二、"醜陋"類英語常用詞語義分析

ugly, unsightly, hideous, bad-looking 等詞均指從美學角度看使人不快或引起反感的人或物。其中,ugly 語氣強烈,表示所指人或物最令人不快,運用最廣泛,是最常見的一個。如:

(31) An ugly sight he was, thin, stooping, bald with an ulcered face patched with plasters. 他竟如此難看,瘦削、佝僂、禿頂,滿臉潰爛還敷著藥膏。

在描述人時,因 ugly 的語氣過分生硬,一般常用 homely, plain, unattractive 這些口氣稍軟的詞來形容一個外表不漂亮的人。

unsightly 是一個比較書面化的詞,指不順眼,常用於形容某個方面而不是整個人。不是指人或物體本身醜陋,而是有將本是賞心悦目的東西破壞的意味。如:

(32)He had an unsightly mark on his face. 他臉上有個難看的瘢痕。

(33)Johnson made an unsightly appearance in his tiny, ill-fitting wig and loose black breeches. 約翰遜小得不合適的假髮和過大的黑袖子使他的外表看起來很不順眼。

hideous 指極醜的,形容人時,暗指天生長得難看,語氣比 ugly 更強烈。如:

(34)He has a hideous hare lip. 他長有難看的兔唇。

(35)The car accident left a hideous scar on his face. 那次車禍使他臉上留下了可怕的瘢痕。

bad-looking 的詞義很不具體,主要指臉部容顏的不美,既可形容女性,也可形容男性。如:

(36)Rizzoli was not bad-looking, but while other women might smooth on makeup or clip on earrings, Rizzoli seemed determined to downplay her own attractiveness. 芮黎真長得並不難看,不過其他女性會化化妝、戴些耳飾什麼的,可她卻似乎在刻意掩飾自己的魅力。

三、"瘦"類英語常用詞語義分析

thin, lean, slender, slim, skinny, bony, gaunt, haggard 等詞與肥胖或豐滿相對,指瘦得與身體不相稱。

在這些詞中,thin 是最普通的一詞,表示腰細、骨架窄,可指天生體重偏輕或不足。如:

(37) A tall thin distinguished-looking man. 一個又高又瘦相貌出衆的男子。

(38) She thinks that only thin women are attractive. 她認爲只有身材瘦的女子才嫵媚動人。

(39) The boy is thin for his age. 這男孩從他的年齡看,算瘦的。

lean 強調脂肪組織的缺乏,同時還暗含一種潛在的肌肉的力量。如:

(40) A lean, lithe runner with great stamina. 一個精力過人但消瘦而輕巧的競走者。

slim 和 slender 意爲苗條,指雖然體重輕,但體形較勻稱。slim 可指任何性别,表示利落的樣子或體格。如:

(41) She kept slim by dieting and by exercising diligently. 她靠節食及勤於鍛鍊來保持苗條。

(42) She has a slim, graceful figure. 她有苗條、優美的身材。

slim 表示結實有力,而 slender 強調外形修長、纖細,體形優美、勻稱,有輕盈的意味。指男子時表示男子體格較小,常有稱贊之意。如:

(43) She admired her sister's slender build. 她羨慕她妹妹修長的身材。

(44) He is a tall, slender man with a sensitive face. 他身材修長而且有一張敏感的面孔。

bony, skinny, gaunt, haggard 等詞均指太瘦,可以明顯地看到皮下的骨頭。

bony 是最普通的詞,指骨架十分突出,這可以被看作迷人、貧血、長期營養不良或飢餓的象徵。如:

(45) A waif-like actress with bony shoulders and big eyes. 那流浪女一樣的女伶有著瘦削的肩膀和大大的眼睛。

bony 也常用於身體的某一部位。如 long bony fingers（瘦長的手指），bony knees（瘦瘦的膝蓋）。

skinny 多用指兒童，強調一個人髮育不全，只是皮包骨。如：

（46）A skinny knobbly-kneed little girl. 一個瘦得露膝蓋骨的小女孩。

gaunt 指肉少而骨頭明顯，該詞來自古挪威語，指又高又瘦的人，現在的意思是瘦骨嶙峋。如：

（47）He had gaunt cheeks after his long illness. 他久病後雙頰瘦削。

（48）I saw a gaunt old man, hollow-eyed, with prominent cheekbones and attenuated limbs. 我看見一個形容枯槁的老人，雙眼凹陷，顴骨突出，四肢細弱。

haggard 側重於指因病或睡眠不足或憂愁而憔悴的，形容枯槁的、困倦的。這種憔悴不一定是瘦，而且經過充分的休息或心情的改變，這種印象會很快改變。如：

（49）She looked haggard after a sleepless night. 一夜失眠之後，她看上去很憔悴。

（50）Liam came to the door looking pale and haggard. 萊姆走到門口，他看起來蒼白憔悴。

四、"胖"類英語常用詞語義分析

fat, corpulent, obese, plump, portly, stout 等詞均有"胖"的含義。其中 fat 最常用，同時也最具體和直接。如：

（51）Yesterday, I saw a woman who was unbelievably fat. 昨天，我看到一個胖得出奇的女人。

fat 被副詞修飾时，還可分出胖的程度。如：

（52）Mike was a young man who already looked slightly fat. 邁克是一個看上去已經稍稍發胖的年輕人。

用 fat 來形容某人肥胖過於直接，而且有可能會被認爲没有禮貌。表達此意更禮貌的説法是 plump 或 chubby，而 plump 是超重程度最輕的情形，它指一種有吸引力的成熟體態，帶有稱許的意味。如：

(53) Maria was small and plump with a mass of curly hair. 瑪麗亞身材矮小豐滿，一頭捲髮。

(54) He pushed a plump little hand towards me. 他把一隻胖胖的小手朝我伸了過來。

obese 和 corpulent 指過度超重的體態，同時也比 fat 正式。obese 是臨床術語，用以對肥胖進行醫學角度而非美學角度的描述，尤其強調其對健康的危害。如：

(55) The tendency to become obese is at least in part hereditary. 發胖至少有一部分是源於遺傳。

(56) Obese people tend to have higher blood pressure than lean people. 胖人常常比瘦人血壓高。

而從字面上講，corpulent 適用於體格臃腫肥胖，但不是從醫學角度形容的情形，因此不需要適用於某種極端情況。如：

(57) The corpulent gentleman's name is Dumas. 這位胖紳士的名字是大仲馬。

(58) She became corpulent as she grew older. 她年紀大些，變得肥胖了。

portly 和 stout 都是 fat 的體面委婉的說法，特別是用來形容年長者。portly 意味著腰粗體胖帶來的尊貴。如：

(59) The portly matrons who served tea after the recital. 演奏會後給人倒茶的發福的主婦們。

(60) He arrived at the restaurant, a portly figure in a tight-fitting jacket and bow tie. 他到了飯店，肥胖的身軀裹緊在上衣裹，還戴著領結。

而 stout 有點類似於 corpulent，指一般的體態沈重。如：

(61) He was a tall, stout man with gray hair. 他是個又高又胖、頭髮灰白的男子。

(62) She was about fifty and quite stout. 她大約五十歲，相當胖。

第二節　漢語與英語體貌美醜常用詞比較

英語和漢語是世界上運用範圍極廣的兩門語言，母語爲漢語的人中有爲數不少的人在學習英語，在使用英語的國家，學習漢語的人也大有所在。但人們在學習彼此語言的過程中，在語音、詞彙和語法上，或多或少會遇到這樣或那樣的困難，這是每位學習者難以避免的情況。而詞彙作爲語言的基礎，對其掌握，不僅僅是以能讀會寫爲標準，重要的在於對其正確的使用。而這也是語言學習過程中最爲棘手的問題。因此，將漢語和英語進行對比研究，找出其共同點和不同點，對於語言學習者正確地掌握和熟練地使用語言有重要的現實意義。在此，我們試以漢語和英語詞彙中的一個小類——體貌美醜詞爲研究對象，對英語和漢語的詞彙進行研究。其中英語指現代英語，而漢語則會從各個時期共時的情況來看。

通過對漢語與英語體貌美醜常用詞的比較和分析可知，英語和漢語詞彙在使用中既有共同之處，也存在較大差異。

第一，在表示"美麗""醜陋""瘦""胖"等含義時，不論是漢語還是英語，每組詞均有一個中心詞，這個中心詞的義域最大，出現頻率最高，而且這個中心詞一般不帶任何感情色彩，只是對人和事物的客觀描述。

在英語中，beautiful 是"美麗"類的中心詞，ugly 是"醜陋"類的中心詞，thin 是"瘦"類的中心詞，fat 是"胖"類的中心詞。如：

(63) She was a very beautiful woman. 她是個大美女。

這句話中，beautiful 只是對主語 she 的一種客觀描述，側重於外表的美，而不涉及諸如言語、舉止、好惡等方面。

同樣的，ugly，thin 和 fat 也多是對主語整體的客觀描述。如：

(64) He has a very ugly face. 他有一張難看的臉。

(65) He is small and very thin and has pale-white skin. 他個頭瘦小,膚色蒼白。

(66) After five minutes, the fat woman in the seat in front of me was asleep. 五分鐘後,我前排座位上的胖女人便睡著了。

漢語中也有同樣的情況。"美醜"類的中心詞在上古一期爲"美""好""惡";在上古二期爲"美""好""醜""惡";在中古時期爲"美""好""醜""惡";在近代漢語爲"醜""美"。

漢語和英語中存在的這種共同的詞彙現象,我們可以用認知語言學中的原型理論進行分析。我們所說的"中心詞",即原型理論中所說的"原型詞"。原型詞是一個詞義系統中義域最大、出現頻率最高的詞。無論是英語還是漢語,正是由於在"美麗""醜陋""瘦""胖"等詞義系統中原型詞的存在,使得人們在認識詞義的過程中具有認知參照點。在劃分範疇時,在對原型總體認識基本不變的情況下,能很好地把握該範疇中的其他個體特徵。

第二,在英語和漢語中,任一語義範疇均具有家族相似性。任一語義範疇都存在一個或幾個核心意義(原型意義),其他意義都是在此意義的基礎上進一步引申或輻射出來的,各義項間具有家族相似性。認知語言學的這一理論和結構主義語義學中的語義場理論有相通之處。語義場理論是德國學者特雷爾(J.Trier)提出的。所謂語義場,又叫詞彙場,它是一個系統,它把有相互關係的詞彙和短語組織起來,顯示其間的相互關係。意義相關的詞 W1、W2、W3……構成一個集合,稱爲詞彙場。詞彙場 F1、F2、F3……的集合構成某一語言中的詞彙總和"V"(Vocabulary)。

黄伯榮、廖序東在《現代漢語》一書中也指出:"語義場就是通過不同詞之間的對比,根據它們的詞義的共同特點或關係劃分出來的類。屬於同一語義場的各詞義有共同的義素表明它們同屬一個語義場,又有一些不同的義素表明詞義彼此之間的區別。"[①]該書分析語義場類型有 3 種:類屬義場、順序義場、關係義場。而文旭(1995)將語義場劃分爲 6 種類型:分類義場、順序義場、換位義場、互補義場、兩極義場、語義同義場。[②]

① 黄伯榮、廖序東:《現代漢語(上册)》,高等教育出版社,2002 年,第 282 頁。

② 文旭:《從語義場理論看語言的模糊性》,外語學刊,1995 年第 1 期。

所研究的體貌美醜常用詞，可劃分出四個語義同義場，即美、醜、胖、瘦。但其中的“美”與“醜”，“胖”與“瘦”又可以構成反義義場。

構成語義場的各詞之間有共同的家族相似性，如英語“美”語義場中的諸詞 beautiful，pretty，handsome，good-looking，comely，lovely，bonny，fair，cute，fair，gorgeous，charming，enchanting，fascinating，seductive 等均有相貌漂亮、讓人賞心悦目這一家族相似性，只是這種漂亮的對象和程度因詞的不同而略有差異。如 pretty 大多形容女性或孩子，暗示其活潑和甜美；handsome 通常用於指男性；good-looking 側重於表示容顔的美，尤其指臉部；comely 是一個較古舊的詞，通常用於女性，形容其姿態或相貌俊俏，有時用來表示女人泥土氣的、質樸的美；lovely 側重指可愛的；cute 是較口語化的一個單詞，指漂亮的、嬌小可愛的；bonny 主要表示美麗而且健康漂亮；fair 著重指純潔無瑕或清秀豔麗而令人賞心悦目；而 charming，bewitching，enchanting，fascinating 和 seductive 等詞側重於妖冶、嫵媚的美。

漢語“美”語義場具有相同的情況。在“美麗”這一語義場中，佳、俏、倩、冶、曼、嫵、妍、妖、姝、姣、婉、媛、媚、嬈、嬌等詞均以“美麗”這一語義爲核心，在不同歷史時期，分别構成不同的語義場。在各自的使用中，它們也存在一定的差異。

首先，地域使用不同。如：“妍”，《方言》卷一：“自關而西，秦晉之故都曰妍。”“姝”，《方言》卷一：“趙魏燕代之間曰姝。”“好”，《方言》卷二：“自關而西，秦晉之間凡美色，或謂之好，或謂之窕。”可見“妍”“姝”“好”皆是北方方言。

其次，所指不同。大約是金末元初，“胖”産生“體態肥胖”這一義位。這一時期，主要以“肥”指稱動物，而表示人體態肥胖的詞主要由“胖”擔任。

再次，感情色彩不同。如“妖”在現代偏重於指異常的美、迷人的美，在感情色彩上偏貶義；而“媚”所稱的美好，帶有討人喜歡、招人喜愛的色彩。

最后，詞義側重點不同。“麗”有附著之義。因此，“麗”表示美時，主要是指外表之美、服飾之美。“嬌”則重在姿態柔媚小巧、惹人喜愛。

無論是在英語還是在漢語中，正是由於一些詞的家族相似性而使這些詞處於同一個語義場中，而正因爲它們之間的差異，而使它們在同一個語義場中既相互聯繫而又相互區别，從而構成了多姿多彩的詞彙系統。

第三，在英語和漢語中，任一語義範疇，其詞彙都具有“核心—邊緣”模式。根據認知語言學理論，處於同一語義系統中的詞的地位並不是平等的，具有中心成員和邊緣成員之分，原型的語義特徵是明顯的，而越是邊緣的詞，其語義越是模糊。

拉博夫（W. Labov，1973，1978）讓受試者辨認一組大小、高矮不同的杯子（如上圖所示），並允許受試者選擇不同的名稱（如 cup，bowl，mug）。①

實驗結果表明，對杯子“原型”的認同率（即認爲上圖中的 prototype 爲 cup）爲 100％，對離“原型”越遠的成員，其認同率越低。當對杯子的認同率低到一定程度，對其他範疇（bowl）的認同率開始上升，並出現交叉。如下圖所示：

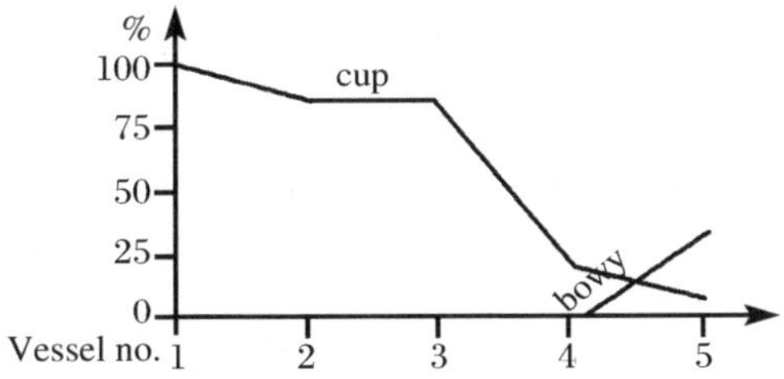

以上研究進一步説明，越是“核心”成員，其語義特徵越是明顯，越是“邊緣”成員，其語義特徵越是模糊。

英語中的 beautiful，ugly，thin 和 fat，現代漢語中的“美”“醜”“胖”“瘦”可認爲是“美”“醜”“胖”“瘦”這幾個語義範疇中的原型詞。以“美”這一語義範疇爲例。英語中，表示“美”的可有 beautiful，pretty，handsome，good-looking，comely，lovely，bonny，fair，cute，fair，gor-

①該例轉引自趙豔芳：《認知語言學概論》，上海外語教育出版社，2001 年，第 62 頁。

geous, charming, enchanting, fascinating, seductive 等諸多詞。如前所述,comely 是一個較古舊的詞,通常用於女性,形容其姿態或相貌俊俏。但該詞有時用來表示女人泥土氣的、質樸的美。而所謂的泥土氣、質樸,有時也會被解讀爲"土氣、不洋氣",而這種解讀,與"ugly"這一詞義系統就更爲接近。又如 charming, enchanting, fascinating, seductive 等詞,常用來指因妖嬈、妖冶而產生的迷人的美。但若過於妖嬈、妖冶,反而會有"ugly"的評價。

漢語詞彙也是如此。仍以"美"這一詞義範疇爲例。"妖",唐玄應《一切經音義》卷一引《三蒼》:"妖,妍也。"《玉篇·女部》:"妖,媚也。"《文選·宋玉〈神女賦〉》:"近之既妖,遠之有望。" 李善注:"近看既美,復宜遠望。" 可知"妖"最初義爲"豔麗、嫵媚"。最初"妖"並沒有貶義,但自從"妖魔"害人的觀念產生後,"妖"就逐漸有了不正派、不端莊、淫邪之義了。而"不正派、不端莊、淫邪"的含義,其"美麗"這一中心語義逐漸模糊,而離"醜惡"更近了一步。

又如"姣"。《説文·女部》:"姣,好也。"段玉裁注:"姣謂容體壯大之好也。"徐灝箋:"凡从交聲之字其義多爲長……壯佼亦謂其壯而高長,非謂大也。" 由此可知,"佼/姣"本有"長大美好"之義。如:

(67)前有樓闕軒轅,後有長姣美人。(《史記·蘇秦列傳》)

"姣"的詞義所反映出的"以高大爲美"這一審美觀,有一定的歷史具體性。如在《詩經》中就有許多以"長碩"爲美的描述。如:

(68)有美一人,碩大且卷……有美一人,碩大且儼。(《詩經陳風·澤破》)

(69)辰彼碩女,令德來教。式燕且譽,好爾無射。(《詩經小雅·車舝》)

以上詩句,都把"碩大"作爲美女的重要標準。《詩經衛風·碩人》更是以'碩'名篇:

(70)碩人其頎,衣錦褧衣。齊侯之子,衛侯之妻。東宫之妹,邢侯之姨,譚公維私。碩人敖敖,説于農郊。四牡有驕,朱幩鑣鑣。翟茀以朝,大夫夙退,無使君勞。

不僅"碩",而且"頎"(長貌),還要"敖敖"(亦爲長貌),可見"碩"在當時的確是一種令人羡慕的美的標誌。但隨著時代的發展,對女性的審美觀也發生了變化,女性不再以"健壯高大"爲美,而以嬌小爲美,因此,若"姣"仍保持其"容體壯大之好"之義,毫無疑問,其"美麗"這一中心語義必然會逐漸磨滅,但好在隨著歷史的發展,“姣”的詞義泛化,在現代漢語中,“姣”早已脱落“長大”這一義素,通指“美好”,這使其在“美麗”語義範疇中不至於被邊緣化。

第四,在英語和漢語中,任一語義範疇的邊界都是模糊的,模糊性是語義範疇的客觀屬性。首先,範疇化的依據是典型屬性組成的、不確定的集合,也就是説範疇界定的依據具有模糊性,即概念的内涵具有模糊性。如前所述,在漢語文化中,在生産力低下的時期普遍“以高大爲美”,但隨著時代的發展,人們更欣賞體形嬌小可愛的女性。英語文化中也有這樣的例子。古希臘藝術傑作、象徵愛情與美的女神維納斯的塑像,也是一個體形高大匀稱的“碩人”,而如今,行走在T型臺上的模特,無不是纖腰一握的美人。基於此,“美”這一範疇的界定具有模糊性。其次,範疇的邊緣具有模糊性,邊緣範疇成員的範疇身份具有不確定性,也就是説概念的外延具有不確定性。從認知角度來講,客觀世界具有無限性,而人類要以有限的認識手段認知無限的客觀世界,在此基礎上産生的範疇必然具有一定模糊性。語言作爲思維的外殼,反映著人們對於客觀世界的認識和感受。語義模糊性是人類範疇化認知的産物,它不可避免地會反映到詞語意義上。如前所述,在英語和漢語中,任一語義範疇的詞彙都具有“核心—邊緣”模式。原型居於範疇中心,是範疇認知的參照點,其語義相對明確;而居於範疇邊緣的詞彙,其語義是模糊的。如前所述,在“美”這一語義範疇中,居於範疇邊緣的詞彙,其語義逐漸向“醜”這一語義範疇靠攏,其語義中兼及“美”與“醜”這兩個範疇的含義,因此,其語義具有模糊性。

第五,在英語和漢語中,同一語義範疇的詞,是呈層級分布的。具有共同語義要素的詞彙組合構成語義場。無論語義的歷時演變,還是多義詞的共時義項構成的語義範疇,都存在一個或幾個核心意義(原型意義),其他意義都是在此意義基礎上進一步引申或輻射出來的,在同一語義範疇中的詞,彼此間有語義的差異,詞語之間存在相似性和共性特徵。語義場的這個特點與西方認知語言學的原型理論有共通之處。羅施(E. Rosch)受到“焦點色”以及維特根斯坦“家族相似性”的啓發,將研究範圍擴展到其他範疇,發現了同樣的現象,從而提出原型(prototype)概念(Rosch 1973,Labov 1973)。他指出,原型是人們對世界進行範疇化認知的參照點,所有概念的建立都是以原型爲中心的。在此基礎上,他建立了

"基本範疇和原型理論",確立了範疇在認知心理學和認知語言學研究中的重要地位,並提出了基本範疇等級效應和原型效應的觀點。處於範疇中心位置的被稱爲原型,Rosch 認爲原型就是"一個範疇中最典型的、最具代表性的成員"(Rosch 1973: 135),而 Taylor 認爲原型應該是"範疇核心的心理圖式"(Taylor 1989)。而處於同一個範疇中的成員其地位並不是平等的。處於中心的成員,如原型,具有更多的家族相似性,越是邊緣的成員,其抽象程度越高。原型理論體現了一種語義的向心力,其核心意義源於對範疇内所有成員共同特徵的抽象。越接近核心意義的詞越具有顯著的原型特徵,則可視之爲典型成員,反之,則可稱之爲非典型成員或邊緣成員。

處於同一語義範疇中的詞彙其地位也是不平等的。黄伯榮、廖序東指出:"語義場有不同的層次,上一層次中某個詞的義素必然爲下一層次的各詞所具有,而下一層次又必然有自己一些特殊的義素。"[①] 吴爲民(2011)在研究漢語性别詞時,根據詞彙中心義素的類别,將性别詞分爲三類:中心義素是"雄性(或雌性)"的詞,如"男、女、公、母、雌、雄";主要義素是"雄性(或雌性)"而中心義素非性别屬性的詞,如"牯、牸、翡、翠、鳳、凰";詞義中含"雄性(或雌性)"邊緣義素的詞,如"兄、姐、弟、妹、舅、姑"。

通過對詞彙義素的分析,可以判斷詞彙在語義系統中的層級關係,從而更好地理解詞義。以"美"語義場爲例,"美、好"的中心義素爲"美麗",處於該語義場的中心地位,而"佳""俏""冶""曼"等詞的主要義素爲"美麗",因此在該語義系統中處於下一層級。同時,根據不同時代同一詞彙在語義系統中的位置,可以判斷其語義的發展和變化。一般而言,處於語義系統中心位置的詞,其語義變化是很小的,在核心詞漫長的發展變化過程中,有些詞從先秦時期一出現,就處於某個語義場的核心地位,經歷了長期的語言詞彙的發展變化,期間同一語義場中的其他成員可能也出現不斷發展成熟的情況,但始終没有能夠實現對它的替代,它在語義場中的主導地位始終是較爲穩定的。如"美"從産生之初到現代,其詞義幾乎没有發生變化,雖然"好"的適用範圍發生了變化,但其"美麗"這一義位並没有發生變化,這充分體現出了核心詞"穩定性"的特性。

從詞義系統來分析,漢語和英語存在許多相似性,但漢語和英語畢竟

① 黄伯榮、廖序東:《現代漢語(上册)》,高等教育出版社,2002 年,第 277 頁。

屬於兩種不同的語言系統,它們之間存在一定的差異。例如,在詞性的判定上,漢語和英語有一定的差異。英語中體貌美醜常用詞的詞性比較明確,一般不會出現兼類的情況。如前文所談到的 beautiful, pretty, handsome, good-looking, comely, lovely, bonny, fair, cute, gorgeous, charming, enchanting, fascinating, seductive, ugly, unsightly, hideous, bad-looking, thin, lean, slender, slim, skinny, bony, gaunt, haggard, fat, greasy, corpulent, plump, stout, obese 等詞均爲形容詞。英語詞性的變化多采用增減和改變詞綴的方式。如 beautiful 變爲名詞 beauty,是通過去掉"-ful"這個形容詞後綴實現的;skinny, bony, greasy 等詞是通過去掉"-y"變爲相應的名詞 skin, bone, grease 的;charming, enchanting, fascinating, seductive 等詞去掉後綴"-ing"或"-tive"後,變成了相應的動詞 charm, enchant, fascinate, seduce; unsightly, pretty, fair, ugly, hideous, thin, lean, slender, slim, gaunt, plump, stout 等詞則是在詞尾加"-ness"這一名詞後綴實現其從形容詞到名詞的轉變的。

而漢語中的體貌體貌美醜常用詞常出現兼類的情況,具體爲何詞性,應根據其在句子中的語法結構進行分析。如《周禮・地官司徒》:"四曰墳衍。其動物宜介物。其植物宜莢物。其民皙而瘠。"此句中"瘠"修飾名詞"民",表示"民"的狀態,做形容詞。同樣,"楚子使醫視之。復曰:'瘠則甚矣,而血氣未動。'"(《左傳・襄公二十一年》)中,"瘠"也做形容詞。又,"罪合於一,多瘠罔詔。商今其有災,我興受其敗,商其淪喪,我罔爲臣僕"(《尚書・微子》),傳曰:"紂故使民多瘠病,而無詔救之者。""瘠病"指瘦弱之病。該例中"瘠"爲形容詞"多"所修飾,可知爲名詞。同樣的,"而國亡捐瘠者"(《漢書・食貨志》),注引師古曰:"瘠,瘦病也。"可見"瘠"此處做名詞。"今尚書刮六州肌肉以奉軍,雖尚書瘠己肥國,六州之人何罪乎!"(《資治通鑑》卷第二百四十二)此句中"瘠"帶賓語"己",可知此處爲動詞。

另外,漢語屬於漢藏語系,英語屬於印歐語系,漢藏語系大多數語言的詞主要由單音節的單純詞和多音節的複合詞組成。因此,漢語的體貌美醜常用詞中,多見由單音的體貌美醜常用詞構成的同義、近義、反義的複合組合,這些詞彙在意義的表達上更爲生動具體。而英語中的詞彙一般都是獨立運用,其程度的表達多用在前或後加副詞的方式完成,這也是兩種語言的差異之一。

第七章 結語

應該承認，學界在研究常用詞演變方面已經取得了重大成果，對許多常用詞的面貌及發展演變過程都有了清晰的描述和解釋，但也還存在一些不足之處，如涉及的常用詞的數量並不太多，研究的詞彙中也以動詞和名詞爲主，對形容詞的研究成果還不是十分豐富，等等。

本書從歷時的角度對常用詞中的體貌美醜詞進行研究，清理出體貌美醜詞的歷時使用情況。從調查可知，各個時期所使用的"美醜"類常用詞具有一定的穩定性，如"美""好""麗"在整個歷史時期的使用頻率均很高，"醜""惡"在各個時期的使用頻率發生了一定的變化，但總的來説，其在整個歷史時期的使用頻率也較高，表現在各個時期，在語言中所使用的詞的變化不是很大，這充分體現了常用詞穩定性的特點。常用詞是詞彙系統的核心部分，在短時期内"不能變化太快，總有一個極限，否則會破壞語言的可理解性"[①]。常用詞的穩定性起着保證語言發展的連續性以及爲創造新詞提供基礎的重要作用。

也有些常用詞在歷史發展過程中發生了一定的變化。如詞的所指在不同歷史時期發生了變化；由可單獨使用的獨立的詞降爲常用構詞語素；詞

①[美]莫里斯・斯瓦迪士:《史前民族接觸的詞彙統計學的年代推算》，商務印書館，2001年。

的使用頻率發生了變化;等等。正是由於這些變化的存在,使語言在保持穩定性的前提下呈現出發展變化性,從而展現出多姿多彩的語言面貌。

從對漢語體貌美醜常用詞性的考察看,這些詞做形容詞的數量最多,所調查的 26 個體貌美醜常用詞均可做形容詞。在做形容詞時,幾乎都可單用,許多還可與其他詞組合構成表體貌美醜的雙音形容詞組合。這種情況説明體貌美醜詞作爲形容詞的使用已經非常成熟,其使用的靈活性極大。在所調查的體貌美醜常用詞中,可做名詞的爲 17 個,明顯比做形容詞的情況少,而做動詞的情況最少,僅 4 例。這種情況是與形容詞的語法特徵相關的。一般而言,形容詞做謂語時具有描述性,做定語時具有修飾性,這與體貌美醜詞是對人體形貌的描述這一特徵相符,所以體貌美醜詞中做形容詞的用例占絶對優勢。

同時,體貌美醜常用詞中有大量活躍的構詞成分。如“麗”可構成“妖麗”“姝麗”“昳麗”“曼麗”“偉麗”“端麗”“壯麗”“光麗”“鮮麗”“秀麗”“妍麗”“豔麗”“整麗”“俊麗”“美麗”等詞。“羸”可構成“醜羸”“羸悴”“羸老”“病羸”“羸瘠”“羸病”“羸弱”“尪羸”“老羸癃疾”等詞。活性構詞成分的大量出現,是複音詞中同義詞和同根詞大量增加的直接原因之一,以既定的構詞成分構造新詞,使得複音詞的衍生模式化、類推化,不僅出現了很多滋生複音詞的結構模式,使複音詞的數量大量增加,而且以舊的語素成分構造新詞,這種新舊成分的搭配使得新詞的含義更爲明晰,大衆的接受程度更高,這從另一方面加快了詞彙複音化的步伐。

古代漢語以單音詞爲主,現代漢語以複音詞爲主。漢語複音詞萌芽於先秦,大幅度地發展是在漢代。從統計可知,在上古二期,無論是可構成複合組合的單音常用詞的數量,還是其構成的複合組合的數量,與上古一期相比都有極大的增加。但從上古二期至近代,構成複合組合的數量呈現出比較穩定的趨勢,如中古漢語複合組合的數量爲 65 個,近代漢語複合組合的數量爲 61 個,這是與漢語詞彙史上複音詞的整體發展軌跡相一致的。

從對漢語體貌美醜複合組合情況的調查和對漢語體貌美醜複合組合演變的調查可知,在所調查的體貌美醜複合組合中,聯合式占了絶大部分。從其構成來看,體貌美醜詞相互組合的結構,有同義聯合、類義聯合和反義聯合、相對義聯合,每個組合方式中有大量的詞彙,其中又以同義聯合、類義聯合組成的詞爲多。根據現代語義學理論,具有共同的語義要素(義素)即屬於同一語義場。同一語義場中的各成分靠心理聯想而聚合起來,即索緒爾所説的“聯想關係”①。言語中,單獨使用某一成分造成表達含混不清(或不夠諧和)時,因表達者聯想所致,便從相互關聯的整體聚合系統中選擇另一個成分來配合使用,這樣便構成了一個複合詞。接受者根據語義場這一參照系統,對詞義的理解就更爲明晰。同義語素、類義語素構詞和相反義語素構詞,在思維特徵上都是相同的,他們均有賴於同一語義場中的語言成分,在心理聯想作用下幫助理解,其詞素具有彼此注釋的作用。同時,單音詞的義位較多,在使用中容易産生歧義,爲了更明確地表達詞義,給其配一個義位相同、相近或相反的單音詞能將兩個語素固定在某一共通的義位上,從而加強詞義的單一性、明確性或理據性,起到固義和顯義的作用,使得詞義的表達更爲明確。

通過對漢語與英語體貌美醜常用詞的比較和分析可知,英語和漢語詞彙在使用中有許多共同之處。不論是漢語還是英語,每組詞均有一個中心詞,這個中心詞的義域最大,出現頻率最高,而且這個中心詞一般不帶任何感情色彩,只是對人和事物的客觀描述。同時,在英語和漢語中,任一語義範疇都存在一個或幾個核心意義(原型意義),其他意義都是在此意義基礎上進一步引申或輻射出來的,各義項間具有家族相似性。在兩種語言中,任一語義範疇,其詞彙都具有“核心—邊緣”模式,具有中心成員和邊緣成員之分,原型的語義特徵是明顯的,而越是邊緣,語義越是模糊。任一語義範疇的邊界都是模糊的,模糊性是語義範疇的客觀屬性;同一語義範疇的詞,是呈層級分布的。

由於形容詞“詞彙意義大多帶有感情色彩,因爲形容詞所反映的是語言使用者對客觀事物的一種主觀評價,所以它的詞義往往具有某種不確定性”,而且“從數量上看,形容詞在歷史上發生過新舊更替的可能要略少於名詞”。② 正是由於形容詞的這些特點,學界對形容詞的研究還不甚深入。本書以 26 個體貌美醜常用詞爲研究對象,探討了其共時分布狀態和歷時演變軌跡,以期描畫出這類常用詞的發展演變軌跡,爲漢語中常用形

①[瑞士]費爾迪南·德·索緒爾:《普通語言學教程》,高名凱譯,商務印書館,1980 年,第 171 頁。
②汪維輝:《東漢—隋常用詞演變研究》,南京大學出版社,2000 年,第 324 頁。

容詞的研究提供借鑒。限於個人能力,論文中還有許多不足之處,如本書只是著重對各個時期封閉語料中的體貌美醜詞進行調查,有的結果不甚全面;對漢語方言體貌美醜詞的考察還不夠深入;對體貌美醜詞演變規律的總結也有待進一步加強。這些都有待今後進一步的研究。

參考文獻

一、所引文獻類

[1]十三經注疏(影印本)[M].北京:中華書局,1980.

[2]孫詒讓.墨子間詁[M].上海:上海書店出版社,1986.

[3]任繼愈.老子新譯[M].上海:上海古籍出版社,1985.

[4]郭慶藩.莊子集釋[M].北京:中華書局,1978.

[5]國語[M].上海:上海古籍出版社,1998.

[6]梁啟雄.荀子簡釋[M].北京:中華書局,1983.

[7]陳奇猷.韓非子集釋[M].北京:中華書局,1962.

[8]劉向輯録.戰國策[M].上海:上海古籍出版社,1998.

[9]張雙棣,張萬彬,殷國光等.吕氏春秋譯注.[M].長春:吉林文史出版社,1986.

[10]朱熹.楚辭集注[M].上海:上海古籍出版社,1979.

[11]張雙棣.淮南子校釋[M].北京:北京大學出版社,1997.

[12]司馬遷.史記[M].北京:中華書局,1959.

[13]劉向.烈女傳(臺灣《景印文淵閣四庫全書》)[M].臺北:臺灣商務印書館,1986.

[14]班固.漢書[M].北京:中華書局,1962.

[15]蕭統.文選[M].北京:中華書局,1977.

[16]陳壽.三國志[M].北京:中華書局,1982.

[17]范曄.後漢書[M].北京:中華書局,1965.

[18]楊明照.抱朴子外篇校箋[M].北京:中華書局,1991.

[19]葛洪.神仙傳[M].臺北:臺灣商務印書館,1986.

[20]干寶撰,汪紹楹校注.搜神記[M].北京:中華書局,1979.

[21]劉義慶撰,徐震堮著.世説新語校箋[M].北京:中華書局,1984.

[22]楊炫之撰,範祥雍校注.洛陽伽藍記校注[M].上海:上海古籍出版社,1978.

[23]魏收.魏書[M].北京:中華書局,1974.

[24]房玄齡等.晉書[M].北京:中華書局,1974.

[25]王利器.顏氏家訓集解(增補本)[M].北京:中華書局,1993.

[26]慧皎撰,湯用彤校注.高僧傳[M].北京:中華書局,1992.

[27]全唐詩[M].北京:中華書局,1960.

[28]全唐五代詞[M].上海:上海古籍出版社,1986.

[29]王梵志著,項楚校注.王梵志詩校注[M].上海:上海古籍出版社,1991.

[30]魏徵.隋書[M].北京:中華書局,1997.

[31]釋靜,釋筠編撰,吴福祥,顧之川點校.祖堂集[M].長沙:嶽麓書社,1996.

[32]司馬光.資治通鑑[M].北京:中華書局,1976.

[33]黎靖德.朱子語類[M].北京:中華書局,1986.

[34]楊家駱.全元雜劇[M].臺北:臺灣世界書局,1962—1963.

[35]董解元.董解元西厢記[M].北京,人民文學出版社,1980.

[36]臧晉叔.元曲選[M].北京:中華書局,1961.

[37]老乞大[M].北京:商務印書館,1936.

[38]元朝秘史[M].濟南:齊魯書社,2005.

[39]羅貫中.三遂平妖傳[M].北京:北京大學出版社,1983.

[40]施耐庵,羅貫中.水滸傳[M].北京:人民文學出版社,1984.

[41]馮夢龍編,曹光甫標校.警世通言[M].上海:上海古籍出版社,1992.

[42]馮夢龍.醒世恒言[M].上海:上海古籍出版社,1992.

[43]馮夢龍.喻世明言[M].北京:人民文學出版社,1958.

[44]淩濛初著,冷時峻標注.拍案驚奇[M].上海:上海古籍出版社,1992.

[45]淩濛初著，王根林標校.二刻拍案驚奇[M].上海：上海古籍出版社，1992.

[46]高楠順次郎.昭和法寶總目録 大正新修大藏經別卷[M].大正一切经刊行会，1929(昭和 4 年).

二、工具書類

[47]郭沫若.甲骨文合集[M].北京：中華書局，1978—1983.

[48]中国社會科學院考古研究所.殷墟花園莊東地甲骨[M].昆明：雲南人民出版社，2003.

[49]中国社會科學院考古研究所.殷周金文集成[M].北京：中華書局，1984—1994.

[50]陳初生編纂，曾憲通審校.金文常用字典[M].西安：陕西人民出版社，2004.

[51]陳彭年.宋本廣韻[M].北京：中國書店，1982.

[52]崔恒昇.簡明甲骨文詞典[M].合肥：安徽教育出版社，2001.

[53]戴侗.六書故[M].上海：上海社會科學院出版社，2006.

[54]丁度等.集韻[M].上海：上海古籍出版社，1985.

[55]段玉裁.説文解字注[M].上海：上海古籍出版社，1981.

[56]顧野王.玉篇[M].北京：中國書店，1983.

[57]漢籍全文檢索系統(二)(單機版)，Info Digger 軟件工作室，2002.

[58]羅竹風主編，漢語大詞典編輯委員會，漢語大詞典編纂處編纂.漢語大詞典[M].上海：漢語大詞典出版社，1995.

[59]漢語大字典編輯委員會.漢語大字典[M].成都：四川辭書出版社，武漢：崇文書局，2010.

[60]郝懿行.爾雅義疏[M].北京：商務印書館，1934.

[61]黄德寬.古文字譜系疏證[M].北京：商務印書館，2007.

[62]李榮.現代漢語方言大詞典[M].南京：江蘇教育出版社，1995.

[63]林德金.凱氏現代英漢同義詞近義詞辭典[M].延吉：延邊大學出版社，1989.

[64]任學良.《古代漢語.常用詞》訂正[M].杭州：浙江大學出版社，1987.

[65]四部叢刊[M].上海：商務印書館，1935－1936.

[66]王力.王力古漢語字典[M].北京:中華書局,2000.

[67]王先謙.釋名疏證補[M].上海:上海古籍出版社,1984.

[68]徐中舒.甲骨文字典[M].成都:四川辭書出版社,1989.

[69]許寶華,[日]宮田一郎.漢語方言大詞典[M].北京:中華書局,1999.

[70]許少峰.近代漢語大詞典[M].北京:中華書局,2008.

[71]中國社科院語言研究所詞典編輯室.現代漢語詞典(第5版)[M].北京:商務印書館,2005.

[72]徐鐘,閔北平,薛慕煊.英語辨析大詞典[M].上海:華東師範大學出版社,2003.

[73]最新英漢求解、作文、文法、辨義四用辭典[M].香港:香港世界書局,1982.

[74][英]霍恩比著,李北達編譯.牛津高階英漢雙解詞典[M].北京:商務印書館,牛津大學出版社(中國)有限公司,1997.

三、專著類

[75][美]布龍菲爾德·L.語言論[M].袁家驊,趙世開,甘世福譯.北京:商務印書館,1997.

[76]常敬宇.漢語詞彙與文化[M].北京:北京大學出版社,1995.

[77]程湘清.漢語史專書複音詞研究[M].北京:商務印書館,2003.

[78]程湘清.兩漢漢語研究[M].濟南:山東教育出版社,1992.

[79]程湘清.隋唐五代漢語研究[M].濟南:山東教育出版社,1992.

[80]程湘清.先秦漢語研究[M].濟南:山東教育出版社,1992.

[81]陳原.社會語言學[M].上海:學林出版社,1997.

[82]程湘清.魏晉南北朝漢語研究[M].濟南:山東教育出版社,1988.

[83]董秀芳.詞彙化:漢語雙音詞的衍生和發展[M].成都:四川民族出版社,2002.

[84]方一新,王雲路.中古漢語讀本[M].上海:上海教育出版社,2006.

[85]符淮青.詞義的分析和描寫[M].北京:語文出版社,1996.

[86]馮勝利.漢語的韻律、詞法與句法[M].北京:北京大學出版社,1997.

[87]郭在貽，張湧泉，黃征.敦煌變文集校議[M].長沙：嶽麓書社，1990.

[88]郭錫良.漢語史論集(增補本)[M].北京：商務印書館，2005.

[89]洪成玉.《古漢語詞義分析》[M].天津：天津人民出版社，1985.

[90]黃伯榮、廖序東.《現代漢語》[M].北京：高等教育出版社，1997.

[91]賈彥德.漢語語義學[M].北京：北京大學出版社，1999.

[92]賈彥德.語義學導論[M].北京：北京大學出版社，1986.

[93]江藍生，曹廣順，吴福祥.近代漢語研究的回顧與前瞻[M].北京：外語教學與研究出版社，1996.

[94]蔣冀騁，吴福祥.近代漢語綱要[M].長沙：湖南教育出版社，1997.

[95]蔣禮鴻.敦煌變文字義通釋[M].上海：上海古籍出版社，1981.

[96]蔣紹愚.古漢語詞彙綱要[M].北京：北京大學出版社，1989.

[97]蔣紹愚.近代漢語研究概要[M].北京：北京大學出版社，2005.

[98]康殷.文字源流淺説[M].北京：榮寶齋，1979.

[99]李正光.馬王堆漢墓帛書竹簡[M].長沙：湖南美術出版社，1988.

[100]李宗江.漢語常用詞演變研究[M].上海：漢語大詞典出版社，1999.

[101]劉叔新.漢語描寫詞彙學[M].北京：商務印書館，1990.

[102]吕叔湘，王海棻.馬氏文通讀本[M].上海，上海教育出版社，1986 年.

[103]吕叔湘.語文雜記[M].上海：上海教育出版社，1984.

[104]毛遠明.訓詁學新編[M].成都：巴蜀書社，2001.

[105]毛遠明.語文辭書補正[M].成都：巴蜀書社，2002.

[106]毛遠明.左傳詞彙研究[M].重慶：西南師範大學出版社，1999.

[107]史存直.漢語詞彙史綱要[M].上海：華東師範大學出版社，1989.

[108]睡虎地秦墓竹簡整理小組.睡虎地秦墓竹簡[M].北京：文物出版社，1990.

[109]蘇新春.漢語詞義學[M].廣州：廣東教育出版社，1992.

[110][瑞士]費爾迪南・德・索緒爾.普通語言學教程[M].高名凱譯.北京：商務印書館，1980.

[111]汪維輝.東漢—隋常用詞演變研究[M].南京:南京大學出版社,2000.

[112]王艾録,司富珍.語言理據研究[M].北京:中國社會科學出版社,2002.

[113]王鳳陽.古辭辨[M].長春:吉林文史出版社,1993.

[114]王力.中國語言學史[M].太原:山西人民出版社,1981.

[115]王力.龍蟲並雕齋文集[M].北京:中華書局,1980.

[116]王力.漢語史稿[M].北京:中華書局,2000.

[117]王雲路,方一新.中古漢語研究[M].北京:商務印書館,2000.

[118]王重民等.敦煌變文集[M].北京:人民文學出版社,1957.

[119]吴安其.漢藏語同源研究[M].北京:中央民族大學出版社,2002.

[120]吴琦幸.文化語言新論[M].上海:上海古籍出版社,2003.

[121]伍謙光.語義學導論[M].長沙:湖南教育出版社,1988.

[122]向熹.簡明漢語史[M].北京:高等教育出版社,1993.

[123]向熹.簡明漢語史(上)[M].北京:商務印書館,2010.

[124]向熹.《詩經》語言研究[M].成都:四川人民出版社,1987.

[125]邢福義.文化語言學[M].武漢:湖北教育出版社,1990.

[126]劉叔新.詞彙學和詞典學問題研究[M].天津:天津人民出版社,1984.

[127]徐國慶.現代漢語詞彙系統論[M].北京:北京大學出版社,1999.

[128]徐時儀.古白話詞彙研究論稿[M].上海:上海教育出版社,2000.

[129]許威漢.二十世紀的漢語詞彙學[M].上海:書海出版社,2000.

[130]張敏.認知語言學與漢語名詞短語[M].北京:中國社會科學出版社,1998.

[131]張雙棣.《吕氏春秋》詞彙研究[M].北京:商務印書館,2008.

[132]趙超.漢魏南北朝墓誌彙編[M].天津:天津古籍出版社,1992.

[133]趙克勤.古代漢語詞彙學[M].北京:商務印書館,1994.

[134]趙豔芳.認知語言學概論[M].上海:上海外語教育出版社,2001.

[135]周薦，楊世鐵.漢語詞彙研究百年史[M].北京：外語教學與研究出版社，2006.

[136]張永言.詞彙學簡論[M].武漢：華中工學院出版社，1982.

[137]朱慶之.佛典與中古漢語詞彙研究[M].臺北：文津出版社，1992.

[138]Lakoff，G.，Johnson，M.. Metaphors We Live By[M]. Chicago：The University of Chicago Press，1980.

[139][美]莫里斯・斯瓦迪士.史前民族接觸的詞彙統計學的年代推算[M].北京：商務印書館，2001.

[140]王力.漢語史稿(修訂本)[M].北京：中華書局，1981.

[141]黄金貴.古代文化詞義集類辨考[M].上海：上海教育出版社，1995.

四、論文類

[142]蔡曉明.語義的常規與偏離[J].外國語，1987(3).

[143]常敬宇.現代漢語詞的語義域[J].語言教學與研究，1983(2).

[144]陳克炯.《墨子》詞彙譚概[J].中南民族大學學報(人文社會科學版)，1990(5).

[145]丁喜霞.中古常用並列雙音詞的成詞和演變研究[D].杭州：浙江大學，2005.

[146]方文惠.國外義素分析理論和漢語語義研究[C].漢語語義學論文集.長沙：湖南人民出版社，1986.

[147]符淮清.語素"紅"的組合能力分析[J].語文研究，1983(2).

[148]符淮清.表動作行爲的詞的意義分析[C].漢語語義學論文集.長沙：湖南人民出版社，1986.

[149]符淮清.構成成分分析和詞的釋義[J].辭書研究，1988(1).

[150]符淮清."詞義成分—模式"分析(表動作行爲的詞)[J].漢語學習，1996(5).

[151]黄景欣.試論詞彙學中的幾個問題[J].中國語文，1961(3).

[152]郭伏良.現代漢語語義場分析初探[J].河北大學學報(哲學社會科學版)，1995，20(1).

[153]郭錫良.先秦漢語構詞法的發展》[C].漢語史論集.北京:商務印書館,1997.

[154]黄成.上古漢語三組常用詞演變研究[D].重慶:西南大學,2011.

[155]李仕春.從複音詞數據看中古漢語構詞法的發展[J].寧夏大學學報(人文社會科學版),2007(3).

[156]栗學英.漢語史中“肥”、“胖”的歷時替换[J].語言研究,2006(4).

[157]駱曉平.魏晉六朝漢語詞彙雙音化傾向三題[J].古漢語研究,1990(4).

[158]賈彦德.語義成分分析法的程式問題[C].漢語語義學論文集.長沙:湖南人民出版社,1986.

[159]蔣紹愚.漢語詞義和詞彙系統的歷史演變初探——以“投”爲例[J].北京大學學報(哲學社會科學版),2006,43(4).

[160]蔣紹愚.兩次分類——再談詞彙系統及其變化[J].中國語文,1999(5).

[161]蔣紹愚.詞義的發展和變化》[J].語文研究,1985 年第 2 期.

[162]蔣紹愚.關於漢語詞彙系統及其發展變化的幾點想法[J].中國語文,1989(1).

[163]林汝昌,李曼珏.語義的對比和對立關係[J].外語教學與研究,1987(2).

[164]劉叔新.論詞彙體系問題——與黄景欣同志商榷[J].中國語文,1964(3).

[165]牟莉.現代漢語“肥”和“胖”的指稱面貌及其歷史研究[D].重慶:四川外語學院,2011.

[166]邱麗佳.先秦至隋幾組常用詞的演變研究[D].蘇州:蘇州大學,2010.

[167]石安石.親屬詞的語義成分試析[C].語言學論叢(九).北京:商務印書館,1982

[168]石安石,詹人鳳.反義詞聚的共性、類别及不均衡性[C].語言學論叢(十).北京:商務印書館,1983.

[169]石天飛.論中國訓詁學發展的途徑[J].大衆科技,2004,6(5).

[170]孫良朋.漢語語詞“義場”例釋[C].漢語語義學論文集.長沙:湖南人民出版社,1986.

[171]譚代龍.義淨譯經身體運動概念場詞彙研究[D].北京:北京大學,2005.

[172]譚代龍,周文德.試論“以人爲本”的漢語歷史詞彙研究[J].西南大學學報(社會科學版),2007(3).

[173]唐鈺明.金文複音詞簡論[C].人類學論文集.廣州:廣州中山大學出版社,1986.

[174]唐子恒.漢語詞複音化問題概説[J].臨沂師範學院學報,2005(2).

[175]汪維輝.《老乞大》諸版本所反映的基本詞歷時更替[J].中國語文,2005(6).

[176]汪維輝.漢語常用詞演變研究的若干問題[J].南開語言學刊,2007(1).

[177]汪維輝.幾組常用詞歷史演變的考察[J].漢語史研究集刊,1998(0).

[178]汪維輝.撰寫《漢語100基本詞簡史》的若干問題[C].漢語詞彙學首屆國際學術討論會暨第五屆全國討論會,2004.

[179]王家國.論義素分析[C].漢語語義學論文集.長沙:湖南人民出版社,1986.

[180]王雲路.中古常用詞研究漫談[C].中古近代漢語研究(第一輯).上海:上海教育出版社,2000.

[181]王振昆,曹靜.詞義的義素分析[J].語言教學與研究,1983(3).

[182]王作新.漢語複音詞結構特徵的文化透視[J].漢字文化,1995(2).

[183]文旭.從語義場理論看語言的模糊性[J].外語學刊,1995(1).

[184]吴爲民.漢語性别詞研究[D].重慶:西南大學,2011.

[185]許威漢.論漢語詞彙體系[J].古漢語研究,1989(4).

[186]徐時儀.漢語詞彙雙音化的内在原因考探[J].語言教學與研究,2005(2).

[187]于飛.兩漢常用詞研究[D].長春:吉林大學,2008.

[188]于省吾.釋羌、笱、敬、美[J].吉林大學社會科學學報,1963(1).

[189]張雙棣.《吕氏春秋》詞彙簡論[J].北京大學學報(哲學社會科學版),1989,26(5).

[190]張巍.中古漢語同素逆序詞演變研究[D].上海:復旦大學,2005.

[191]張永言,汪維輝.關於漢語詞彙史研究的一點思考》[J].中國語文,1995(6).

[192]周薦.雙字組合與詞典收條[J].中國語文,1999(4).

[193]吳崢嶸.《左傳》索取、給予、接受義類詞彙系統研究[D].武漢:華中師范大學,2006.

後 記

提筆至此，感慨良多，既悵然若失，也歡欣無比。本書是在我博士畢業論文的基礎上修改而成的。回首以往，2010 年得恩師毛遠明教授鼓勵，得以重投先生門下，隨先生進行漢語詞彙研究。

先生學識淵博，人格高尚，治學嚴謹。在讀博期間，老師知我工作、家庭瑣事頗多，從一開始就囑我早點動筆寫作論文。從收集材料到最後定稿，歷時兩年多。當我思緒混亂有畏難情緒時，老師不顧繁忙的工作，總是適時地找我談心，瞭解我的學習進展，幫我理清研究的思路。每次把論文交給老師，老師總是字斟句酌，細細修改。每次見老師回來，我都感到心中充滿力量和希望。遺憾的是，恩師已駕鶴西去，對恩師的感恩和懷念我將永存心底。衷心感謝喻遂生教授在學業上的指點。導師毛遠明教授在容養病期間，喻老師多次幫我查資料，改論文，每次一語點撥，醍醐灌頂。饒師母和甘師母常常噓寒問暖，不僅對我，而且對我的家人關懷備至。在此，對兩位師母道一聲謝謝。衷心感謝張顯成教授。張老師工作繁忙，卻對每一位學生關懷備至，給我提出了許多文獻學方面的建議，讓我受益匪淺。

衷心感謝西南大學漢語言文獻所給了我們良好的學術氛圍、友愛和諧的氣息，這種氛圍和氣息是我十多年前就感受到，而至今始終沒有絲毫改變的。

同時，我要深深地感謝我的家人。感謝外公、外婆的養育和教導；感謝爸爸、媽媽幫我承擔家務，照顧兒女；感謝先生的鼓勵和包容；感謝孩子們的陪伴。我知道，家人是我穩固的後方基地，任何時候我都不會孤單。

一路走來，得到許許多多人的幫助，在此一並表示感謝。

此書即將付梓，限於個人能力，書中還有許多不足之處，都有待今後進一步的研究。我知道，這將是一個新的起點。路漫漫其修遠兮，吾將上下而求索。我當勤勉努力，不負衆師友及家人之期望。

感恩生活給我的一切。

魏萍

2018年5月1日于泰國孔敬府